Local Public Economics in China
—Fiscal Competition, Political Promotion and
Local Government Behavior

中国地方财政的实证研究

——财政竞争、政治晋升与地方政府行为

踪家峰 等◎著

图书在版编目（CIP）数据

中国地方财政的实证研究：财政竞争、政治晋升与地方政府行为/踪家峰等著. —北京：经济管理出版社，2017.9
ISBN 978-7-5096-5279-4

Ⅰ.①中… Ⅱ.①踪… Ⅲ.①地方财政—研究—中国 Ⅳ.①F812.7

中国版本图书馆 CIP 数据核字（2017）第 189913 号

组稿编辑：申桂萍
责任编辑：侯春霞
责任印制：黄章平
责任校对：张晓燕

出版发行：经济管理出版社
（北京市海淀区北蜂窝 8 号中雅大厦 A 座 11 层　100038）
网　　址：www.E-mp.com.cn
电　　话：（010）51915602
印　　刷：北京晨旭印刷厂
经　　销：新华书店
开　　本：720mm×1000mm/16
印　　张：14.25
字　　数：249 千字
版　　次：2017 年 9 月第 1 版　2017 年 9 月第 1 次印刷
书　　号：ISBN 978-7-5096-5279-4
定　　价：68.00 元

·版权所有　翻印必究·

凡购本社图书，如有印装错误，由本社读者服务部负责调换。
联系地址：北京阜外月坛北小街 2 号
电话：（010）68022974　　邮编：100836

前 言

地方财政又叫地方公共经济，是财政学（公共经济学）的重要分支，也是城市与区域经济学的重要分支，是公共经济学与城市经济学（区域经济学或空间经济学）的交叉学科。地方公共经济（地方政府分析）是城市与区域经济学（JEL分类之R类）的五大核心研究领域之一，也是探求城市政策、区域政策内在机理的必然要求，这是因为没有对政府特别是地方政府的分析就解释不了中国经济发展的奇迹，就解释不了中国城市与区域发展的现状和面临的问题。本书主要利用现代经济学的研究方法来分析中国地方公共经济问题，为解释中国城市与区域发展提供一个理论分析框架。本书是我们于2005~2016年的研究成果，很多内容都在学术期刊上发表过，我们对这些学术期刊表示感谢。为了原汁原味地展现出来，我们并没有将研究的时间窗口做进一步的更新。

经济学JEL分类之R类（城市与区域经济学，有时亦称为城市、农村与区域经济学）对应着国内的城市经济学、区域经济学、空间经济学、区域科学和经济地理学，因此可以说城市经济学、区域经济学、空间经济学、区域科学、经济地理学等只是同一学科的不同称谓而已，我们姑且称之为城市与区域经济学，这也是国际上通行的叫法，我国台湾地区称之为都市与区域经济学。它共有五大基本研究内容，分别是空间经济理论（包括新经济地理学、城市的AMM模型等）、房地产（即传统的城市经济与房地产）、产业区位（包括区位论、产业区位论等）、运输系统（所谓的运输经济学和运输地理分析）、地方政府分析（即地方财政和地方政府分析）。所以，地方财政是城市与区域经济学的最重要组成部分，不仅仅是财政学不可分割的部分。

本书是城市与区域经济学研究丛书的一本。2008年经济科学出版社出版的《城市与区域治理》是国内最早的关于城市治理的专著；2016年由北京大学出版社出版的《城市与区域经济学》，已经被众多学校选为教材。在有经费支持的情况下，还将陆续出版《城市与区域经济研究方法》等著作，但是经费常常捉襟见肘，书稿束之高阁的概率还是很大的。我们计划完成《城市与区域经济学》、《城市治理学》和《城市与区域研究方法》，构建中国城市与区域经济学/管理学新的教学体系，这一体系既与国际接轨，又服务于中国的理论与实践发展，并在此基础上专注于地方财政、城市房地产、城市劳动力市场等领域的研究，以期有所发现和贡献。2008年我协助恩师胡培兆先生指导城市与区域经济学的博士生，2010年我独立指导城市与区域经济学的博士生，在此过程中日益感到中国的城市与区域经济学需要极大的提升，尤其是教材的建设严重落后于集聚经济学理论的发展和中国蒸蒸日上的新时代。正是在这种背景下，我们着手工作，坐得十年冷板凳，以期成一家之言。

全书共分为五章，第一章简要地概述了中外地方政府、地方政府的财政收入与支出、中国分税制的历史研究及其影响等内容。美国的地方政府主要是州以下的政府，因而州和地方政府通常并列，中国的地方政府是中央人民政府以下的政府，包括省（自治区、直辖市）、市、县、乡镇等，在漫长的历史时期，县制是中国地方政府的基础，1978年以来县改市风起云涌，市已经成为地方政府的重要组成部分，中国城市与西方城市的一个显著区别是西方城市多是自治的，而中国城市都有行政级别，从正部级到县处级，现在县以下还不能设市，因此没有科级的城市。1994年实施的分税制是中国现行财政体制最基本的特点，分税制改革的特点是所谓的财政分权，财政分权在财政收支上表现得更为明显，在收入上尤其是税收的收入上中央起决定作用，从本质上来说，中国的财政收入和支出的集权程度都很高，相对于财政收入，财政支出更分权些。分税制改革的一个直接结果是财权与事权的不匹配。财政分权现在发展出第一代财政分权理论和第二代财政分权理论，研究一步一步深化。应该指出，毛泽东1956年的《论十大关系》详细地论述了中央与地方的关系，高屋建瓴地指出了维护中央权威和发挥地方的积极性需要兼顾。中国政府治理体制的另一个特点是政治上的集中，官员由上级任命而不是由市民选举，一般称为政治集中，中国地方政府体制几千年来经历了封建制、郡县制，没有形成西方世界城市自治的传统，1949年后郡县制的传统、计划经济体制的内在逻辑与党管干部体制有机结合形成了政治集中的治理特点，全面认识中国地方财政的特点需要首先了解财政分权和政治集中的历史逻辑，尤其是后者。

第二章主要论述了财政（税收）竞争的几个模型。我的导师何梦笔教授（2003）详细论证了政府竞争的多维度、多层次性质，财政竞争仅仅是政府竞争

前言

的重要一环。政府竞争的第一个模型是Tiebout模型,即著名的用脚投票模型,但标准的财政竞争模型是Zodrow-Mieszkowski-Wilson模型,该模型的结论是税收竞争导致公共物品提供的不足;而商品税竞争模型的一个应用是国外或跨境购物,这种情形在没有电子商务的时代更为普遍。随着Krugman(1991)研究成果的发表,新经济地理学近20年来获得了长足的发展,新经济地理已经成为当代空间经济学的两大核心脉络(另一个为城市经济学的单中心模型,即AMM模型),将集聚因素纳入财政竞争模型就成为基于新经济地理的财政竞争模型,新经济地理税收竞争模型的基本结论是企业的区位选择取决于集聚租金与税收的权衡,只要集聚租金大于税收因素,企业仍会集聚于高税收的区域,这就很好地解释了大城市尽管税收高于其他地区但仍然是企业的集聚之地的现实,也解释了很多地区的税收优惠政策并没有带来企业集聚这一事实。这一章介绍的都是税收竞争模型,还有一类模型是支出竞争模型,在第四章中将做重点阐述,支出竞争模型的基本结论是政府的竞争导致了政府支出结构的变化,地方政府更偏好生产性支出,而非生产性支出不足。

第三章主要是Tiebout在中国的实证研究。Tiebout 1956年发表的关于用脚投票的论文开创了地方公共经济研究的先河,论文本身就是公共经济学与城市经济学交叉研究的结果,用脚投票的理论与实证也成了近半个世纪以来持续研究的主题。用脚投票的实证分析主要体现在几个方面:其一,用脚投票是否可以带来地方政府效率提升,辖区之间的合并是否会降低城市政府的效率等;其二,社区的同质性问题,即物以类聚、人以群分,用脚投票是否导致了同类人居住于同一个社区;其三,学区的研究,这是Tiebout研究的热点,人们对学区的选择会产生什么效应是这类研究的目的。我们主要研究了当前中国城市化的一个重要特点——大城市化,即为什么人们会奔向北上广,在构建R-R模型的基础上,论述了城市宜居性对城市人口迁移和城市规模的重要性。

第四章主要考察了地方政府收入与支出的内在逻辑。中国地方财政收入最突出的特点是土地财政,土地财政产生于分税制改革带来的中央与地方财权和事权的不匹配及中国的政治集中的政府治理体制,也与中国城乡两种不同的土地所有制带来的土地市场分割有关,土地财政带来了改革开放以来的中国城市大发展,又制约了中国城市的可持续发展,土地财政改革的方向可能是土地财政向财产税转变或者中央与地方共享土地财政,财产税已经在上海市和重庆市试点,而中央与地方共享土地财政还仅仅限于理论探讨。本章探讨的第二个问题是中国的政府治理体系与环境污染。中国的环境污染已经非常严重并且引起越来越多的关注，在分权体制下，为增长而竞争演变成为增长而污染、官员为晋升而污染，实证研究支持了这一论点。绿水青山、美丽城市不仅要求技术上的污染处理，而且更重要的是要求改变官员的激励约束机制，以 GDP 为导向的机制必然带来以污染为特征的 GDP，为增长而竞争、为晋升而竞争导致了为晋升而污染。当然，还可以将我们研究的污染物换成雾霾等，研究的结论基本一致。地方政府竞争是中国经济发展的重要因素，地方政府标尺竞争是地方政府竞争的重要表现形式，这种竞争来自地方政府的学习效应，那就是向先进地方或向邻近地区学习，你干啥我也干啥，如中国的国际城市热、城市广场热、FDI 热等都是标尺竞争的生动表现，我们从地方政府的收入与支出上实证分析了中国地方政府存在行为的相互影响，即存在标尺竞争，我们的检验采用了空间计量经济学方法，这也是国内较早利用空间计量经济学进行的财政研究。我们使用的是省级的面板数据，可以将省级的数据扩展到地级市或县级，或者对某个特定区域如长三角、珠三角、京津冀的市县进行研究，得出的结论基本一致。本章阐述的第三个问题是转移支付的效应。转移支付的一个目的是促进落后地区的发展，缩小地区之间的差距，但实证研究有时并不能验证这个假说，转移支付是否有利于落后地区的产业集聚同样非常复杂，只有在一定的条件下才能起到促进产业集聚的作用，这可以解释为什么西部的转移支付多，但产业多集聚在东部地区。

第五章主要论述了地方政府官员的行为特征。毛泽东同志说，政治路线决定后，干部就是决定因素，可见干部的重要性，离开对中国地方政府官员的研究就难以解释中国社会经济的发展变化，而官吏分途使地方政府的各级官员成为影响地方发展的决定因素。对中国官员的研究涉及以下方面：①官员分类与特征，如省市级书记，省市级党委、常委、法院、检察院的院长，有些特殊部门的官员如国税局的局长、规划土地管理局的局长等。②官员与经济增长，特别是省市级官员与经济增长的关系，官员是否促使了房价的飙升。③官员交流的影响，主要是官员交流与地区一体化、官员交流与 FDI、官员交流与地区差距等。我们利用省级官员（主要是书记、省长）的数据来实证官员交流的效应，事实上，不仅省委书记、省长交流，市县官员也交流，政府所属部门的官员如司局长等也存在交流现象，这些也会对经济社会发展产生影响，需要进一步深化研究。现代的官员交流制度颇具中国特色和中国传统，历史上中国就是流官制度，"铁打的衙门、流水的官员"。④官员更替的效应，即官员更替是否会带来"翻烧饼"效应，所谓

前言

一任官员、一套人马、一种发展思路，我们的研究部分验证了官员更替对企业投资行为的影响。⑤还有一个研究热点是准官员的研究，即企业高管的政治联系对企业发展的影响，我们的研究发现，民营企业高管的政治联系不会带来绩效的提高，落后企业的高管更热衷于在政府谋求一官半职。现在的研究不再局限于高管的政治联系，而是扩展为高管的配偶、公司实际控制人等的政治联系对公司行为的影响，不仅是一般的工业企业服务业，而且研究的一个重点是金融机构高管的政治联系。政治联系不仅影响企业的绩效，而且影响企业的其他行为。地方政府官员的研究将是地方公共经济研究的持续热点，这方面的研究将在数据的深化、官员的分类等方面继续拓展，这方面研究的一个问题是将整个政府机构看成"黑箱"，实则政府内部的权力运行机制也很重要，官员重要，吏员也很重要，这需要进一步细化。另外，学术界还缺乏对官员的跟踪和案例分析，但这一点中国的媒体却做出了贡献。

本书是我们课题组集体劳动的成果，主要著作者有岳耀民、周亮、杨琦、潘丽群、李静、褚敏、胡艳、李宁、姚慧芬、郑敏闽、刘岗、胡玉敏、李蕾、宗桂生、周聪、孙静晓等。本书错误之处在所难免，特别是引注部分可能有遗漏的地方，请各位读者批评指正。

感谢我的两位老恩师著名经济学家胡培兆教授、吴宣恭教授十多年来的关心和爱护，感谢我的老师李文溥教授、陈其林教授、王建廷教授、郝寿义教授、冯兴元教授、石敏俊教授的关心和帮助，感谢靳涛教授、陈雯教授、刘根荣教授、陈多长教授，感谢众多的老师和朋友们的支持和帮助。感谢经济管理出版社。本书的部分内容是国家自然科学基金项目（71561137003）的阶段性成果，特此感谢国家自然科学基金的资助。本书由学校优秀人才项目资助出版，特别感谢学校和单位领导的支持。

道不远人。地方财政是一个迷人的领域，中国丰富多彩的实践为我们进行该领域的研究提供了广阔的舞台，期望公共经济学与空间经济学产生更多的交叉，期望更多人加入地方财政的研究队伍，以文会友、以友辅仁，共同进步。

踪家峰

2017 年 9 月

目 录

第一章 概论 ··· 1
　第一节 地方政府 ·· 1
　第二节 地方政府的收入与支出 ······································ 2
　第三节 中国的分税制 ·· 5
　第四节 中国的政治集中 ·· 13

第二章 财政竞争：从 Tiebout 模型到 NEG ···················· 20
　第一节 财政竞争的发展脉络 ······································· 20
　第二节 Zodrow-Mieszkowski-Wilson 模型 ·················· 22
　第三节 商品税竞争模型 ·· 25
　第四节 基于 NEG 的税收竞争模型 ······························ 28

第三章 Tiebout 模型的实证 ·· 32
　第一节 Tiebout 模型的实证研究进展 ·························· 32
　第二节 财政资本化与房地产价格 ································ 37
　第三节 用脚投票：奔向北上广 ···································· 43

第四章 地方政府收入与支出的逻辑 ································ 61
　第一节 中国地方政府间的标尺竞争 ···························· 61
　第二节 土地城市化与地方政府的土地财政 ················· 78
　第三节 转移支付与产业集聚 ······································· 89
　第四节 分权、地方征税努力与环境污染 ····················· 103
　第五节 中国财政支出的瓦格纳检验 ···························· 124

第五章　地方政府官员行为 ... 135

第一节　中国省市级官员的特征 ... 135
第二节　官员交流、任期与经济一体化 ... 144
第三节　官员更替是否会影响企业的绩效 ... 162
第四节　城市官员是否推高了房价? ... 183
第五节　政治联系与企业发展 ... 198

参考文献 ... 207

第一章 概 论

Tiebout（1956）的用脚投票模型开创了地方公共经济学（地方财政）研究的先河，至此地方公共经济学作为一门学科发展起来，主要研究地方政府的经济行为，这种经济行为包括地方政府的收入与支出行为、地方政府的规制行为、地方政府战略相互作用、地方政府官员的行为等。本章主要阐述了中外地方政府、地方政府的收入与支出、中国地方治理等的特征事实，这些对于理解地方政府的行为具有重要意义。

第一节 地方政府

世界上大多数国家都有地方政府。例如，美国的政府系统包括联邦政府、州政府和地方政府。地方政府主要由县、城市、城镇、学区、特别区政府组成，如图 1-1 所示。

美国县的数量在 1942~1992 年的 50 年间仅仅减少了 7 个，城市的数量由 1942 年的 16220 个增加到 1992 年的 19372 个，城镇的数量由 1942 年的 18919 个减少到 1992 年的 16629 个，学区的数量由 1942 年的 108597 个减少到 1992 年的 13726 个，特别区则从 1942 年的 8299 个增加到 1992 年的 34683 个，如表 1-1 所示。学区和特别区是比较特殊的一类地方政府形式，中国找不到完全与之匹配的地方政府形式。

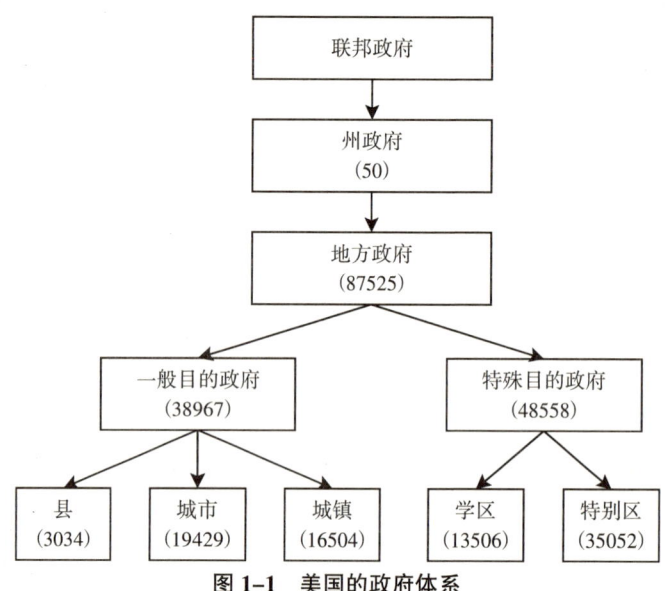

图 1-1 美国的政府体系

表 1-1 美国地方政府的类型与数量

单位：个

	1942年	1962年	1982年	1992年
县（County）	3050	3043	3041	3043
城市（Municipal）	16220	18000	19076	19372
城镇（Township and Town）	18919	17142	16734	16629
学区（School District）	108597	34678	14851	13726
特别区（Special District）	8299	18323	28078	34683
合计	155067	91186	81780	87453

资料来源：Statistical Abstract of the United States (2001：258), Table 413.

第二节 地方政府的收入与支出

税收是地方政府的主要收入来源，地方政府税收占国家总税收的比例因各国的历史文化、经济发展、财政体制状况而有所不同，联邦制国家往往比重大，而单一制国家则小，如美国地方政府（包括州政府）税收收入占国家总税收收入的比例在 30% 以上，加拿大占 45% 以上，而英国则不到 5%，差异非常明显。如表 1-2 所示。

表 1-2　地方政府税收占国家总税收的比重

单位：%

	1995 年	2005 年	2011 年
澳大利亚	22.5	17.8	22.5
加拿大	46.9	47.2	49.4
丹麦	31.9	33.2	26.7
法国	11.0	11.5	13.1
德国	29.0	29.2	29.3
日本	25.3	25.2	25.2
英国	3.7	4.7	4.8
美国	33.1	34.3	36.8

资料来源：OECD，2014.

各国政府的收入结构也不相同。以美国为例，美国联邦政府的收入结构如表 1-3 所示，主要由收入税、公司税、工资税（社会保障税）、消费税组成，2008 年的比例分别为 45.4%、12.1%、37.5%、2.7%，与 1960 年相比，公司税大幅度下降，而工资税则大幅度上升。

表 1-3　美国联邦政府的收入结构

单位：%

	1960 年	2008 年
收入税	44	45.4
公司税	23.2	12.1
工资税（社会保障税）（Payroll Tax）	15.9	37.5
消费税（Excise）	12.6	2.7
其他	4.2	2.3

资料来源：US Office of Management and Budget，Historical Tables.

2001 年 OECD 国家税收的平均水平为：消费税 32.6%，个人收入税 26%，公司税 9.3%，财富税（Wealth Tax）5.5%，工资税 26.7%，与美国有很大差异。

美国州和地方政府的财政收入结构与联邦政府不同，2007 年的主要收入来自联邦转移支付、销售税、财产税和收入税，这与 1960 年不同，财产税仍然是州和地方政府的主要收入来源，但下降了 22.5 个百分点，而联邦转移支付所占的比重却由 9.4%上升到 19.1%（见表 1-4）。

表 1-4 美国州和地方政府的收入结构

单位：%

	1960 年	2007 年
财产税	38.2	15.7
销售税	28.8	17.9
收入税	5.9	14.3
联邦转移支付	9.4	19.1
其他	17.7	33

资料来源：U.S. Census Bureau，2007.

美国州和地方政府的税收收入包括财产税、销售税、个人收入税、公司收入税和汽车牌照税等，前三项分别占到税收收入的 32.1%、34.3%、22.1%，如表 1-5 所示。

表 1-5 2012 年美国州和地方政府的收入结构

单位：%

收入来源		占税收收入比重	占总收入比重
联邦政府转移支付			19.3
税收收入	财产税	32.1	14.7
	销售税	34.3	15.7
	个人收入税	22.1	10.1
	公司收入税	3.5	1.6
	汽车牌照税	1.8	0.8
	其他税收	6.1	2.8
其他收入			34.9
合计		100	100

资料来源：U.S. Census Bureau，2012.

美国财政支出结构的基本趋势是美国联邦政府的支出责任越来越大，州和地方政府的支出责任越来越小，特别是地方政府层面（不包括州政府）支出责任的变化更明显，1900~1999 年的 100 年间支出比重由 57.7%降到 27.9%，如表 1-6 所示。

表 1-6 美国联邦、州和地方政府的财政支出演变

单位:%

年份	联邦	州	地方政府
1900	34.1	8.2	57.7
1930	32.5	16.3	51.2
1960	57.6	13.8	28.6
1980	54.9	18.1	27.0
1999	51.2	20.9	27.9

资料来源:U.S. Census Bureau.

美国联邦财政支出主要用于社会保障,健康医疗,教育、福利与住房,失业保险和伤残等目的,其中社会保障、健康医疗的支出比重在1960~2007年的近半个世纪持续增长(见表1-7)。

表 1-7 美国联邦财政支出结构(用于民生支出)

单位:%

	1960 年	2007 年
社会保障	13.5	19.5
健康医疗	2.9	23.1
教育、福利与住房	4	9.7
失业保险和伤残	8.9	6.3
净利息	8.3	12.3
其他	12.4	11.2

资料来源:U.S. Census Bureau,2007.

第三节 中国的分税制

一、财政包干制

无论是单一制国家还是联邦制国家,只要存在地方政府就会存在中央(联邦)与地方政府的关系,这种关系受自然、历史、宗教、经济发展等条件的影

响，主要分为集权与分权两种形式。改革开放以来，中国财政体制的基本模式是分权模式，尤其是支出上的分权。这种财政分权模式经历了1979~1993年的财政包干阶段和1994年以来的分税制阶段。1979年，"财政包干"制度在江苏、四川两省进行试点，1980年国务院正式颁布了《关于实行"划分收支、分级包干"财政管理体制的暂行规定》，建立了"分灶吃饭"的财政体制，按照经济管理体制规定的隶属关系将中央和地方的收支分开，中央和地方在自己的经济范围内实现财政平衡，彻底改变了计划经济年代财政统收统支的制度。随着国有企业"利改税"改革的不断推进，中央从1985年开始实行"划分税种、核定收支、分级包干"的政策，将原来的按收入分享改为按税收分享，同时在上缴的比例中实行总额分成，即将地方的全部财政收入（地方固定收入和地方分享收入）与支出挂钩，盈余部分与中央进行一定比例的分享。这一体制改革的核心是按照税种而不是隶属关系来划分中央与地方政府之间的财政权力。由于地方的留存比例过小，经济越发达的地区上缴的也越多，挫伤了地方政府组织财政收入的积极性，出现了减税让利较多、藏富于企业的现象，个别地区甚至出现了财政收入下降的情况。因此，1988年中央政府针对不同的地区实行不同的包干制度安排，对37个地区实行了六种包干方法。财政包干制度使得地方政府构成了真正相对独立的一级财政，扩大了地方政府的财政职能，使其成为供给地方公共物品的主体，调动了各地发展的积极性。但是财政包干制度带来的弊端不容忽视，地方政府出现了道德风险，对中央隐瞒实际的财政收入，或者将预算内的收入转到预算外，导致中央财力被严重削弱。到1993年，中央财政收入占国内生产总值的比重降到18.0%，中央财政收入占整个财政收入的比重下降到22.0%，达到改革开放以来的最低点。

二、分税制

1993年12月，国务院颁布了《关于实行分税制财政管理体制的决定》，宣布从1994年1月1日起正式开始实行分税制模式。其中主要有三方面的规定：按照税种划分中央与地方之间的收入，建立完善政府间财政转移支付制度，划分中央与地方的事权和支出责任。中央税种主要是一些与国家宏观调控相关的大的税种，地方税种则是一些不具有外部性的税种，中央与地方共享的收入是与地方经济发展激励密切相关的税种，如增值税等。分税制改革的实质是财力的向上集中。与此同时，分税制改革将原来的税务局分设为国税局和地税局，国税局除了征收属于中央的固定税种外，还负责征收中央和地方的共享税，这虽然增加了征收成本，但对于后来中央财力的显著增长有重要作用。分税制使得中央和地方政府的激励兼容，地方政府隐瞒收入的激励下降，预算外收入大幅度减少。另外，两个比重（财政收入占GDP的比重和中央财政收入占全国财政收入的比重）都得到提高，其中，财政收入占GDP的比重从1994年的10.8%上升至2007年的20.6%，如果算上政府收入，这一比重将超过25%；中央财政收入占全国财政收入的比重从1994年的22%上升至2002年的55%，之后基本维持在50%以上的水平，使中央政府在进行宏观调控时有了足够的空间。图1-2为分税制前后中国地方财政收入与支出比重。

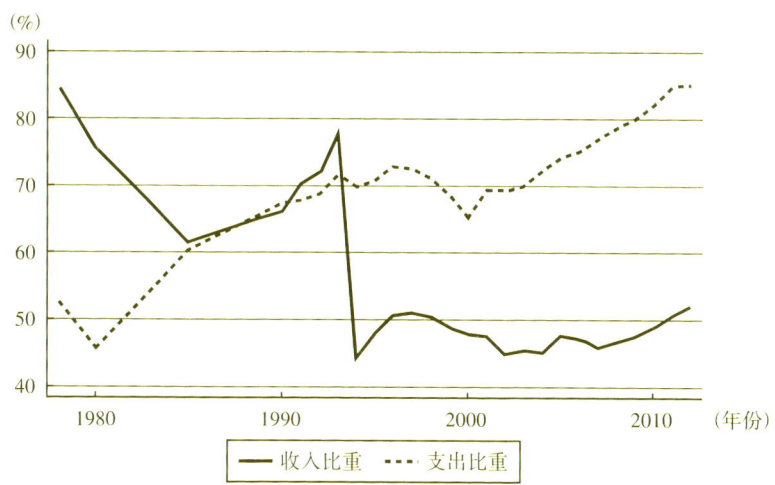

图1-2　分税制前后中国地方财政收入与支出比重

资料来源：根据《中国统计年鉴》绘制。

分税制改革的重点是调整了中央与地方的收入责任，但中央与地方的支出责任没有根本变化，也就是说，分税制本质上是中央与地方的收入分享，这造成了一个事实，即地方收入少而支出责任大，中央收入多而支出责任小。地方财政支出一直比中央财政支出多一倍，出现财权上浮、事权下沉。但"巧妇难为无米之炊"，地方政府找到了筹集经费的办法，那就是土地财政。分税制改革后，土地财政逐渐演变成中国地方政府的第二财政。

1994年的分税制改革调整了中央与地方的财政关系，主要是中央与省级政府的收入关系。但中国的地方政府分级众多，在省级以下还有副省级、地市级、县级、乡镇级等政府层级，对于省级以下的地方政府，分税制改革基本没有涉及。在现实实践中，省级以下政府基本复制了中央与省的分税制特性，即上级政府的收入多而支出少，下级政府的收入少而支出多，同样是财权上浮、事权下沉。

1994年的分税制改革成为中国财政体制的基础框架，税收收入相对集中于中央（集权），支出主要集中于地方（分权），即支出上的分权和税收收入上的相对集权成为财政体制的基本特征。分税制改革并没有改变中国税收的管理体制，税收立法和税收管理权还是集中于中央，地方税收体系没有建立起来。

三、地方收入与支出

1994年分税制改革后，中央与地方政府的支出责任并没有本质改革，地方政府支出占整个支出的比重为80%左右，在具体支出项目上，这种趋势也非常明显。差异最为显著的是社区事务支出和医疗支出，社区事务支出中央占地方的比重在0.1%~0.2%，而医疗支出中央占地方的比重为0.9%~1.6%，教育、医疗等基本公共服务的支出责任几乎全在地方政府，这也是中国政府支出的突出特征之一。地方政府的教育、社会保障和就业、农林水事务、城乡社区事务、医疗卫生等是最主要的支出项目，2014年其支出额均超过1万亿元（见表1-8）。

表1-8 中央与地方政府支出演变

单位：亿元，%

		2009年	2010年	2011年	2012年	2013年	2014年
一般公共支出	中央	1084.21	837.42	903.01	998.32	1001.46	1050.43
	地方	8080	8499.74	10084.77	11702.14	12753.67	12217.07
	比重	13.4	9.9	9.0	8.5	7.9	8.6
公共安全支出	中央	845.79	875.2	1037.01	1183.47	1297.03	1477.76
	地方	3898	4642.5	5267.26	5928.13	6489.75	6879.47
	比重	21.7	18.9	19.7	20.0	20.0	21.5
教育支出	中央	567.62	720.96	999.05	1101.46	1106.65	1253.62
	地方	9869	11829.06	15498.28	20140.64	20895.11	21788.09
	比重	5.8	6.1	6.4	5.5	5.3	5.8
科技支出	中央	1433.82	1661.3	1942.14	2210.43	2368.99	2436.66
	地方	1310	1588.88	1885.88	2242.2	2715.31	2877.79
	比重	109.0	105.0	103.0	98.6	87.2	84.7
社保支出	中央	454.37	450.3	502.48	585.67	640.82	699.91
	地方	1238	1392.57	1704.64	2074.79	2339.94	2468.48
	比重	36.7	32.3	29.5	28.2	27.4	28.5

续表

		2009年	2010年	2011年	2012年	2013年	2014年
医疗支出	中央	63.5	73.56	71.32	74.29	76.7	90.25
	地方	3930	4730.62	6358.19	7170.82	8203.2	10086.36
	比重	1.6	1.6	1.1	1.0	0.9	0.9
社区事务支出	中央	3.91	10.09	11.62	18.19	19.06	17.18
	地方	5103	5977.29	7608.93	9060.93	11146.51	12942.31
	比重	0.1	0.2	0.2	0.2	0.2	0.1
交通支出	中央	1069.22	1489.58	331.11	863.59	722.99	731.16
	地方	3578	3998.89	7166.69	7332.57	8625.83	9669.26
	比重	29.9	37.2	4.6	11.8	8.4	7.6

资料来源：《中国统计年鉴》。

有一点需要特别指出，中央财政支出中用于地方转移支付的部分占到60%多，这也是中央支出的最大项目，其中一般性转移支付略大于专项转移支付，一般性转移支付占比2012年为53.3%，2013年为57.1%，2014年为58.2%，但如果将一般性转移支付中的专项用途经费扣除则专项转移支付比例会更高些。

中国政府预算收入包括一般公共预算收入、政府性基金预算收入、国有资本经营预算收入、社会保障基金预算收入，其中城市土地出让收入纳入地方政府性基金预算管理。地方一般公共预算收入又称为狭义的地方财政收入，包括一般公共预算本级收入，再加上税收返还和中央转移支付。在1999~2011年13年间土地出让收入累计为12.9万亿元，大概相当于2009~2011年的整个税收收入，2014年土地收入达到4.29万亿元，约等于1995年的100倍。这种依赖土地收入的财政被称为土地财政，土地财政的根源在于政府垄断土地一级市场和中央地方财政收支的不匹配。

税收收入是中国地方财政一般预算收入中最主要的来源，2010年占80%以上，2014年占78%。营业税是地方政府税收收入中最大的税种，2010年营业税占税收收入的27%，2014年占23.3%。除营业税外，增值税、企业所得税、契税、土地增值税、城市维护建设税、个人所得税也是地方政府税收的主要税种（见表1-9）。属于地方固定收入的仅仅包括城镇土地使用税、耕地占用税、土地增值税、车船税和契税，而增值税、营业税、企业所得税、个人所得税、资源税、城市维护建设税都属于中央地方共享税。

表 1-9 地方财政税收收入占一般预算收入的比重

	2010年	2011年	2012年	2013年	2014年
地方财政税收收入	0.805197	0.782284	0.774728	0.780901	0.779423
营业税	0.270962	0.256997	0.254475	0.248577	0.233442
增值税	0.127946	0.113979	0.110304	0.119927	0.128529
企业所得税	0.124304	0.128386	0.123966	0.115682	0.116355
契税	0.060691	0.052633	0.047055	0.055701	0.052726
土地增值税	0.031475	0.039253	0.044518	0.04773	0.051593
城市维护建设税	0.042752	0.049668	0.048049	0.047001	0.045624
个人所得税	0.047628	0.046074	0.038109	0.037857	0.038887

资料来源：根据《中国统计年鉴》计算。

2011年10月26日，国务院决定开展营业税改征增值税改革（以下简称"营改增"）试点。2012年1月1日，上海作为首个试点地区启动"营改增"改革。2013年"营改增"试点扩大范围，并选择部分行业在全国范围试点。自2016年5月1日起，全国范围内将建筑业、房地产业、金融业、生活服务业纳入试点范围，全面推开"营改增"试点。营业税将逐渐退出历史舞台，地方政府收入格局将发生变化，继续完善和改革分税制、构建地方税收体系成为未来的选择。

四、转移支付

1993年党的十四届三中全会上，《中共中央关于建立社会主义市场经济体制若干问题的决定》中指出，"把现行地方财政包干制改为在合理划分中央与地方事权基础上的分税制……实行中央财政对地方的返还和转移支付制度，以调节分配结构和地区结构，特别是扶持经济不发达地区的发展和老工业基地的改造"。分税制改革使得转移支付体系的建立被提上议程，转移支付成为分税制改革的重要内容和财政体制的重要组成部分。

可以利用核密度函数对1995~2010年转移支付政策的历史演进进行描述和说明，如图1-3~图1-6所示。

图1-3~图1-6给出了全国和东部、中部、西部三大地区转移支付的核密度估计，横坐标表示转移支付规模，纵坐标表示密度函数值。东部地区自1995年以来所获得的转移支付力度一直在下降，波峰所对应的转移支付规模由0.35左右下降到0.25左右，之后几年基本维持在这个规模，但图形有右倾的趋势，主

第一章 概 论

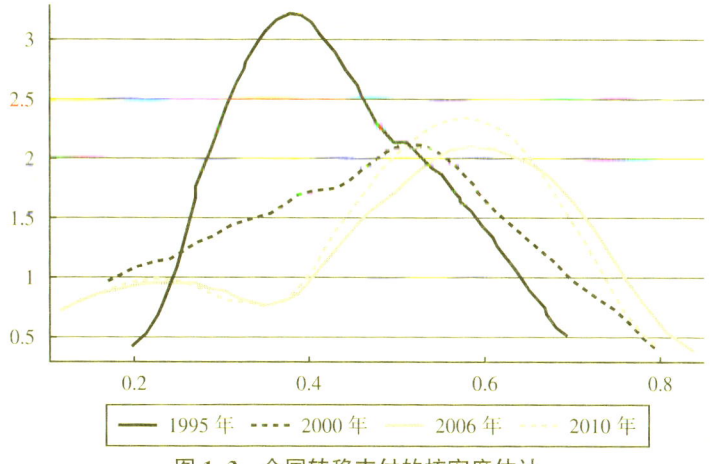

图1-3 全国转移支付的核密度估计

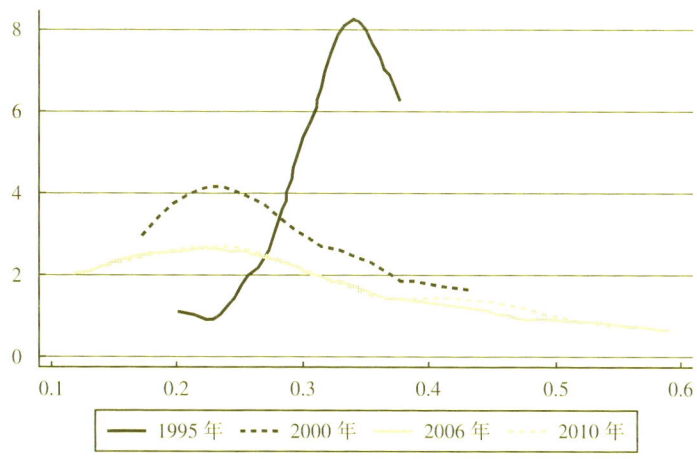

图1-4 东部地区转移支付的核密度估计

要是由于2003年中国开始实施振兴东北老工业基地战略，而东部地区的辽宁同时属于东北地区。对中部地区来说，从1995年开始，转移支付规模先由0.4上升到2000年的0.48，2000~2010年，中部地区的转移支付规模进一步加大，反映了振兴东北老工业基地战略和中部崛起战略对中部地区的政策倾斜，特别是2006~2010年期间，中部地区的转移支付规模进一步集中，各省之间的差距越来越小。就西部地区而言，从1995年开始，转移支付规模先由0.55上升到2000年的0.6，2006年的转移支付规模比2000年更大，波峰对应的数值由0.6增加到0.65左右，西部省份之间所获得的转移支付差异也更大，这是因为更多的转移支付给了民族省份，如西藏、宁夏、新疆等（王绍光，2004），而2010年西部地区

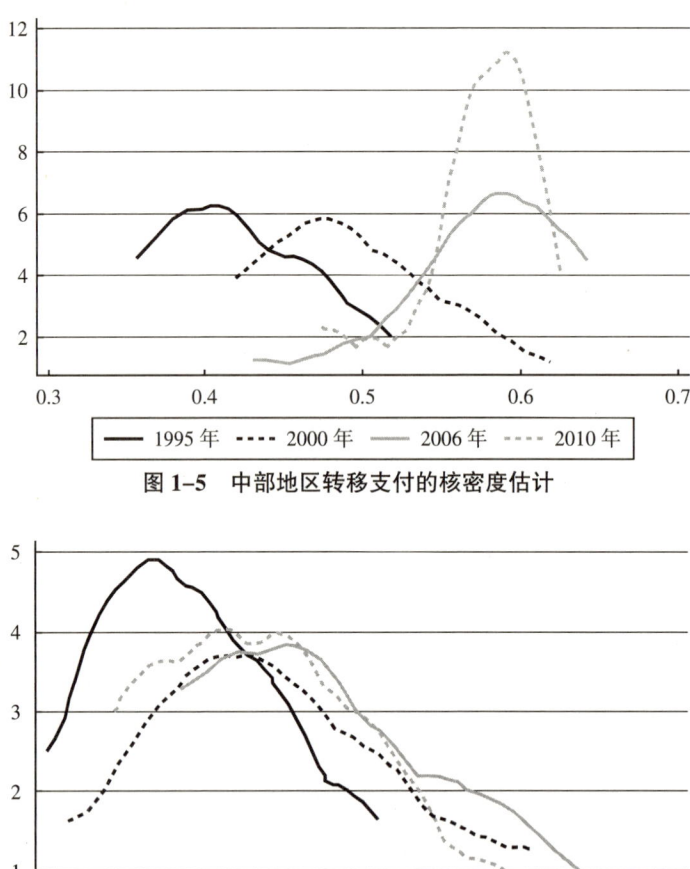

图1-5 中部地区转移支付的核密度估计

图1-6 西部地区转移支付的核密度估计

的核密度分布出现了三个波峰,说明中央对西部地区的转移支付从2006年以后开始出现地区差异,但波峰位置相差不多,表明西部各省份的转移支付规模总体上相差不大。

分税制改革伊始,东部、中部、西部地区的转移支付规模差距不大,在分布形态上也非常相似,这是因为东部发达地区中很大一部分是两税返还,以保证这些地区的财政收入不低于之前年份的水平,所以初期的转移支付更像是为了推行改革的折中方式。随着时间的推移,各个地区转移支付规模的动态演进路径发生了明显分化。全国的转移支付规模分布从"单峰"分布逐渐向"双峰"分布演进,说明中国各个省份之间的转移支付规模差距在逐步拉大,一部分地区获得了相当多的转移支付，而另一部分地区新增转移支付规模基本为零，同时也说明中央的政策从初期的妥协慢慢转变为自主性的宏观调控。

图1-3~图1-6直观地展示了中国转移支付制度的变迁，表现出向中西部地区倾斜的趋势，同时也体现了转移支付的意义在于均衡各个地区的收支平衡能力和支出水平差异。中国的转移支付对一般性转移支付和专项性转移支付的界限还很模糊，对各地区转移支付还没有制度化和法制化。

五、政府关系

无论是财政包干还是分税制都是政府间关系的体现，这也是政府治理的主要内容之一，处理政府之间的关系是大多数国家面临的现实问题，中国更是如此。"中央和地方的关系也是一个矛盾。解决这个矛盾，目前要注意的是，应当在巩固中央统一领导的前提下，扩大一点地方的权力，给地方更多的独立性，让地方办更多的事情。这对我们建设强大的社会主义国家比较有利。我们的国家这样大，人口这样多，情况这样复杂，有中央和地方两个积极性，比只有一个积极性好得多。"（毛泽东，1956）

第四节　中国的政治集中

政治集中是中国政府治理的一大特征，主要体现在两个方面：第一，中国的地方政府包括城市政府都是具有行政等级的；第二，党管干部、对上负责。

一、行政等级制度

中国拥有世界上最为复杂的地方政府体系，如图1-7所示。以省级行政区为例，从上至下有省、（副省级城市）、地级市、县（县级市）、乡镇街道、村（居委会），虽然村和居委会不是一级政府，但很多情况下村和居委会行使着一级政府的职责。这种五级到五级半的政府层级，不仅在中国历史上几乎没有出现过，而且世界其他国家也找不到如此多的等级。另外，中国的党委、政府、人大、政协、法院、检察院等权力交织在一起，使得这种行政等级制度更为复杂，当然中国共产党是领导中国改革开放和社会主义建设事业的核心力量，党处于主导和支配地位。

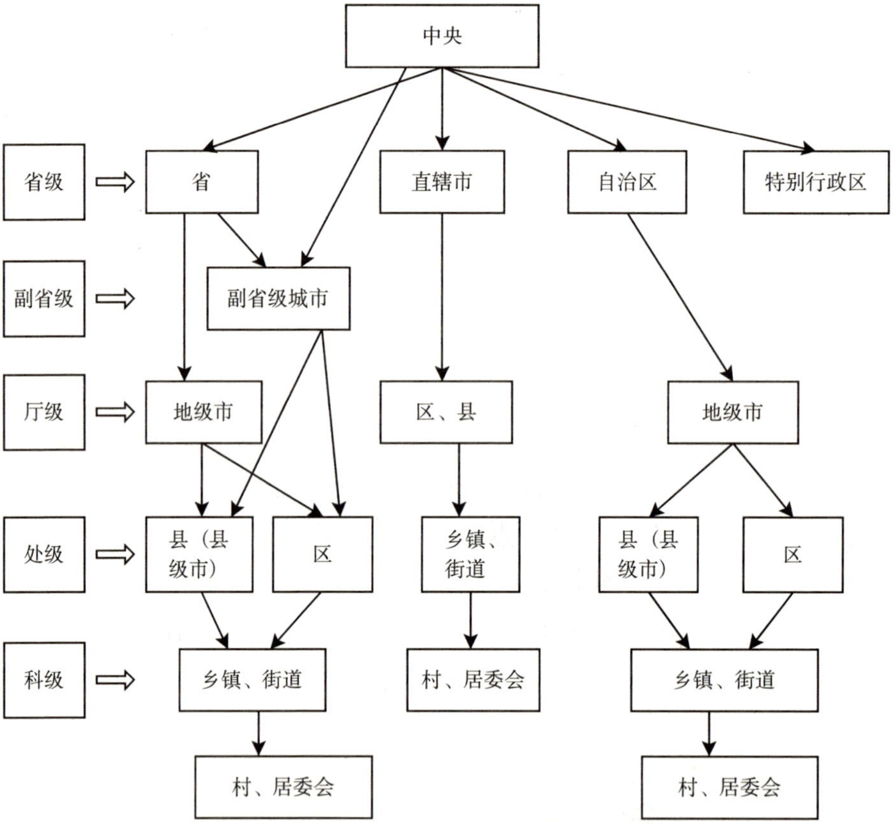

中国地方财政的实证研究

```
                        中央
                         │
        ┌────────┬───────┴────────┬──────────┐
省级  ⇒  省      直辖市           自治区    特别行政区
         │        │                │
副省级 ⇒ 副省级城市
         │        │                │
厅级  ⇒ 地级市   区、县           地级市
         │        │            ┌───┴───┐
处级  ⇒ 县(县级市) 区  乡镇、街道 县(县级市) 区
         │                        │
科级  ⇒ 乡镇、街道  村、居委会   乡镇、街道
         │                        │
         村、居委会                村、居委会
```

图1-7 中国的政府体系

在漫长的历史进程中，中国的各级行政区划处在不断的演变中，但县的数量基本保持在1000多个，这种情况在1978年以后也发生了变化，县的数量从1980年的2151个减少到2013年的1559个，消失了500多个县，这些县要么变成县级市，要么变成区。2013年，中国省区数量为28个，直辖市为4个，地级市为286个，市辖区为872个（见表1-10）。

表1-10 中国县级以上行政区数量

单位：个

年份	省、自治区	直辖市	地级市	市辖区	县级市	县（旗）
1980	27	3	107	458	113	2151
1985	27	3	163	621	158	2046
1990	28	3	185	651	279	1903
1995	28	3	210	706	427	1716

续表

年份	省、自治区	直辖市	地级市	市辖区	县级市	县（旗）
2000	28	4	259	787	400	1674
2005	28	4	283	852	374	1636
2010	28	4	283	853	370	1578
2013	28	4	286	872	368	1559

注：数据不含中国香港、澳门与台湾地区。
资料来源：《中国统计年鉴》。

中国历史上县以上层次，诸如郡、州、府、路、道等，往往设了又废，废了又设，由虚而实、由实而虚，或者虚实兼有。①据统计，在秦至民国末2100多年中，我国行政区划层级中有290年为二级制，占13.6%；有610年为虚三级制，占28.7%；有600年为实三级制，占28.2%；有276年为三级、四级并存制，占13.0%；有350年为多级制（超过三级），占16.5%。②（见表1-11）目前五级到五级半的政府层级形成的第一个原因是，设立乡、村（生产队）使得行政权力达到了中国社会的最基层，而历史上皇权不下县是中国漫长历史长河中政府治理的突出特点。中国早期的县设县尹、县公、县大夫等管理县政的官员，这些官员虽为世袭但均直接受命于国君，商鞅变法后遂废除世袭制度。宋朝以后，知县成为皇帝在县域内的唯一代表，县政府（县衙门）也成为更加独立的地方一级行政机构。自宋朝以后的1000多年来，县作为最基层和最基本的行政单位，下与人民直接发生关系、上是皇帝的直接代表，县以下并不存在任何行政单位。县官或县衙门承担起县域的管理任务，其主要职能包括户籍管理、土地管理、征收粮赋、征派徭役、司法审判、兴教化、励风俗以及其他公益事业。第二个原因是广泛实施的市管县体制，这种体制最早可追溯到1949年。1949年兰州领导皋兰县，1950年旅大市（今大连市）领导金县、长山二县。1958年，国务院先后批准北京、天津、上海三市和辽宁省全部实行市领导县体制。1961年以后，随着经济调整和整顿的开始，市管县体制不仅停止了发展，而且大量县市又恢复了原有体制，特别是河北省，恢复了全部专区和专员公署。至1966年，全国领导县的市下降到25个，领导的县还不到1960年的1/3。1982年，中共中央51号文件做

---

① 葛剑雄.撤乡强县——中国行政区划的方向[M].南都周刊，2007-07-08.
② 浦善新.中国历代行政区划研究[M].北京：中国社会出版社，1991：226.

中国地方财政的实证研究

出"改革地区体制,实行市领导县"的决策。1983年2月15日,中共中央、国务院发出《关于地市州党政机关机构改革若干问题的通知》,指出在进行地、市机构改革时,指导思想上必须明确,要以经济发达的城市为中心,以广大农村为基础,逐步实行市领导县的体制。1999年,中共中央、国务院发布的《关于地方政府机构改革的意见》明确要求:"要调整地区建制,减少行政层次,避免重复设置。与地级市并存一地的地区,实行地市合并;与县级市并存一地的地区所在市(县)达到设立地级市标准的,撤销地区建制,设立地级市,实行市领导县体制;其余地区建制也要逐步撤销,原地区所辖县改由附近地级市领导或由省直辖,县级市由省委托地级市代管。"至此,市管县体制最终确立。到2001年底,全国共有地级行政建制332个,其中地级市265个,占到80%,地级市管县的数量占全国总数的70%。全面实施的市管县体制显然是违背《宪法》的。1954年《宪法》规定中国政府层级为省、县、乡三级,直辖市和较大的市分为区,可见市不管什么级别均不能辖县。1982年《宪法》与1954年《宪法》有所不同,即规定直辖市和较大的市分为区、县。市管县的市只能是直辖市和较大的市,而较大的市根据《中华人民共和国立法法》的规定,包括:①省(自治区)人民政府所在地的市;②经济特区所在地的市;③经国务院批准的其他城市。目前,我国较大的市有49个,其中省会城市27个、经济特区城市4个、国务院批准的其他城市18个。

表1-11 中国行政等级的演变——县的基础地位

朝代名称	政府等级	一级行政区 名称与数量	二级行政区 名称与数量	三级行政区 名称与数量
夏商周	两级	诸侯国	邑	
秦	两级	郡(36~44个)	县(900~1000个)	
西汉	二级		郡(103个)	县(1587个)
东汉	三级	州(13个)	郡(100多个)	县(1000多个)
隋	两级	州/郡(190个)	县(1255个)	
唐	三级	道(10/15个)	州(360个)	县(1557个)
宋	三级	路(26个)	州	县
元	三级	省(16个)	路、府(208个)	县(1127个)
明	三级	省/布政使司(12个)	府/直隶州/州(120个)	县(1169个)
清	三级	省(26个)	府/直隶州/直隶厅(190个)	县/散州厅(1300多个)

第一章 概 论

续表

朝代名称	政府等级	一级行政区 名称与数量	二级行政区 名称与数量	三级行政区 名称与数量
民国（北洋）	三级	省	道	县
民国（国民党）	两级	省（26个）	县（1300多个）	

注：西汉为公元2年的数据。为了比较，增加了民国的数据，而民国中期省县之间又增加了行政督察专员公署，1932年8月行政院颁布《行政督察专员公署组织条例》，1936年行政院又颁布《行政督察专员署组织暂行条例》，专员公署遂正式成为省、县之间的一级辅助省政府的行政机构，在各省普遍建立。

资料来源：谭其骧. 中国历史地图集［M］. 北京：中国地图出版社，1991；刘君德. 中国政区地理［M］. 北京：科学出版社，1999.

中国的地方政府不仅层级多，而且每一个层级都具有一定的行政级别，这些行政层级与党内的层级、政府组成部门的层级又是一一对应的，从副国级到科级异常复杂：直辖市的市委书记一般是中共政治局委员、副国级（副总理级），市长则为正部级，相当于部长或省长；地级市的书记或市长一般为正厅级或正局级；县的书记或县长一般为正处级；乡镇长则一般为正科级，直辖市所属的县乡则不同，如北京市密云县①为正厅级，而其所辖乡镇则为正处级。中国还有一类特殊的功能区如各种开发区、新区也有行政级别，如天津开发区为正厅级。行政级别的复杂性还体现在相同的名称而对应不同的行政级别，如直辖市的局为正厅级，而县的局为正科级，举例来说，重庆市公安局局长为正厅级，而香河县公安局局长则为正科级。地方政府的行政性是中国地方政府与发达国家地方政府的不同之处，西方发达国家实行城镇自治，城市没有行政级别，官员也没有所谓的行政级别。表1-12展示了中国城市的行政级别。

表1-12 中国城市的行政级别

城市行政级别	城市	首长的级别	市辖区或县	备注
直辖市	北京、上海、天津、重庆	正部级 （如担任中共政治局委员，则级别更高）	市辖区、县为正局级 （如北京市的海淀区、密云区为正厅级）	一般四大直辖市领导都是中共政治局委员
副省级城市	广州、深圳、厦门、宁波、杭州、苏州、青岛、济南、大连	副部级（副省级） （一般其书记、个别市长是省委常委）	市辖区、县为正处级至副局级	大多数副省级城市、地级市辖县（即市管县），没有宪法与法律依据
地级市	徐州、襄阳、温州、廊坊	正局级（正厅级、正司级） （如其首长是省委常委，则其实际级别更高）	市辖区、县为正处级 （如江苏省丰县、沛县为正处级）	

---

① 2015年11月，撤销密云县，设立密云区。

续表

城市行政级别	城市	首长的级别	市辖区或县	备注
县级市	如福建省的晋江市、辽宁省的庄河市	正处级（如其首长是地级市委常委，则其实际级别更高）	一般所辖镇、乡，为正科级	—

二、党管干部、对上负责

党管干部是中国人事制度的根本原则，党在干部体制中处于绝对领导地位，党不仅管理政府的干部，而且管理国有企业、事业单位的干部。在当代中国官僚体制中，官员处于一个非常封闭的"内部劳动力市场"，身处职业生涯阶梯之上，陟罚臧否，全面覆盖，而且只能在政府内部封闭的人事"市场"中流动，几无"退出"渠道。即一旦被上级领导罢免、开除，就很难在组织外部找到其他工作，作为官员个人也不能随意选择退出已有的职位，仕途内外存在巨大的落差，产生一种很强的"锁定"效应，一旦进入官场就必须努力保住职位并争取一切可能的晋升机会（Zhou，2002），虽然也有官员"下海"，但这种现象非常少见。

党管干部制度属于对上负责的体制。随着国家治理规模的扩大、行政链条的延伸和组织关系的复杂化，信息不对称、地方多样性、指标可靠性等困难都逐渐加剧，传统的诸如道德教化、权限分割、相互制约等制度约束效力有限，在实际过程中只能更多地依赖各级政府对其下级部门、属员的监管评判。对于基层官员的职业生涯来说，直接上级有着至关重要的影响。因此，"向上负责制"在实际运行中体现为"向直接上级负责制"。结果是，官员对官僚体制的依附更多地体现为对直接上级的依附，导致了各个部门、区域的高度封闭性。

但是，这种封闭性与官员之间的交流并不矛盾，官员交流成为达到某一经济政治目的的常用手段，官员交流的特点是官（特别是"一把手"）交流，而吏（普通公务员）不交流，官员中仅有少数交流、大部分不交流。一般省级官员多为中央空降或跨省交流，而地市级官员则为省内交流，如江苏省某市的市长在省内交流的概率远远大于其在省外交流的概率。

党管干部的考核机制体现在三个方面：经济与社会发展指标、个人与社会资本方面、特定的要求。经济与社会发展是现阶段的主要考核内容，主要是GDP、财政收入等指标。个人特性指标包括年龄、性别、学历等，如官员的年龄是一个重要的指标，虽然官员的社会资本不是显性的考核指标，但研究表明社会资本和社会网络对于官员的晋升有重要的作用（陶然等，2009），对于官员升迁，"旋转门"和"玻璃门"一定程度上还存在。

上级对下级的考核一般发生在相邻的上下级政府之间，如省级对市级的考核、市级对县级的考核、县级对乡镇的考核，而同级政府之间是竞争性的，必须考虑同级别政府的反应，这也被称为标尺竞争，这样层层加码成为各级政府的常态（周黎安，2015）。例如，中央定的GDP增长目标为7%，则省级往往高于7%，市级、县级更高。"官出数字、数字出官"成为各级政府官员的理性选择。中国地方官员治理改革关乎中国经济发展和财政体制变革，如何将党管干部与公民选择有机结合，成为下一步所要面对的重要课题。

第二章 财政竞争：从 Tiebout 模型到 NEG

第一节 财政竞争的发展脉络

财政竞争是地方政府利用财政工具（包括税收、支出等）吸引地方发展资源的竞争，财政工具为税收则称为税收竞争，财政工具为政府支出则称为支出竞争。除了财政手段外，地方政府可能采取其他手段吸引流动资源，因而财政竞争逐步演化成政府竞争。德国学者何梦笔（C. Herrmann-Pillath，2003）提出了政府竞争的一般模式。政府竞争包括横向政府竞争和纵向政府竞争，横向政府竞争如北京、天津之争，纵向政府竞争如厦门、福建之争（见图2-1和图2-2）。中央政府与地方政府之争主要是财政和政治好处的交换（如转移支付、政治晋升），地方政府之争主要是为了吸引促进经济增长的生产要素，当然也是为了吸引选民，因为选民既可以用手投票，也可以用脚投票。

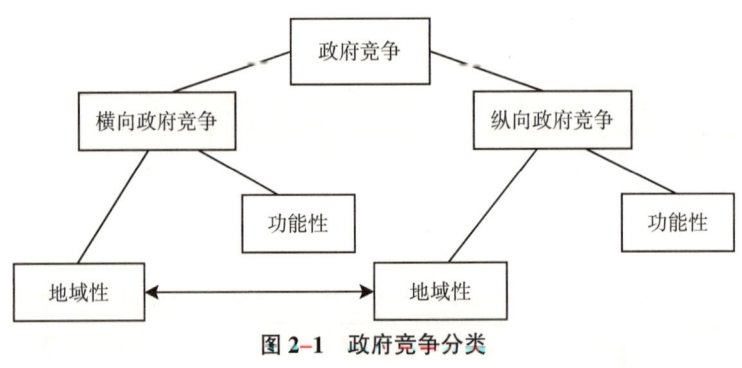

图2-1 政府竞争分类

第二章 财政竞争：从 Tiebout 模型到 NEG

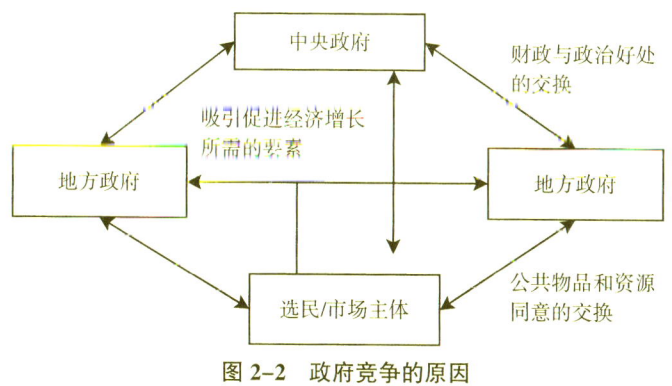

图 2-2 政府竞争的原因

资料来源：何梦笔（2002）。

财政竞争的最初贡献来自 Tiebout（1956）的用脚投票思想。1924 年 Tiebout 出生于纽约的格林威治，1942 年进入卫斯理大学，1950 年完成他的硕士学业，1954 年获得博士学位。1956 年，他在美国西北大学（Northwest University）任教期间，在 *Journal of Political Economy* 上发表了著名的《一个关于地方支出的纯理论》，以其开创性的研究和大胆的论证，提出了用脚投票可以解决公共物品的有效配置的命题，拉开了地方公共经济学研究和地方公共物品研究的序幕，是地方政府研究的一个里程碑，也成为城市经济学研究的一个重要参考系。

Tiebout（1956）回应了 Musgrave（1939）和 Samuelson（1954）对于公共物品配置的研究，后者认为公共物品与私人物品不同，由于存在着"搭便车"等问题，不能利用市场机制来解决最优配置问题。Tiebout（1956）提出消费者—投票者用脚投票选择社区（每个社区都有一个税收与公共物品组合套餐），利用类似市场机制来配置地方公共物品，增进社会福利。

Tiebout（1956）提出了七条假设：消费者—投票者自由选择自己偏好的社区；消费者—投票者对社区的收入支出拥有完全信息；社区数量足够多；没有就业限制；每个消费者均靠利息收入生活；社区之间没有外部性；每个社区在没有达到最优规模前追求最优社区。有学者注意到只有在很严格的条件下，Tiebout 均衡才存在，而在社区数量相对少的时候，由于没有市场机制来协调个人的区位决策，迁移均衡可能是无效率的。假如收入税作为提供地方公共物品的来源，那么可能社区间没有均衡配置，因为没有人有激励迁移到其他社区，而且只有在以下条件下均衡才成立：公共服务而不是公共物品；社区数量与消费者类型相匹配（Match）；利润最大化政府，均衡时利润为零；社区之间自由贸易（Bewley,

1981)。虽然理论假设对于科学研究是必要的，但是没有一个社会科学的理论是完美的，Tiebout 的用脚投票需要理论发展和实证检验。

Tiebout 模型主要是解决地方公共物品的有效配置问题，而有效配置的机制就是用脚投票，通过用脚投票实现了公共物品的有效配置，且地方政府之间的竞争促进了地方政府效率的提升，Tiebout 模型不仅涉及税收，而且涉及政府支出，是税收与支出的组合竞争模型。而现代标准的税收竞争模型是 Zodrow & Mieszkowski (1986)、Wilson (1986) 提出的，称为 Zodrow-Mieszkowski 模型或 Zodrow-Mieszkowski-Wilson 模型，与 Tiebout 模型不同的是，ZMW 模型假设地方政府吸引的流动资源是资本，资本从高税率的地区流向低税率的地区。ZMW 模型对流动性资源（资源）的竞争导致了次优的低税率，一个地方降低税率吸引流动性资源对其他地区产生了负的外部性，使其他地区的税基减少，而其他地区也会降低税率来吸引这些流动性资源，竞争到底（Race to the Bottom）就产生了，由于财政收入不足，就会出现地方公共物品提供不足。随后的很多税收竞争模型都是在 ZMW 模型的基础上发展起来的（Wildasin, 1988; Wildasin, 1999; Bucovetsky, 1999; Brueckner, 2000）。但是 ZMW 模型面临的一个问题是流动资源不仅是资本，还包括劳动力等资源，而 ZMW 仅仅是资本税竞争，更重要的是，在现实生活中虽然有众多低税或免税的避税天堂，但资本或劳动并没有全部或大部分被吸引到那里，资本或劳动区位选择的影响因素不仅是税收，还包括其他因素。新经济地理学（NEG）将税收竞争模型纳入其分析框架，发展了新经济地理学和财政竞争理论，成为财政竞争理论的最新发展趋势。还有一类税收竞争模型被称为商品税竞争模型，Kanbur 和 Keen (1993) 最早进行了相关研究，Nielsen 等（2001）也进行了论述。

第二节 Zodrow-Mieszkowski-Wilson 模型

一、模型的假设

（1）国家拥有 N 个同质的辖区（Jurisdictions），每个地区拥有相同的土地、同质的不能移动的居民。

(2) 每个地区的人口都标准化为1，因此 N 既是国家的人口数，又是这个国家的地区数量。

(3) 代表性厂商：完全竞争的市场结构，每个厂商都利用资本与土地两种生产要素进行生产，全国总资本为 K，厂商的生产函数可以简化为 F(K)，规模报酬不变，且 $F_K > 0$，$F_{kk} < 0$，资本可以在各个地区之间流动。

(4) 代表性居民：居民所得来自资本 K 和土地的回报，资本收益率为 ρ，回报全部用于个人消费。

(5) 政府：提供公共物品，并对资本 K 征税（Lumpy-Sum），税率为 t，即征税额为 tK，政府是一个好政府，它最大化辖区居民的效用。

二、模型的推导

我们先来看厂商行为，对于一个典型厂商而言，其利润函数为：

$$F(K) - rK - tK$$

其中，F(K) 为生产函数；r 为资本成本；t 为政府课征的资本税税率。第一项为厂商的产出，第二项为资本成本，第三项为缴纳的租税。典型厂商追求利润最大化，即：

$$\max \quad F(K) - rK - tK$$

其一阶条件为：

$$F_K - r - t = 0$$

即 $F_k(K) = r + t$，K 为 r 与 t 的函数。

上式两边对 t 求导得：

$$F_{KK} \frac{\partial K}{\partial t} = 1$$

即：

$$\frac{\partial K}{\partial t} = \frac{1}{F_{KK}}$$

在资本市场上，当资本市场均衡时，全国的资本等于各个地区资本的总和，所以：

$$\frac{\overline{K}}{N} = K$$

对于代表性居民来说，其预算约束为：

$$C = F(K) - (r+t)K + r\frac{\overline{K}}{N}$$

上式中的右边前两项来自居民投资所得,后一项是居民拥有的资本利得,相应的居民效用函数为:

$U(C, G)$

居民的效用来自两个部分,一是消费品 C,二是政府提供的公共物品 G。

对于政府而言,政府公共物品的支出来自对资本的课税额度,即 $gk = G$,政府最大化辖区居民的效用,即:

max $U(C, G)$

整个模型可以简化为下面的规划问题:

$\max_t U(C, G)$

约束条件为:

$$C = F(K) - (r+t)K + r\frac{\overline{K}}{N}$$

$G = tK$

注意到 K 为 t 的函数,可以将上面的整个规划写成:

$V(t) = U[C(t), G(t)]$

则一阶条件为:

$$\frac{\partial V}{\partial t} = \frac{\partial U}{\partial C}\left(F_K \frac{\partial K}{\partial t} - r\frac{\partial K}{\partial t} - K - t\frac{\partial K}{\partial t}\right) + \frac{\partial U}{\partial G}\left(K + t\frac{\partial K}{\partial t}\right)$$

$$= U_C\left((r+t)\frac{\partial K}{\partial t} - r\frac{\partial K}{\partial t} - t\frac{\partial k}{\partial t} - K\right) + U_G\left(K + t\frac{\partial K}{\partial t}\right) = 0$$

即:

$$\frac{U_G}{U_C} = \frac{1}{1 + \frac{\partial K}{\partial t}\frac{t}{K}} = \frac{1}{1 - |e_{K,t}|} > 1$$

其中,$e_{K,t}$ 被称为税收的资本弹性,即税收课征增加 1%,资本变动的百分率。$\frac{U_G}{U_C} > 1$,即公共支出的边际效用大于私人支出的边际效用,辖区政府继续提供公共物品时,消费者的效用会继续增加,因此由于税收竞争,公共物品提供低于最优(Underprovision of Residential Public Goods)。

第三节 商品税竞争模型

经典的 ZMW 模型是资本税竞争模型,在此基础上引发了对基本模型的大量扩展。商品税竞争模型就是其中的扩展,商品税竞争涉及两个国家或地区进行商品税竞争,为的是吸引更多的购物者,例如,很多深圳人到香港购物不仅是因为香港的商品丰富,而且是因为香港的很多商品价格更低些。Kanbur 和 Keen (1993)、Nielsen (2001) 等最早进行了商品税的相关研究,我们的论述主要基于 Kanbur 和 Keen (1993),但省略了其中的税收合作部分。

一、模型假设

(1) 有两个地区:东部与西部,位于一个 [-1, 1] 的直线上,东部地区人口为 h,西部地区人口为 H,人口均匀分布,令 $\theta = \frac{h}{H}$,如果 $\theta < 1$,则认为东部地区为小型地区。这个假设其实是 Hotelling 模型的一个变种。

(2) 两个地区的保留价格相同,均为 V,两个地区对单位商品课税分别为 t 和 T,而且遵循销售地原则。

(3) 消费者跨界购物的单位距离成本为 δ。

二、两个对称地区的税收竞争

下图是一个两地购物的简图(见图 2-3),说明的是 t > T 条件下两地的购物情况:

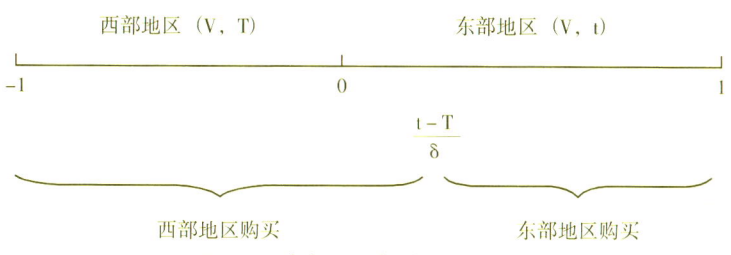

图 2-3 东部、西部地区购物简图

显然,东部地区距离边界为 s 的人在满足下面的条件时,才可能去西部购物:
$T + \delta s < t$ 与 $v - T - \delta s > 0$

在满足上述条件时,东部地区的税收收入为:

$$r(t, T) = \begin{cases} th\left(1 - \dfrac{t-T}{\delta}\right), & t \geq T \\ th + tH\left(\dfrac{t-T}{\delta}\right), & t \leq T \end{cases}$$

同理可以写出 R(t, T) 的表达式:

$$R(t, T) = \begin{cases} TH\left(1 - \dfrac{T-t}{\delta}\right), & T \geq t \\ TH + Th\left(\dfrac{T-t}{\delta}\right), & T \leq t \end{cases}$$

两个地区进行完全信息静态博弈:

$$\begin{cases} \dfrac{\partial r}{\partial t} = 0 \\ \dfrac{\partial R}{\partial T} = 0 \end{cases}$$

求得东部与西部地区的反应函数分别为:

$$\begin{cases} t = \dfrac{1}{2}(\delta + T) \\ T = \dfrac{1}{2}(\delta + t) \end{cases}$$

即存在纳什均衡:

$$\begin{cases} t = \delta \\ T = \delta \end{cases}$$

这时两个地区的税收收入为:
$r = \delta h = \delta H = R$

三、非对称地区的税收竞争

东部地区的人口不同于西部地方,它们的比率是 θ,这时东部地区的税收收入为:

$$r(t, T) = \begin{cases} th\left(1 - \dfrac{t-T}{\delta}\right), & t \geq T \\ th + tH\left(\dfrac{t-T}{\delta}\right), & t \leq T \end{cases}$$

两个地区进行静态博弈：

$$\begin{cases} \dfrac{\partial r}{\partial t} = 0 \\ \dfrac{\partial R}{\partial T} = 0 \end{cases}$$

东部地区的反应函数为：

$$t(x) = \begin{cases} \dfrac{1}{2}(\delta + T) & T \leq \delta\sqrt{\theta} \\ \dfrac{1}{2}(\delta\theta + T) & T \geq \delta\sqrt{\theta} \end{cases}$$

西部地区的反应函数为：

$$T(x) = \begin{cases} \dfrac{1}{2}(\delta + t) & t \leq \delta \\ t & \delta \leq t \leq \delta/\theta \\ \dfrac{1}{2}(\delta\theta + t) & T \geq \delta \end{cases}$$

Kanbur 和 Keen（1993）证明了：

（1）$v \to \infty$，存在唯一的纳什均衡，均衡时的税收为：

$$t = \delta\left(\dfrac{1}{3} + \dfrac{2}{3}\theta\right)$$

$$T = \delta\left(\dfrac{2}{3} + \dfrac{1}{3}\theta\right)$$

（2）进一步只要 $\delta < v$，就存在唯一的纳什均衡：

$$t = \delta\left(\dfrac{1}{3} + \dfrac{2}{3}\theta\right)$$

$$T = \delta\left(\dfrac{2}{3} + \dfrac{1}{3}\theta\right)$$

（3）东部（小地区）比西部（大地区）的削价额度为：

$$T - t = \dfrac{\delta}{3}(1 - \theta) > 0$$

(4) 东部地区与西部地区的税收收入分别为:

$$r = \delta H \left(\frac{1+2\theta}{3} \right)^2$$

$$R = \delta H \left(\frac{2+\theta}{3} \right)^2$$

第四节 基于 NEG 的税收竞争模型

一、新经济地理框架（New Economic Geography，NEG）

两个地区：东部与中西部；两个部门：农业部门与工业部门。农业部门：仅仅使用一种生产要素劳动力且均质分布，规模报酬不变，生产同质产品，完全竞争，生产技术相同，两个地区间的贸易成本为零，显然，农产品的价格相同，农业部门的工资水平一样。工业部门：仅仅使用一种生产要素劳动力，报酬递增，D-S 垄断竞争。产品不同质，两个地区的产品种类有差别，由于报酬递增，每个厂商仅仅生产一种产品（Still One and Only One），产品种类等于厂商个数，两个地区间的贸易成本采取冰山成本，每个企业必须而且唯一使用一单位的资本进行生产，企业的成本函数为 $\pi + wa_{MX}$，其中 π 是单位资本的收益率。这个资本可以是普通的资本（Forslid，2005），也可以是特殊的人力资本，如企业家（Baldwin 和 Krugman，2004），假设普通劳动力不能跨区域流动，而资本可以跨区域流动，资本流动的方向由资本的名义收益率决定，而企业家流动的方向由其真实的工资水平决定，这两条假设也对应了新经济地理学中的自由资本模型和自由企业家模型（Baldwin 等，2003）。

根据新经济地理学可知，无论是资本还是企业家，其资本收益率为：

$$\pi = \frac{px}{\sigma} = \frac{\mu}{\sigma} \frac{E^w}{n^w} p^{1-\sigma} \left[\frac{s_E}{s_n + \emptyset(1-s_n)} + \emptyset \frac{1-s_E}{\emptyset s_n + (1-s_n)} \right]$$

$s_E = \dfrac{E}{E^w}$ 是东部地区的总支出份额，$1 - s_E$ 为中西部地区的总支出份额。

其中，$\emptyset = \tau^{1-\sigma}$，$s_n = \dfrac{n}{n^w}$ 为东部地区的企业份额，相应的 $1 - s_n$ 为中西部地区的企业份额。因为每个 M 企业只是用一个单位的 K 生产一种产品，所以 M 企业数与 K 的数量及其产品数量都相等，即 $n^w = K^w$。

如果将东部地区的销售价格标准化为 1，则：

$$\pi = \frac{px}{\sigma} = \frac{\mu}{\sigma} \frac{E^w}{K^w} \left[\frac{s_E}{s_n + \emptyset(1 - s_n)} + \emptyset \frac{1 - s_E}{\emptyset s_n + (1 - s_n)} \right]$$

同理中西部为：

$$\pi^* = \frac{\mu}{\sigma} \frac{E^w}{K^w} \left[\emptyset \frac{s_E}{s_n + \emptyset(1 - s_n)} + \frac{1 - s_E}{\emptyset s_n + (1 - s_n)} \right]$$

则长期均衡的条件有两种情况，一是核心边缘均衡，二是内点均衡，即 $\pi = \pi^*$，$0 < s_n < 1$。

二、集聚租金

假设东部地区与中西部地区对企业各征收 t、t^* 比例的税收，那么：

$(1 - t)\pi = (1 - t^*)\pi^*$

即 $\dfrac{\pi}{\pi^*} = \dfrac{1 - t^*}{1 - t}$

企业无论在东部还是在中西部，其净利润是相同的，考虑到一种极端情况，即 $s_n = 1 (s_n = 0)$，这时企业全部集中于东部（集聚均衡），不管中西部的税率相对东部地区低到何种程度，企业还是集中到东部地区，这时可以定义资本的集聚租金（Agglomeration Rent）为 $\Omega = \pi - \pi^*$，即两个地区的收益之差，但研究中常用这种形式：

$$\Omega = \frac{\pi}{\pi^*_{|s_n = 1}}$$

或者对于企业家资本，集聚租金为：

$$\Omega = \frac{\pi/p}{\pi^*/p^*_{|s_n = 1}}$$

其中 p、p^* 分别是东部地区、中西部地区的价格指数：

$p = (s_n + \emptyset(1 - s_n))^{\mu/\sigma - 1}$

$p^* = (\emptyset s_n + (1 - s_n))^{\mu/\sigma - 1}$

这两种收益的差异非常明显，一个是名义收益水平，另一个是真实收益水

平。集聚租金是由于集聚带来效益,这种效益可以弥补税收带来的成本。以企业家资本为例,可以求得:

$$\Omega = \frac{\pi/p}{\pi^*/p^*|_{s_n=1}} = \frac{2\emptyset^{1-\frac{\mu}{\sigma-1}}}{2-(1-\emptyset^2)\left(1+\frac{\mu}{\sigma}\right)}$$

为了研究集聚租金的变化规律,可以对贸易自由度求导:

$$\frac{d\Omega/\Omega}{d\emptyset/\emptyset} = \left(1-\frac{\mu}{\sigma-1}\right) - \frac{2\emptyset\left(1+\frac{\mu}{\sigma}\right)}{2-(1-\emptyset^2)\left(1+\frac{\mu}{\sigma}\right)}$$

从而可以画出集聚租金曲线,它是一条钟形状曲线(见图2-4),集聚租金与贸易自由度 $\emptyset$ 有关,随着贸易自由度(即经济一体化进程)的增加,集聚租金先增加后降低。产业集聚带来的集聚租金可以征税,使得东部地区比中西部地区征收更高的税率,税率在一个范围内,企业不会迁移到另一个地区,税收竞争是向上竞争(Race to the Top),而不是竞争到底(Baldwin 和 Krugman,2004)。Borck 和 Pflüger(2006)认为即使不是集聚均衡,市场规模较大的地区也会产生集聚租金,也同样存在钟形曲线。

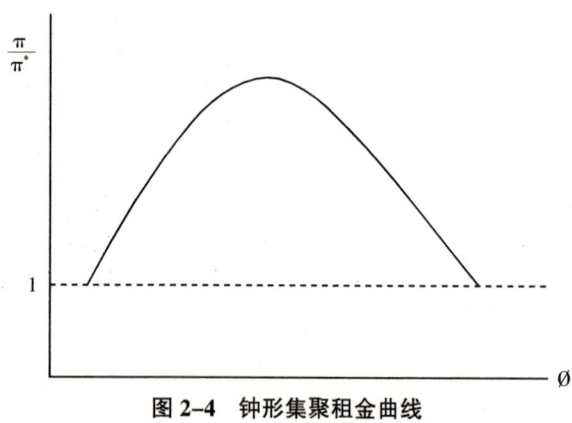

图2-4 钟形集聚租金曲线

在不考虑税收的情况下,可以求得东部地区企业集聚的内点解:

$$s_n = \frac{1}{2} + \left(\frac{1+\emptyset}{1-\emptyset}\right)(s_E - 1)$$

即东部地区吸引资本不仅取决于东部地区的市场消费能力,而且取决于贸易自由度。中西部地区的情况与此类似。如果东部、中西部地区各征收 t_1、t_2 的税，在 $t = t_1 = t_2$，$b - \dfrac{\mu}{\sigma}$，$Z = \left(\dfrac{1+\emptyset}{1-\emptyset}\right)$ 时，内点解为（Forslid，2005）：

$$s_n = \frac{1}{2} + \left(\frac{tb-1}{tb-Z}\right)(s_E - 1)$$

即使征收相同比例的税收，东部和中西部地区的产业集聚状态也会发生变化。

第三章 Tiebout 模型的实证

第一节 Tiebout 模型的实证研究进展

本节从 Tiebout 模型的提出、税收—支出的资本化、社区均质化、学校选择、税收竞争等方面考察和评述了 Tiebout 模型的发展，为全面认识用脚投票的效应提供了借鉴。

一、税收—支出的资本化

对 Tiebout 模型的经验研究最早开始于政府支出和税收的资本化问题。它的逻辑是人们用脚投票选择一个社区，导致该社区的财产需求增加，价格或价值上升，而选择一个社区的实质是选择社区的税收—公共支出组合套餐，那么资产价格的上升就必然受组合套餐作用的影响。早期的 Oates（1969）、King（1977）、Reinhard（1981）、Dusansky（1981）、Lea（1982）、Goodman（1983）、Yinger 等（1988）都研究了支出或财产税的资本化问题。最著名的研究是 Oates（1969）开创的，他利用特征定价法（Hedonic Regression）研究地方财产税收和地方财政支出对财产价值的影响，研究发现地方财产税收对财产价值有负的效应，而地方财政支出对财产价值有正的影响，收入或支出资本化进入了财产价值中，学校较好和税率较低的社区住房价值更高。

King（1977）利用 New Haven 地区 1967~1969 年 1892 个观察样本研究税收的资本化问题，他不是采用房屋的中位数价值而是采用房屋的销售价格作为评价目标，研究发现税收的资本化率为 18%。Rosen（1982）研究了洛杉矶地区 1978~1979 年房屋价值的变化，发现税收的资本化率为 22%。Palmon 和 Smith

(1998) 研究了 Houston 地区的税收资本化问题,他们的被解释变量是对数化的房屋销售价格,而主要解释变量是城市公用地区的税率,研究发现税收资本化率约为 62%。de Bartolome 和 Rosenthal (1999) 研究了 1985~1989 年美国的税收资本化问题,他们发现会有 32%~42% 的税收资本化到住房价格中。但此类研究也存在改进的空间,Goldstein 和 Pauly (1981) 就指出大多数实证研究都忽略了选择进入社区的效应。

Hoyt 和 Garen (2005) 总结了此类资本化的研究,他们将资本化分成辖区内的资本化与辖区之间的资本化。他们发现辖区内资本化率的变化很大,从没有资本化到资本化达到 127%。利用宏观数据进行研究得出的资本化率平均为 53%,而利用微观数据进行研究得出的资本化率明显低于宏观数据的结果,其平均为 25%。对辖区间的资本化基本是利用微观数据进行研究,资本化率在 40%~66%。

二、社区均质化

物以类聚,人以群分。人们通过用脚投票选择适合自己的社区,那么合乎逻辑的推理是对社区偏好相同的人聚居在同一个社区,亦即社区的均质化。从经验上证明社区的均质化是 Tiebout 实证研究的重要内容,研究趋势是从早期专注于社区的均质化到现在的居住分割,从影响人们迁移的税收—支出套餐演进到环境—就业机会套餐,从验证居住区分割到分析这种分割的原因与影响。

Heikkila (1996) 利用 1990 年洛杉矶的人口数据研究发现,城镇边界对城市规模、房屋类型、经济等级和种族划分等方面的影响显著,一个城镇实际上就是一个 Tiebout 俱乐部。

Rhode 和 Strumpf (2003) 利用 1870~1990 年美国城镇 (Municipalities)、1870~1990 年所有波士顿地区的城镇和 1850~1990 年美国所有县的数据,通过构造非相似性指数 (Dissimilarity Index) 来研究长期 Tiebout 效应,他们没有发现明显的证据显示 Tiebout 机制起主导作用,150 年间美国社区之间变得越来越相似,如黑人在 1870~1990 年的相异性指数值从 0.72 降到 0.57。对于这种现象,他们认为其他因素已经超过 Tiebout 因素所起的作用,人们的迁移可能不只是寻求地方公共物品与税收的组合套餐,还包括高的就业机会等因素。

Banzhaf 和 Walsh (2008) 发现人们用脚投票追求环境质量,迁移到自然环境良好的地方去。他们建立了一个理论模型预测当公共物品的外生边际增加时,一个社区的人口密度会相应增加。他们利用 DID (Difference-In-Difference) 实证模型研究化学毒物排放量的增加和减少前后对人口构成的变化效应，利用随机划定半英里范围的社区新方法，发现人们会用脚投票到环境好的社区，而且存在收入效应，一个地区的环境质量变差伴随着这个地区富裕家庭的减少和贫困家庭的相应增加。

Münch（2011）研究了德国巴伐利亚州的人口迁移情况，发现生物多样性确实是吸引人们迁移的重要因素，良好的植被生态对各年龄组的迁移都有吸引力，但敏感性有所不同，18~65岁的劳动力更倾向于就业机会多的城市，而需要抚养孩子的家庭则更倾向于高环境质量地区。

Dawkins（2005）研究了1980~2005年美国城市地区的地方政府碎片化（Government Fragmentation）与种族分割的联系，地方政府碎片化程度高意味着地方政府数量多，人们的Tiebout选择性强。Tiebout选择增加10%，则社区间的整体分割提高不到1%，而辖区间的分割则提高到4%~7%。用脚投票的选择对辖区分割相对大的效应在于不仅将白人与黑人家庭分割在不同的区位，而且这些区位所能提供的地方公共物品是不同的，这种选择可能带来公共物品的不均衡化。

应该指出，Tiebout模型没有生产部门，如果加入生产部门，即使存在劳动力的选择，当劳动力在生产中是互补的情况下，用脚投票也可能产生异质社区（Berglas和Pines，1981）。而且对社区的定义不仅意味着数据获得的难易，而且往往会影响研究的结论，有些研究将一个城市作为社区，而另一些研究可能将学区作为社区，还有的研究随机划定城市若干小范围地域作为社区（Epple等，2010）。

三、学校选择

学校选择是Tiebout选择近期研究的一个热点。学校选择导致的一个后果是学区房贵，好的学校与高的社区房价相伴。学校选择的研究主要回答以下两个问题：其一，好学校对社区财产价值有何影响；其二，除高质量的学校外，社区的哪些特性和消费者—投票者的哪些特性也在影响人们的用脚投票行为。

对于第一个问题。Downes和Zabel（2002）合并了美国住房调查和伊利诺伊州学校报告卡数据，将每栋房产与其最近的学校相匹配来研究1987~1991年芝加哥地区学校特性对房地产价格的影响。他们发现平均每个学生的支出与考试分数对房屋价值有相似的影响。不同于地区层面，在学校层面上，个人选择住房时对学校的种族构成敏感。当人们选择住房时，人们首先关注的是当前学校的测试成绩，而不是一所学校对社区同类学校的贡献程度。

Bates 和 Santerre（2003）利用 Brueckner（1982）的方法研究了 1994~1995 年美国康涅狄格州的社区教育投资对社区财产价值的影响。他们发现教育投资增加 10%可以带来 4.3%的财产价值的增加。康涅狄格州的典型社区存在教育投资不足，没有实现最大化财产价值，他们建议康涅狄格州政府提升教育投资水平，从而提升教育效率。

Gibbons 和 Machin（2003）第一次实证研究了英国小学绩效对房产价值的影响。平均而言，社区小学学生成绩提高 1%，则社区房产价格提高 0.67%。他们计算出小学学生成绩持续提升 1%的价值达到每年平均每个学生 90 英镑。如果换算成资本化的价格，则英国北部地区达到 4500 英镑和大伦敦地区则为 13500 英镑，以上皆为 2000 年的不变价。

对于第二个问题。Hanushek 等（2004）研究了学生转学对学校质量的影响，他们发现转学对转学者与未转学者的影响是类似的，这种影响对于低收入家庭和少数族裔的学生尤为严重。

Barrow（2002）研究了华盛顿地区的住房选择问题，发现相对于没有孩子的家庭，有孩子的白人家庭更喜欢住在高 SAT 分数学校所在的地区，但这种情况因收入、年龄、教育水平而有所变化，但基本趋势不变。有孩子的家庭愿意每年多花 1800 美元换取 SAT 分数的优势。而非洲裔家庭有所不同，有孩子的家庭反而付出更少的比重。

Brunner 和 Imazeki（2008）研究了教育券的两种效应：同龄群体构成与房屋价值的改变。他们发现在不能用脚投票的情况下，同龄群体构成的潜在改变将激励高社会经济家庭支持教育券而低收入群体家庭反对教育券；相反，房屋价值的潜在改变将为低收入家庭支持教育券而高社会经济家庭反对教育券提供激励。加利福尼亚州 2000 年的教育券投票数据证实了此观点。

当然，此类研究仍需改进的地方如下：其一，基本上基于非随机样本，房地产价格指数的计算可能存在系统性偏误；其二，都控制住了社区内的影响因素，而有些研究对于社区之间的影响因素还缺乏考虑（Kiel 和 Zabel，1997）。

四、税收竞争

Tiebout（1956）在完全知识、完全信息、居民完全流动、社区数量众多等假设条件下，将竞争限定为基于政府税收/服务组合的为争取居民的政府竞争，政府之间的竞争不仅会产生生产效率,还会带来资源配置效率,居民用脚投票能起到市场机制的作用。总而言之,政府间竞争可以提升政府质量。

Besley 和 Smart(2001)提出了两种方法可以驯服利维坦,一个是用手投票,另一个是税收竞争,主要是通过用脚投票的方式。他们假设政策制定者是利维坦,追求自身的收入最大化,而财政竞争正好可以对政策制定者形成有效的约束,从而提高政府活动的经济效率。Oates 和 Schwab(1991)在完全知识、大量的社区、没有溢出效应的假设条件下,通过分析基于政府税收/服务组合的为争取居民的政府竞争,得出与 Tiebout 相似的结论,即生产有效率、配置有效率,而且财产税是受益税。McGuire(1991)通过分析基于政府税收/服务组合的为争取居民的政府竞争,发现生产有效率,配置无效率,政府将提供次优水平的公共服务或税收或二者都提供,而且流动性差的居民付税越多,高收入者将从选择性税收减免中获益。Besley 和 Case(1995)研究了相邻辖区间的标尺竞争问题,模型不涉及配置效率或公平,研究发现标尺竞争不能保证生产性效率。Breton(1996)发展了一个政治和公共财政的扩展模型,强调政府内部和各层级政府之间的竞争,政府寻求最大化选票,个人寻求最大化效用,在模型中标尺竞争起到作用;政府竞争将能保障物品和服务的有效率提供,只要竞争是健康的以及中央政府充当政府之间竞争的充分监督者;但是,环境变化也能导致竞争不稳定和非效率。

税收竞争需要分权的前提条件。Brennan 和 Buchanan(1980)发展了利维坦模型,认为财政分权将限制政府规模的扩大。Marlow(1988)、Grossman(1989)、Joulfaian 和 Marlow(1990)以美国为研究对象发现,分权与政府规模存在强的负相关关系。Grossman 和 West(1994)以加拿大为研究对象也发现了强的负相关关系。Ehdaie(1994)将这种研究视野发展到跨国家的财政分权与政府规模,也发现了强的负相关关系。

好的制度在没有竞争的条件下可能变坏。Kollman、Miller 和 Page(1997)构建了一个可计算 Tiebout 模型,用来研究政治制度问题。他们的模型显示,不同的政治制度选择市民的能力存在很大差异。随着地方辖区数量的增多,人们的效用水平在提升,更重要的是有些制度在单个辖区的情况下表现很差,而辖区数量增多时则表现很好。同样的制度如果没有竞争也会变得面目全非。

Tiebout 虽然可以称得上税收竞争模型的鼻祖,但 Zodrow 和 Mieszkowski(1986)提出的税收竞争模型是现代标准的税收竞争模型,Wilson(1986)的模型与 Zodrow 和 Mieszkowski（1986）的模型有许多相似的地方，因此标准的税收竞争模型又被称为 Tiebout-Zodrow-Mieszkowski-Wilson 模型。随后的很多税收竞争模型都是在 TZMW 模型的基础上发展起来的，近年来随着新经济地理学的发展，基于新经济地理学的税收竞争理论又得到新的进展，但 TZMW 模型仍处于标准的地位。

五、小结

本节比较系统地评述了 Tiebout 模型的研究进展，初步厘清了用脚投票可以带来的几种效应。Tiebout 选择研究的诸如财产资本化、居住区分割、学校选择、政府竞争等的重要性在中国越来越明显。用脚投票自由迁移在带来效率的同时，也带来了需要解决的问题，这对于中国的研究尤为重要。

第二节　财政资本化与房地产价格

一、引言

关于税收与公共服务资本化到房地产价值的研究最初是由 Oates（1969）开始的，他采用中小学教育的投入量来代表公共支出水平，选择纽约周围新泽西东北部的 53 个城镇的社区样本，运用两阶段最小二乘法进行了横截面研究，通过对社区房产价值与地区税率和公共品提供水平的回归分析，Oates 发现一个地区的住房价值与财产税呈显著的负相关，而与公共服务水平呈显著的正相关。Pollakowski（1973）对 Oates 的变量选择和最小二乘法进行了批评，并利用其修正后的模型对旧金山、奥克兰和圣何塞（San Francisco-Oakland-San Jose）地区的数据进行实证检验，发现税收对房价起着负效用，公共支出对房价起着正效应，但是同时发现这些结论对于模型的具体选择表现出很大的敏感性。Oates（1973）随后对这篇文章进行了回应，他对先前的检验进行了修正，在原模型的基础上加入了除教育外的其他服务支出，最小二乘估计结果显示，其他服务支出对房价有正效应，而财产税的效应比先前的研究更为突出，说明先前的研究中公共支出资本化被低估。Harris（2001）发现老人的比例与地方的学校支出之间表现出适度的负相关,而与联邦政府的支出呈现出强烈的负相关,这说明联邦政府的支出对房价没有影响,而当地学校的支出则对房价有显著的影响。Brunner 和 Balsdon(2004)利用加利福尼亚地区潜在投票者的观察数据进行研究,发现随着年龄的增加,对学校支出的支持下降,但是年长的投票者对当地学校支出的支持率高于对联邦政府支出的支持率。因此,他们认为,当地学校支出资本化到房价中,而跨代之间的利他行为对他们做出支持当地学校支出的选择起到很重要的作用。Hilber 和 Mayer(2009)试图说明学校支出资本化到房地产价值上会鼓励那些没有小孩的家庭也支持对学校的支出,他们用新待开发的土地供给量来表示资本化的程度,此外,他们利用 46 个州的学校区域的数据来扩展这一结果。研究表明,每个学生的支出与已开发的土地比例呈正相关,不过这种正相关关系仅仅存在于那些平均居民(Median Resident)是房屋拥有者的情况,而且对于有更多不使用学校教育服务的老年人的地区来说,这种正效应更为强烈。他们的结论同时支持资本化能够鼓励永久性的公共支出条款,同时也对老年人为什么支持当地教育支出提供了新的解释。

二、数据与模型

本节的数据主要来源于中经网数据库和《中国统计年鉴》,被解释变量选取 1999~2008 年全国 30 个省、市、区的商品房屋平均销售价格,解释变量选取全国各省市区的固定资产投资量、财政支出、建成区面积、人均国内生产总值。

对各个地区在 2000~2008 年这段时间内的房价增长水平进行考察,可以发现每个地区的房价均出现了不同程度的增长,房价增长变化如图 3-1 所示。

从图 3-1 可以看出,不同地区的房价增长趋势有所不同,北京、上海两地的房价增幅明显要高于其他地区。但是,从总体上看,大部分省市的房价增长状况还算平稳。

设定的基本模型为:

$$\ln REP_{it} = \alpha + \beta_1 \ln(pFis_{it}) + \beta_2 \ln REP_{i,t-1} + \beta_3 \ln(pGDP_{it}) + \beta_4 \ln pArea_{it} + \beta_5 \ln pFix_{it} + \beta_6 Dum + \varepsilon_{it}$$

$$i = 1, 2, \cdots, N;\ t = 3, 4, \cdots, T \quad (1)$$

其中,REP_{it} 表示($n \times 1$)阶我国各省市区房地产价格计量模型的被解释变量向量,在本节中表示地区 i 在 t 年的商品房平均销售价格;$REP_{i,t-1}$ 表示地区 i 在 t-1 年的商品房平均销售价格;$FisO_{it}$ 表示($n \times 1$)阶 i 地区 t 时期的财政支出总

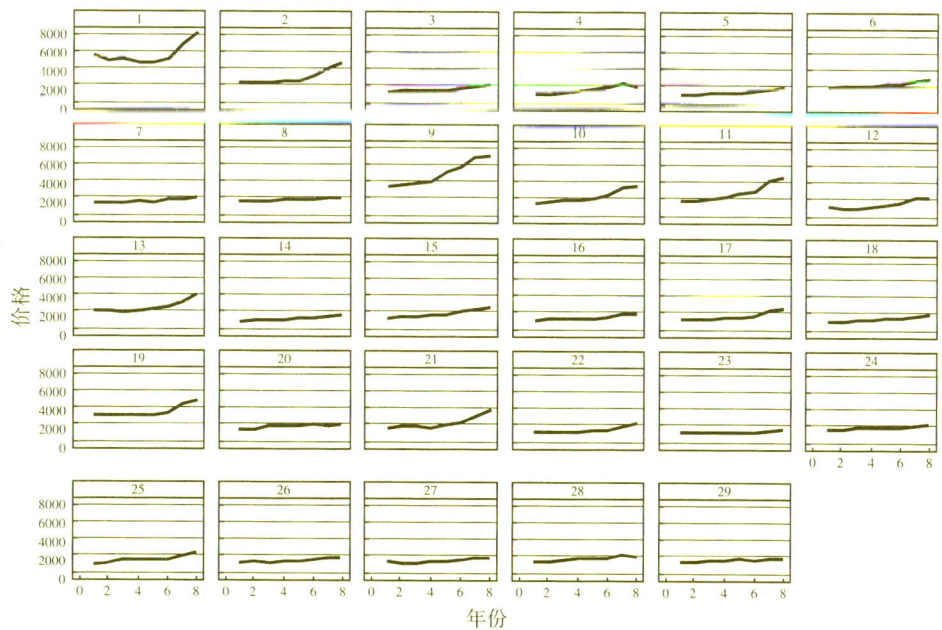

图 3-1　我国 2000~2008 年各省市区房地产价格增长情况

量；$pFis_{it}$ 表示（n×1）阶 i 地区 t 时期的人均财政支出量；$pFix_{it}$ 表示（n×1）阶 i 地区 t 时期的人均固定资产；$pGDP_{it}$ 表示（n×1）阶 i 地区 t 时期的人均 GDP；$pArea_{it}$ 表示 i 地区 t 时期的人均建成区面积；dum 表示东中西三个地区的虚拟变量，其中，东部地区值设为 1，中西部地区值为 0；ε_{it} 表示（n×1）阶正态分布的误差项向量。

三、计量结果

计量结果如表 3-1 所示。

表 3-1　财政资本化与房地产价格

	OLS	FE	SGMM
LNREP（-1）	0.909322***	0.691359***	0.862275***
LNPGDP	0.089780***	0.121992*	0.0899708***
LNPAREA	0.038436**	0.079315	0.0202159*
LNPEIX	0.001477*	0.072975*	0.1244845*
LNPFIS	0.26263	0.164087***	0.3440246***

续表

	OLS	FE	SGMM
DUM	0.008807*	0.320438	
R^2	0.969685	0.975696	
AR (1)			0.00
AR (2)			0.122
Sargan 检验			0.259
Hansen 检验			1.000

注：*、**、*** 分别表示通过 10%、5% 和 1% 的显著性检验。

从表 3-1 的三种计量方法结果比较来看，系统 GMM 的房价滞后一期系数在固定效应和混合 OLS 之间，表明系统 GMM 的估计结果未因弱工具变量问题而导致严重的偏误。二阶序列相关 Arellano-Bond AR (2) 的检验结果表明方程中误差项不存在序列相关，因此，本节设定的动态一阶自回归模型是合理的。此外，从 Hansen 检验和 Sargan 检验的结果来看，系统 GMM 检验的结果是稳健的。从得到的计量结果来看，人均 GDP 与房价的相关性显著，系统 GMM 在 1% 的水平上显著，而且这个结果是稳健的，说明城市经济发展水平对房价的影响较大，具有显著的推动作用，地方经济发展在很大程度上体现在房地产价格上，带动了房地产业的发展。建成区面积与房价的影响呈现正负两种效应：一方面，建成区面积从一个侧面反映了城市化水平，因此，建成区面积越大说明城市化水平越高，会带来房地产价格的上涨，随着我国城市化进程的不断推进，带来大量的农村人口向城市转移，必然会带来对城市住房需求的增加，从而推动房价的进一步上涨，表现出房价与建成区面积呈现正效应；另一方面，人均建成区面积越大，即城区面积越大，根据微观经济学理论，在需求不变的情况下，土地供给的增加必然会造成地价的下降，进而导致房地产价格的下降。从计量结果来看，呈现出正效应，但结果不显著，而且系数小。因此，建成区面积大小并不能充分说明房价的上涨或下降。人均固定资产与房地产价格的关系也有正负两种：一方面，从需求来看，人均固定资产越大，对房地产的需求就会越小，从而会使得房地产价格下降；另一方面，房地产价格和固定资产投资呈正相关，固定资产投资的增加会推动房地产价格的上升。从本研究的结果来看，这两种效应存在一定的相互抵消，表现出负效应，但系统 GMM 的估计结果并不显著。这说明人均固定资产增加带来的房地产需求减小的效应大于固定资产投资增加推动房地产价格上升的效应。此外，我国政府2002年以及2005年对房地产市场的调控，也可能是造成固定资产投资对于商品房价格起到负效应的一个原因。滞后一期的商品房价格对房价的影响显著，系数值较大，且有明显的正效应，并且都在1%的水平上显著，说明我国的房价具有明显的滞后性，上一年的房价会对当年的房价有预测作用，从而呈现出房价不断上涨的现象，表现出惯性的趋势。从投资、自住、商用等各个角度而言，房地产都具有较大的投资空间，只要人们预期房价上升获得的收益大于成本，他们就会购买商品房，人们这种适应性预期将会对房价波动产生较大影响，而这种预期如果是非理性的，会使房价脱离真实价值，出现泡沫。

在地方财政支出方面，回归结果显示，地方财政支出水平对房价有着非常重要并且明显的作用，固定效应模型和系统GMM的估计结果都在1%的水平上显著，而且系数值都较大，说明不同地区财政支出水平的差异会逐渐累积成为房地产价格上涨的一个重要因素，房地产作为一种不可任意转移的有形资产具有一定的特殊性，各个地区持续高水平的财政支出，经过一段时间的积累，会通过房地产价值的增加体现出来，其突出表现就是房地产价格的快速上涨。

由于我国实行的是一种中央和地方的税收分成制度，这就决定了地方政府不可能像美国那样主要通过财产税弥补公共服务支出成本，而是呈现出地方与中央的财政博弈以及地方之间的竞争现象。从税收到公共服务支出再到房地产价值增加的各个环节中，税收与财政支出的联系并不紧密。这就造成那些能够自由迁移的投资者、大中城市的高收入阶层在不增加税收成本的情况下坐享房地产价值增加带来的收益，客观上增加了对大城市、中心城市的房屋需求，从而推动了房地产价格的进一步上涨。

从上面的实证分析看出，地方财政支出资本化到房价上，增加了房地产价值，使得房屋所有者受益，但是他们并不为此负担税收。此外，由于公共支出使得房地产价值增加，但公共支出的来源即税收的承担者又并非直接受益者，从而造成受益者和承担者不相匹配，违背了受益原则和公平原则，这种不合理的状况如果持续下去，必然会导致贫富差距拉大，加剧社会的矛盾。

四、结论与政策建议

本节通过计量模型对中国30个省市区1999~2008年的地方财政支出水平与商品房平均销售价格进行了实证研究，得出以下结论：我国的地区财政支出与房地产价格呈正相关关系，地方财政支出对房价有明显的促进作用，各个地区持续高水平的财政支出，经过一段时间的积累后，最终会资本化到房地产价格中，而这又具有一定的循环累积效应。地方财政支出对房价影响存在区域差异的原因比较复杂，可能与地方公共服务设施、地方政府的管理水平、投资环境、人文环境、地理环境等的差异有关。从实证结果可以看出，我国存在财政支出资本化的现象，地方政府的财政支出通过改善基础设施服务的方式，经过一定时间的积累资本化到房价上，表现为房地产价值的增加，从而推动我国房地产价格的迅速增长，助长房地产价格的泡沫。

在现行的体制下，地方政府的财政支出带来房地产价值的增加，而政府并未从中获得与成本相匹配的收益，即收益与成本并不相称。此外，那些享受到房地产价值增加收益的人却并没有为此付出成本，从而违背了税负的公平性。这种情况的长期存在会造成有更多房地产资产的人通过政府的公共支出不断地增加财富，而没有房地产资产的购房者则越来越无法承担房价不断攀升带来的压力，最终会造成贫富差距的进一步拉大。要从根本上改变这一现状，必须通过税收的调节来完善房地产市场，使房地产价格合理化，同时使成本与收益相匹配，因此，财产税的征收成为近年来研究和争论的热点。考虑到土地与房地产价值难以分割和紧密相连的特性，城镇土地使用税针对城镇土地课税，税收的目标和作用与房产税相似，建议将房产税和城镇土地使用税合并，设立统一的财产税。另外，适当扩大财产税的征税范围，由工商物业扩大到居民住宅，彻底改变当前房地产保有环节税收计税依据混乱的现状。财产税是国家税收体制改革中的重要一环，开征财产税主要在于完善国家税收和财政体制，仅仅通过征收财产税来平抑房价，规范房地产开发秩序，完善房地产市场的发展，通常是不现实的。要解决我国房地产价格持续快速上涨带来的种种经济和社会问题，还需要政府宏观调控、经济法律制度和金融领域的配合，只有各方面达到协调发展，才能从根本上解决我国房地产市场存在的种种问题。

第三节 用脚投票：奔向北上广

一、引言

2013年下半年，党的十八届三中全会和中央城镇化工作会议的相继召开掀起了城市化的又一轮浪潮，城镇化再次被寄予厚望。两次会议确定了未来城市化的政策：全面放开建制镇和小城市落户限制，有序放开中等城市落户限制，合理确定大城市落户条件，严格控制特大城市人口规模。中央政府的思路是试图通过行政等各种手段控制大城市的规模，重点发展中小城市。早在1980年国家建设委员会就提出了"控制大城市规模，合理发展中等城市，积极发展小城市"的城市发展方针。后来1989年颁布的《中华人民共和国城市规划法》将城市化方针修改为"严格控制大城市规模，积极发展中等城市和小城市"。然而，大城市或特大城市的规模真的能够控制得住吗？

回答是否定的。以北京、上海和广州为例，北京的常住人口从1978年的871万人增加到2011年的2018万人，常住外来人口从1978年的21万人增加到2011年的742万人；上海的常住人口从1978年的1104万人增加到2011年的2347万人，常住外来人口从1978年的6万人增加到2011年的927万人；广州的常住人口从2000年到2012年也增加了289万人，人口增长速度大大高于中国的城市化速度，奔向北上广成了生动的写照。从世界范围看，大城市化也是"二战"后城市化的发展趋势，1970年超过1000万人的城市只有东京和纽约，城市人口分别达到2300多万人和1600多万人，到了1990年千万级别的城市达到10个，东京的人口达到3200多万人。到了2011年，全世界共有23个城市的人口规模达到1000万人以上，两个发展中大国中国和印度更是突出，中国的北京、上海、广州、深圳等都超过1000万人，印度的德里（Delhi）、孟买（Mumbai）、卡尔卡特（Kolkata）的人口也都超过1000万人（UNDESA，2012）。

另一个不争的事实是，北上广的住房价格在近些年尤其是2005年以后一路飙升。不可否认，如此庞大的人口流入是推高房价的重要原因，然而，在名义工资上涨速度远远落后于房价的前提下，若考虑高房价大大增加了生活成本，高房价实质上隐含着更低的房价调整工资,那么人口大量涌入的事实似乎不合逻辑。官方的统计数据 CPI 并不能准确度量真实的城市生活成本,原因是它们并未赋予房价合适的比重,因此低估了生活成本,并且不能反映不同城市生活成本的差异性。一个极端的例子是北京"井底人"的故事,① 从"蚁族"到"井底人",井盖上繁华的背后隐藏了无数"蜗居"劳动力的艰辛。高房价挡不住迁徙的脚步,人们为何奔向北上广呢?

我们在 Rosen-Roback 模型的基础上,从城市宜居性、住房价格和补偿性工资的角度对此进行了分析,发现城市宜居性与住房价格存在正相关关系,高宜居性的城市住房价格相对较高,这与 Glaeser(2009)的研究相一致。高宜居性的城市,以房价调整的实际工资更低,这种较低的实际工资是因为享受了更高的宜居性。我们也初步回答了为什么高房价阻挡不住人们迁徙到大城市的脚步,那就是因为大城市具有更高的宜居性,赋予人们有关幸福的梦想。我们论证了城市宜居性、住房价格和城市劳动力市场的工资是内生的,人的城市化就是市场经济决定的城市化过程,人为控制大城市、特大城市规模会适得其反。

本节的结构如下:第一部分为引言,提出人们奔向北上广这一命题;第二部分为文献综述,较系统地整理了城市宜居性、住房价格与补偿性工资的相关论述;第三部分是理论模型的构建,给出了 Rosen-Roback 模型的逻辑,即城市宜居性、住房价格和工资的内生性城市体系的理论;第四部分建立了相应的计量模型并采用 GMM 方法,利用中国 34 个大城市、特大城市的数据进行实证分析;第五部分为结论和政策建议。

二、文献综述

对于城市规模效应的研究,人们最早注意到城市工资与城市规模的关系,Klarman(1944)和 Fuchs(1967)等发现城市的名义工资随城市规模的扩大而增加,大城市相对于中小城市有更高的名义工资。Glaeser 和 Mare(1994)的研究也发现大城市工人的工资更高,并将此称为"工资溢价"。大城市为什么有高的工资?Hoch(1972)、Albouy(2009)认为高工资补偿了大城市带来的负外部性,如环境污染、交通拥挤等,这被称为补偿性理论。Rosen(1979)和 Roback(1982)构建了特征性定价理论,将城市住房价格作为生活成本构建了一个生活

---

① 媒体报道一些人支付不起高房租,长期暗无天日地居住在北京市区的井下,目的是赚钱养家。

第三章 Tiebout模型的实证

质量指数，用以研究工资与城市规模的关系，城市宜居性的隐含价格内化在城市的房价和工资中，换言之，城市的住房价格和实际工资水平体现在自身属性（如房屋品质、劳动力教育水平）和城市宜居性上。Glaeser（2009）在Rosen（1979）和Roback（1982）的研究基础上建立起城市体系的一般均衡的Rosen-Roback模型，城市住房价格、实际工资和宜居性内生于城市体系中，城市住房价格和劳动力实际工资的城市间差异体现在不同城市的宜居性上，这种差异称为补偿性理论（Compensating Differentials）。

更多的研究是对补偿性理论进行实证分析。Rappaport（2006）发现好气候作为一项重要的宜居性资源是居民迁移的重要原因。Rappaport（2006）还发现在消费宜居性上30%的差异可以导致城市间人口密度20倍以上的差异，宜居性正成为人们选择城市越来越重要的因素。Berger等（2008）利用RLMS数据库，对处在转型经济中的俄罗斯住房市场和劳动力市场与城市宜居性的关系进行了实证研究，城市住房价格和工资方程的估计结果表明，劳动力在不同城市的环境条件、种族斗争、犯罪率以及医疗条件的差异获得补偿，在此基础上得出劳动力迁徙和宜居性存在显著的正向相关。Glaeser、Kolko和Saiz（2001）发现宜居性正成为塑造人口规模的重要因素，Glaeser（2009）发现城市房价与城市宜居性正相关，而实际工资与城市宜居性负相关。Albouy（2009）的研究发现大城市的文化资源、更多更好的消费机会、更多的医疗等资源、更多的就业机会和更好的城市氛围在很大程度上补偿了污染、犯罪等城市的非宜居性，高密度大城市的负外部性很小并且可以通过城市管理来解决，大城市并不是坏的居所（Bad Places to Live），那种认为城市太大而鼓励人们去中小城市居住的政策是没有根据的。

对中国城市的研究还有不同的看法，有的学者主张发展大城市，如王小鲁（2010）认为，我国百万以上人口的城市太少，而城市化进程中市场调节下的大城市合理发展有利于提高经济效益和合理利用资源。所以，城市规模在自由市场下可能比行政手段控制更有效，从而达到最优的效率。陆铭等（2012）认为，城市规模的扩大有利于提高个人的就业概率，实现包容性增长，采用人口规模的限制措施则可能导致效率与公平兼失的局面。有的学者认为大中小城市都有提升规模的必要，这方面的代表是Au和Henderson（2006），他们认为中国51%~52%的城市存在规模不足，需要扩大规模。有的学者认为中小城市的发展更符合中国国情，如费孝通（1983）、肖金成（2009）等，费孝通认为小城镇是中国城市化的必由之路。有学者对中国城市的内在属性进行了分析，如Zheng（2009）利用中国 80 多个城市的数据研究表明，中国城市居民对宜居性较好的城市有较高的支付意愿，即城市宜居性越高，城市房价越高。

我们的研究建立在 Rosen-Roback 模型的基础上，分析了城市宜居性、住房价格与工资水平的内在关系，认为了高企的房价、拥挤的交通挡不住人们迁徙到大城市的步伐，是因为工资补偿和宜居性补偿的作用。

三、一个宜居性、住房价格与工资水平的城市体系模型

Rosen（1979）和 Roback（1982）提出了一般空间均衡的分析框架，Glaeser（2008）构建了更具体的模型，该模型在理论分析上更具备现实解释力。本节结合 Rosen 和 Roback 的思想，充分考虑我国城市现状，在 Glaeser 模型的基础上做了进一步推导。在构造理论模型前，本节提出以下假设：

假设 1：劳动力是同质的，拥有无差异的技能，可以在不同城市之间自由流动。

假设 2：劳动力的全部收入均为工资收入，并且均只消费一般商品和住房。

假设 3：所有劳动力具有相同的效用函数，不同城市间的效用无差异。

根据 Roback（1982）的研究，空间均衡框架下消费者的间接效用函数可以表示为：$V(W_t^i, P_t^i, \Theta_t^i) = \kappa$。其中，$W_t^i$ 代表城市 i 的居民实际工资水平；P_t^i 代表住房价格；Θ_t^i 表示城市 i 的宜居性。其中，κ 为常数。

在 Glaeser 具体化了的 Rosen-Roback 模型中，把城市经济的参与者分为劳动力、一般商品厂商和住房开发商。在城市 i 中，每个消费者在 t 期消费的一般商品数量和住房数量分别为 C_t^i 和 H_t^i，房价为 P_t^i，其他商品价格标准化为 1，Θ_t^i 代表一种正常商品，并且对城市居民的边际效用是不变的，效用函数和约束条件可以表示为：

$$U_t^i = \Theta_t^i C_t^{i\,1-\alpha} H_t^{i\,\alpha}$$
$$\text{s.t.} \quad C_t^i + P_t^i H_t^i \leq W_t^i \tag{3-1}$$

对城市 i 的房地产开发商而言，城市的住房供应数量为 $H_t^i = h_t^i F_t^i$，其中 h_t^i 为住房建设高度，F_t^i 为房地产商所能开发的土地数量，在城市中供给一般是稳定的，在模型中作为外生给定，即 $F_t^i = \bar{F}$。房地产商的开发成本为 $\lambda_0 h_t^{i\,\delta} F_t^i$，其中 $\delta > 1$，表示随着建筑物高度的增加，开发商的成本指数化增加，λ_0 为常数。假设城

市土地价格与房价成比例变化,城市 i 中开发商的利润函数则为:

$$\zeta_t^i = P_t^i h_t^i \tilde{F} - \lambda_0 h_t^{i^\delta} \tilde{F} - \eta P_t^i \tilde{F} \tag{3-2}$$

在城市 i 中,厂商生产一般商品,投入劳动和资本两种生产要素在利润最大化的前提下进行产量决策,其中资本又可以分为贸易型资本 K_t^i 和非可贸易型资本 Z_t^i,那么厂商的最优化行为由下面的方程决定:

$$\Pi_t^i = A_t^i K_t^{i^{1-\beta}} Z_t^{i^\gamma} L_t^{i^\beta} - W_t^i L_t^i - K_t^i \tag{3-3}$$

其中,A_t^i 表示城市的技术水平,在模型中假定为外生变量,资本的价格为 1。

如果住房市场达到出清状态,即住房供需达到均衡状态,那么这种均衡状态必须同时满足消费者效用最大化和房地产开发商利润最大化。根据(3-1)式,其一阶导数为:

$$\alpha(W_t^i - P_t^i H_t^i)^{1-\alpha} H_t^{i^{\alpha-1}} \Theta_t^i - P_t^i (1-\alpha)(W_t^i - P_t^i H_t^i)^{-\alpha} H_t^{i^\alpha} \Theta_t^i = 0$$

得到消费者对住房的需求数量和城市住房需求总量分别为:

$$H_t^i = \frac{\alpha W_t^i}{P_t^i}$$

$$L_t^i H_t^i = \frac{L_t^i \alpha W_t^i}{P_t^i} \tag{3-4}$$

根据(3-2)式,厂商利润最大化选择的一阶条件为:

$$P_t^i \tilde{F} - \lambda_0 h_t^{i^{\delta-1}} \tilde{F} = 0$$

得到建筑密度和城市住房供给总量分别为:

$$h_t^i = \left(\frac{P_t^i}{\lambda_0 \delta}\right)^{1/(\delta-1)}$$

$$h_t^i \tilde{F} = \left(\frac{P_t^i}{\lambda_0 \delta}\right)^{1/(\delta-1)} \tilde{F} \tag{3-5}$$

联立(3-4)式和(3-5)式,整理后,可以得到房价关于工资收入和劳动力的关系表达式:

$$P_t^i = \lambda_0^{1/\delta} \delta^{1/\delta} \left(\frac{\alpha W_t^i L_t^i}{\tilde{F}}\right)^{(\delta-1)/\delta} \tag{3-6}$$

在一般商品处于市场出清状态时,厂商利润也处于利润最大化状态。一般空间均衡不仅包含住房市场均衡、产品市场均衡,还应该包含劳动力市场均衡。结合方程（3-1）、方程（3-2）、方程（3-3）、方程（3-6），Glaeser推导出房价、工资水平与宜居性的关系式如下：

$$\ln W_t^i = h_1 + \frac{(\delta-1)\alpha \ln A_t^i - (1-\beta-\gamma)(\delta \ln \Theta_t^i + \alpha(\delta-1)\ln \tilde{F})}{\delta(1-\beta-\gamma) + \alpha\beta(\delta-1)} \quad (3-7)$$

$$\ln P_t^i = h_2 + \frac{(\delta-1)(\ln A_t^i + \beta \ln \Theta_t^i - (1-\beta-\gamma)\ln \tilde{F})}{\delta(1-\beta-\gamma) + \alpha\beta(\delta-1)} \quad (3-8)$$

$$\ln L_t^i = h_1 + \frac{(\delta+\alpha-\alpha\delta)\ln A_t^i + (1-\gamma)(\delta \ln \Theta_t^i + \alpha(\delta-1)\ln \tilde{F})}{\delta(1-\beta-\gamma) + \alpha\beta(\delta-1)} \quad (3-9)$$

根据（3-7）式，假设 $\tilde{F}$ 和 A_t^i 均为外生变量，可得房价关于城市宜居性的弹性系数为：

$$\xi_1 = \partial \ln L_t^i / \partial \ln \Theta_t^i = \frac{(1-\gamma)\delta}{\delta(1-\beta-\gamma) + \alpha\beta(\delta-1)} > 0$$

$$\xi_2 = \partial \ln P_t^i / \partial \ln \Theta_t^i = \frac{(\delta-1)\beta}{\delta(1-\beta-\gamma) + \alpha\beta(\delta-1)} > 0$$

同时由（3-6）式可以得出：

$$\xi_{12} = \partial \ln P_t^i / \partial \ln L_t^i = \alpha \lambda_0^{1/\delta} \delta^{1/\delta} \left(\frac{\alpha W_t^i L_t^i}{\tilde{F}}\right)^{-\frac{1}{\delta}} \frac{\delta-1}{\delta} \frac{W_t^i}{\tilde{F}} > 0$$

因此，结合假设条件，可以得出如下命题：

命题1：满足上述假设条件，由 $\xi_2 > 0$ 可知，城市住房价格与城市宜居性呈正相关关系，宜居性越好的城市，房价一般也越高；由 $\xi_1 > 0$，$\xi_{12} > 0$ 可知，城市宜居性同样也通过促进人口流动推高城市住房价格。

模型中一个核心问题是房价调整工资的测度，上述模型中仅仅用一般物价水平对实际工资进行调整，得到一般实际工资，Winters（2009，2012）在刻画生活成本和实际工资差异时，把物价水平分为一般价格水平和住房价格水平，并尝试用住房价格和租房价格水平对工资水平进行全部与部分调整，并由此推断城市生活质量水平。在我国住房收入比居高不下导致高城市生活成本的国情下，用住房价格调整名义工资（全部或部分调整）得到的房价调整工资是更为合理的方式。借鉴这一思路，用（3-7）式～（3-8）式，得：

$$\ln W_t^i - \ln P_t^i = \ln\left(\frac{W_t^i}{P_t^i}\right) = \ln \varpi_t^i$$

$$= h_1 - h_2 + \frac{(\delta-1)\alpha \ln A_t^i - (1-\beta-\gamma)(\delta \ln \Theta_t^i + \alpha(\delta-1)\ln \tilde{F})}{\delta(1-\beta-\gamma) + \alpha\beta(\delta-1)}$$

$$- \frac{(\delta-1)(\ln A_t^i + \beta \ln \Theta_t^i - (1-\beta-\gamma)\ln \tilde{F})}{\delta(1-\beta-\gamma) + \alpha\beta(\delta-1)}$$

$$= h_1 - h_2 + \frac{((\gamma-1)\delta + \beta)\ln \Theta_t^i}{\delta(1-\beta-\gamma) + \alpha\beta(\delta-1)} + \frac{(\delta-1)(\alpha-1)\ln A_t^i}{\delta(1-\beta-\gamma) + \alpha\beta(\delta-1)}$$

$$+ \frac{(1-\beta-\gamma)(\delta-1)(1-\alpha)\ln \tilde{F}}{\delta(1-\beta-\gamma) + \alpha\beta(\delta-1)} \tag{3-10}$$

(3-10) 式为房价调整后的房价调整工资与城市宜居性以及其他外生参数的关系式，$\ln \varpi_t^i$ 为实际工资的对数。上述推导采用房价做全部调整，若采用房价做部分调整，则推导过程如下 ($0 < \varphi < 1$)：

$$\ln W_t^i - \varphi \ln P_t^i = \ln\left(\frac{W_t^i}{P_t^{i\varphi}}\right) = \ln \varpi_t^i$$

$$= h_1 - h_2 \frac{(\delta-1)\alpha \ln A_t^i - (1-\beta-\gamma)(\delta \ln \Theta_t^i + \alpha(\delta-1)\ln \tilde{F})}{\delta(1-\beta-\gamma) + \alpha\beta(\delta-1)}$$

$$- \varphi \frac{(\delta-1)(\ln A_t^i + \beta \ln \Theta_t^i - (1-\beta-\gamma)\ln \tilde{F})}{\delta(1-\beta-\gamma) + \alpha\beta(\delta-1)}$$

$$= h_1 - h_2 + \frac{(-(1-\beta-\gamma)\delta - (\delta-1)\beta\varphi)\ln \Theta_t^i}{\delta(1-\beta-\gamma) + \alpha\beta(\delta-1)}$$

$$+ \frac{(\delta-1)(\alpha-\varphi)\ln A_t^i}{\delta(1-\beta-\gamma) + \alpha\beta(\delta-1)} + \frac{(1-\beta-\gamma)(\delta-1)(\varphi-\alpha)\ln \tilde{F}}{\delta(1-\beta-\gamma) + \alpha\beta(\delta-1)}$$

$$\tag{3-11}$$

根据 (3-10) 式和 (3-11) 式，可以得出房价调整工资与城市宜居性的弹性系数分别为：

$$\xi_3 = \partial \ln \varpi_t^i / \partial \ln \Theta_t^i = \frac{(\gamma-1)\delta + \beta}{\delta(1-\beta-\gamma) + \alpha\beta(\delta-1)} < 0$$

$$\tilde{\xi}_3 = \partial \ln \varpi_t^i / \partial \ln \Theta_t^i = \frac{-(1-\beta-\gamma)\delta - (\delta-1)\beta\varphi}{\delta(1-\beta-\gamma) + \alpha\beta(\delta-1)} < 0$$

因此，可以得到命题 2 和命题 3：

命题 2：考虑城市住房价格对名义工资的调整，房价调整工资与城市宜居性呈负相关关系，房价调整工资实质上是一种"补偿工资"，劳动力为居住在宜居性差的城市获得"补偿性"高（实际）工资。

命题3：满足上述假设条件，$\xi_1 > 0$，城市宜居性能够促进人口流入，造成城市规模扩大。若命题1、命题2成立，说明城市宜居性、住房价格和房价调整工资存在一般空间均衡，高房价、低房价调整工资隐含着更高的城市宜居性。所以，高房价下大城市的高宜居性依然吸引人口流入。

四、实证计量分析

（一）模型设计变量选择和指标构建

根据上面的理论推导，并借鉴Winters（2012）的实际工资调整方式，对命题1、命题2、命题3可分别构建以下模型：

$$\ln cs_{i,t} = \alpha ame_{i,t} + \beta X + \mu_i + \lambda_t + v_{i,t} \tag{3-12}$$

$$\ln hp_{i,t} = \alpha' ame_{i,t} + \beta' X' + \mu_i + \lambda_t + v_{i,t} \tag{3-13}$$

$$\ln rw_{i,t} = \alpha'' ame_{i,t} + \beta'' X'' + \mu_i + \lambda_t + v_{i,t} \tag{3-14}$$

其中，$cs_{i,t}$、$hp_{i,t}$、$rw_{i,t}$、$ame_{i,t}$分别代表城市规模、住房价格、房价调整工资和城市宜居性，X、X'和X''分别代表解释城市规模、住房价格和房价调整工资的控制变量向量。模型（3-12）和模型（3-13）是为了验证一般空间均衡的存在性，如果预期符号符合理论分析，那么证明大城市在高房价和低工资下，人口涌入的事实满足一般均衡的条件。模型（3-14）则实际上说明城市宜居性与城市规模的关系，如果$\alpha > 0$，说明城市宜居性有助于大城市和特大城市膨胀，结合模型（3-12）~模型（3-14），城市规模的膨胀是一般空间均衡的动态过程，朝着均衡状态靠近。

本节选取2003~2012年34个大城市、特大城市①的面板数据进行回归分析，共计340个观测值。在变量依时间平稳变化这一假设的基础之上，样本期间个别缺失值做移动平均处理。本节数据来源于2004~2013年《中国城市统计年鉴》、2004~2013年《中国统计年鉴》、《中国气象年鉴》和国泰安数据库（CSMAR）。

本节变量说明和指标构建如下：

宜居性（ame）：城市宜居性的指标构建是实证模型的关键问题。美国城市社

---

① 依次是北京、天津、石家庄、呼和浩特、太原、沈阳、大连、长春、哈尔滨、济南、青岛、武汉、郑州、长沙、上海、南京、杭州、宁波、南昌、合肥、福州、厦门、广州、深圳、海口、南宁、重庆、成都、贵阳、昆明、西安、西宁、银川、乌鲁木齐。

会学家帕克说过:"城市作为人类属性的产物,其根本的内涵是城市要符合人性生存与发展,具有人文特色和人文精神。"可见,宜居不仅仅是指适宜的气候,还应具备居民个人发展的城市条件。我国城市的宜居性表现为一种短期、快速的动态演进行为。在教育条件、医疗条件、绿化条件等城市居住条件改善的同时,粗放式发展带来的城市污染也接踵而至。Glaeser、Kolko 和 Saiz(2001)将城市的宜居性分成四类:城市商品与服务的丰富性;美学与物理特性,其中气候资源是重要的内容;公共服务;城市速度,主要是工作的便利性。本节把城市宜居性分为人文属性的宜居性(简称人文宜居性,用 ame 表示)和自然属性的宜居性(简称自然宜居性,用 c_ame 表示)。

自然宜居性在本节中指城市的温度适宜性。本节对郑思齐(2011)的温度宜居的测算方法做了改进,度量方法如下:

$$c\_ame_{i,j} = \left(1/\sqrt{\sum_j (T_{i,j} - low)^2 + \sum_j (T_{i,j} - high)^2}\right) \quad j = 1, 2, \cdots, 12$$

其中,$c\_ame_{i,j}$ 表示温度代表的自然宜居性;$T_{i,j}$ 代表 i 城市 j 月份的平均温度;low 表示 34 个城市 12 个月份中最低温度的平均数,high 代表 34 个城市 12 个月份中最高温度的平均数,分别可表示为相对适宜的温度上下限;0~1 表示对计算出的 $c\_ame_{i,j}$ 进行 0~1 标准化处理。$c\_ame_{i,j}$ 可以认为是 i 城市各月气温与最适宜气温的"距离"的倒数,该值越大,不变的城市宜居性越好。

根据 Blomouist(1988)的宜居分类和我国数据的可得性,本节把城市人文宜居性分为医疗资源(每千人拥有的医院数,用 ahos 表示)、教育资源(每千人拥有的学校数,用 asch 表示)、人口密度(density)、人均道路数(aroad)、人均公共交通车辆(apub)、人均绿化面积(agreen)和负的宜居指标,主要指污染情况,包括单位 GDP 二氧化硫排放量(aso)和单位 GDP 废水排放量(aww)。经过主成分分析法(pca),可以得到人文宜居性指标(ame)。[①] 人文宜居性在本节中为主解释变量,而自然宜居性因为仅与地理经纬有关,所以在本节中主要作为控制变量使用。

三个模型中除了被解释变量外,其他控制变量说明如下(三个模型的控制变量存在交叉,因此下面的控制变量说明并不加以区分,具体见实证结果中):

房价(hp):城市商品房销售均价,进行对数化处理。

---

① pca 处理之后出现负值,对结果进行 0~1 标准化处理。

财政充足度（fis）：城市财政支出减去城市财政收入的差值。在现有的土地财政模式下，政府财政出现赤字可能刺激政府进行土地出让以获得土地出让金，然而，土地供给是有限的，公开竞标会抬高地价，刺激房价上涨。

信贷规模（loan）：用城市年度贷款总额的对数度量，信贷规模大小往往与房价高低呈正相关。

城市经济发展水平（gdp）：用城市人均GDP的对数表示，作为一般控制变量。该变量代表城市的宏观经济层面，影响城市的住房价格和工资水平。

城市规模（cs）：用城市人口总数表示，单位为千人，进行对数化处理。

房价调整工资（rw）：名义工资与房价（hp）的比值，其中，名义工资为城市在岗职工的平均工资，后文仅将以城市住房价格对工资进行全部调整后的房价调整工资作为被解释变量。

非国有就业比重（nonsoe）：非国有单位就业人数与总就业人数的比值，代表非公有经济的就业人数。一般而言，该值越大，工资水平预期越高。

城市教育水平（edu）：高等院校在校学生数与人口总数的比值，教育水平是劳动经济学中的基本变量，较高的教育水平促进人力资本存量增加，进而提升劳动者的收入。

出口相对值（exin）：用城市年出口总额与进口总额的比值表示，这是衡量城市外向度的指标。一般来说，出口越多，城市的平均工资水平预期越高。

产业结构（stru）：二、三产业的国内生产总值与全部国内生产总值的比值，二、三产业相对比重越大，城市的工资水平预期越高。同时产业结构也是影响城市规模的控制变量，二、三产业结构比重越大，则人口更倾向于流入这些城市。

财政支出（fisex）：采用城市一般预算财政支出的对数衡量。较高的政府财政支出有利于改善城市基础设施、城市环境，加强城市管理，促进人口流入和城市规模的扩大。

（二）描述性统计

在实证证明三个命题前，借助于图表能更形象地理解它们。"城市宜居性—城市规模"、"城市宜居性—城市住房价格"和"城市宜居性—房价调整工资"散点图如图3-2所示。从图3-2a可以看出，城市宜居性和城市规模呈正相关关系，宜居性越高的城市，人口越多；从图3-2b可以看出，城市宜居性与城市住房价格呈正相关关系；图3-2c表明城市宜居性与房价调整工资负相关。另外，还可以看出图3-2a、图3-2b、图3-2c的拟合性均较好。

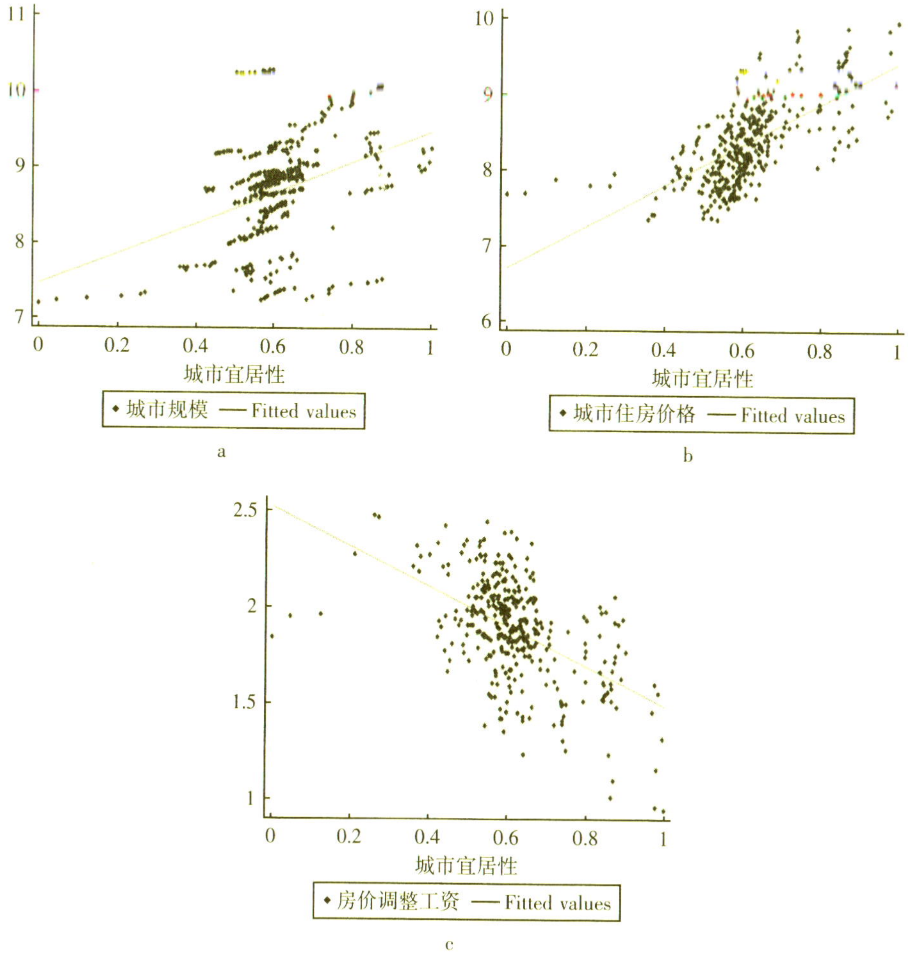

第三章 Tiebout 模型的实证

图 3-2　城市宜居性与房地产价格

表 3-2 列示了样本区间变量的描述性统计结果。为更好地理解变量的变化情况，我们把样本区间分为两个相等的时间段：2003~2007 年、2008~2012 年。首先，可以看出，城市的住房价格在后一时间区间比前一时间区间大大增加，均值几乎翻了一倍，比较符合我国房地产价格近 10 年剧烈上涨这一事实，城市住房价格标准差也几乎翻倍，这隐含了一个重要事实，即不同城市住房价格的变化幅度比之前更大，区域差异更加明显。从整体来看，房价调整工资在 2003~2007 年和 2008~2012 年均值分别为 6.74 和 6.84，基本上没有变化。其次，整体城市规模变化在后一个时间区间较前一个时间区间均值增加约 100 万人，远远小于北上广等大城市的人口增加数量。而城市人文宜居性在样本区间增加较为明显，从侧

· 53 ·

面反映了我国城市条件的改善较快,城市宜居性的变化方向与人口流动呈正相关。财政充足度、城市信贷量和城市经济总量均有不同程度的增加,其他变量的数据解释详见表3-2,这里不再详细展开说明。

表3-2 主要变量描述性统计

变量名值	区间	最大值	最小值	均值	标准差	观测值
e^{lnhp}	(2003~2007年)	14050.00	1547.00	3549.45	1895.28	175
	(2008~2012年)	21350.13	2610.00	6837.68	3700.08	175
e^{cs}	(2003~2007年)	28160.00	1330.10	7095.10	5184.96	175
	(2008~2012年)	29450.00	1522.70	8049.88	5791.29	175
e^{lnrw}	(2003~2007年)	11.87	2.76	6.74	1.51	175
	(2008~2012年)	11.75	2.58	6.84	1.86	175
ame	(2003~2007年)	0.99	0.00	0.58	0.14	175
	(2008~2012年)	1.00	0.27	0.64	0.11	175
c_ame	(2003~2007年)	1.00	0.00	0.36	0.17	175
	(2008~2012年)	1.00	0.00	0.36	0.17	175
fis	(2003~2007年)	32.56	-5.59	4.89	5.90	175
	(2008~2012年)	134.25	-7.37	12.91	16.58	175
loan	(2003~2007年)	14.59	10.52	12.31	0.85	175
	(2008~2012年)	15.27	5.05	13.18	1.02	175
gdp	(2003~2007年)	7.13	2.67	5.00	0.91	175
	(2008~2012年)	8.01	3.74	5.83	0.87	175
edu	(2003~2007年)	0.11	0.004	0.04	0.02	175
	(2008~2012年)	0.12	0.006	0.05	0.02	175
nonsoe	(2003~2007年)	0.37	0.02	0.12	0.05	175
	(2008~2012年)	0.63	0.004	0.16	0.08	175
exin	(2003~2007年)	35.45	-13.30	1.78	3.13	175
	(2008~2012年)	11.31	0.14	1.60	1.21	175
stru	(2003~2007年)	1.00	0.75	0.93	0.04	175
	(2008~2012年)	1.00	0.04	0.94	0.72	175

注:e^{lnhp}、e^{cs}、e^{lnrw}表示去对数化,回归到现实计量单位有助于直观理解。

(三) 实证结果分析

本节使用 GMM 方法估计前文建构的动态面板计量方程。首先，固定效应模型无法解决由于内生变量和误差项带来的参数估计偏差问题（"动态面板偏差"）；其次，虽然 2SLS 可以考虑上述偏差，但是依然存在过度识别的问题需要处理（高凌云和毛日昇，2011）。GMM 估计方法能够解决变量内生性问题和参数估计偏差问题，适用于"宽截面，窄时间"（即"大 N 小 T"）的面板数据类型，本节的数据类型亦满足这一要求。Holtz-Eakin、Newey 和 Rosen（1988）以及 Arellano 和 Bond（1991）提出并发展了差分 GMM，作为动态面板模型估计的有效方法，其在学术界逐渐被广泛采用。但是差分 GMM 可能存在"弱工具变量"（Weak Instruments）问题以及差分自身带来的内生性问题，导致参数估计出现偏差。Arellano 和 Bond（1995）、Blundell 和 Bond（1998）对差分 GMM 做出改进，提出系统 GMM 的估计方法，克服了差分 GMM 的缺陷。在本节的估计中，由于自然宜居性变量的存在，使用差分 GMM 不能得到有效估计，所以使用系统 GMM 对模型进行估计，并给出 Sargan 工具变量有效性检验以及 AR(1) 和 AR(2) 序列相关性检验。①

1. 城市宜居性与住房价格、房价调整工资关系的实证结果

城市宜居性对城市住房价格影响的估计结果列示于表 3-3。首先，从表 3-3 的整体估计结果来看，滞后一期的城市住房价格估计系数几乎都在 0.7 以上，表明住房价格的动态调整是稳健的，除模型（5）外的所有结果均显示城市宜居性与住房价格呈正相关关系，而模型（5）虽显示负的估计结果但却不显著。Sargan 检验 p 值均大于 0.1，表明所有模型选取的工具变量均有效，并且 AR(1) 和 AR(2) 表明不存在序列相关性。其次，模型（1）和模型（2）的估计结果说明可变的城市宜居性和不变的气候宜居性均与房价正相关，并且均通过 1% 的显著性检验。模型（3）和模型（4）的估计结果表明除了城市宜居性外，作为控制变量的气候宜居性、城市信贷规模、城市经济发展水平和财政充足度均促进了城市住房价格的上升。从模型（5）可以看出，滞后一期的城市宜居性对住房价格的影响系数为 0.6728，通过 1% 的显著性检验，说明滞后一期的城市宜居性同样与住房价格正相关，这是符合历史和逻辑的。模型（4）和模型（6）说明城市规模的增加会促

---

① 一般来说，通过 0.1 的显著性水平，则说明接受原假设。Sargan 值大于 0.1，说明工具变量有效，不存在弱工具变量问题。AR(2) 大于 0.1，说明模型的扰动项不存在序列相关。

中国地方财政的实证研究

进房价上升,且模型(6)和模型(8)滞后一期的财政充足度和城市宜居性的交叉项的系数表明,历史的财政支出扩张引致的城市宜居性增加同样有提升住房价格的作用。模型(7)和模型(8)滞后一期的城市宜居性与城市规模的交叉项表明,城市宜居性引致的城市规模增加对住房价格有正向影响。以上估计结果证明了命题1的正确性。

表3-3 城市宜居性对城市住房价格影响的估计结果

变量	(1)	(2)	(3)	(4)	(5)	(6)	(7)	(8)
$lnhp_{i,t-1}$	0.9169*** (232.00)	0.9241*** (174.90)	0.6294*** (21.73)	0.7370*** (20.03)	0.7059*** (21.67)	0.7368*** (23.19)	0.6899*** (36.15)	0.6998*** (17.27)
$ame_{i,t}$	0.5290*** (25.15)	0.4489*** (14.47)	0.5196*** (12.86)	0.3235*** (4.01)	−0.2302 (−0.86)	0.2351*** (2.79)	0.0654 (0.91)	0.0663 (0.93)
$l.ame_{i,t}$					0.6728*** (2.67)			
$c\_ame_{i,t}$		0.3241*** (15.18)	0.3052*** (5.90)	0.2006*** (2.59)	0.1433* (0.084)	0.1898*** (3.77)	0.0803** (2.21)	0.0559 (1.01)
$cs_{i,t}$				0.0129 (1.39)	0.0207 (0.72)	0.0140 (0.94)		
$ame_{i,t-1} \times cs_{i,t}$							0.0380*** (12.57)	0.0333*** (7.68)
$fis_{i,t}$			0.0011 (1.37)	0.0011*** (3.07)	0.0010* (0.071)	−0.0007 (−1.29)	0.0013** (2.40)	0.0001 (0.19)
$ame_{i,t} \times fis_{i,t-1}$						0.0037*** (3.53)		0.0017* (1.72)
$loan_{i,t}$			0.0373** (2.30)	0.0226* (1.77)	0.0187* (1.83)	0.0183 (1.36)	0.0203** (2.07)	0.0148 (1.16)
$gdp_{i,t}$			0.2344*** (8.75)	0.1609*** (5.40)	0.1715*** (5.80)	0.1701*** (6.52)	0.1951*** (8.27)	0.1965*** (6.09)
Sargan test	0.9768	0.9820	0.1930	0.9915	0.9685	0.9915	0.9916	0.9885
AR(1)	0.0005	0.0005	0.0003	0.0004	0.0005	0.0003	0.0005	0.0004
AR(2)	0.2722	0.2659	0.4988	0.3689	0.2385	0.3033	0.3238	0.2961
Obs	350	350	350	350	350	350	350	350

注:*、**、***分别表示通过10%、5%和1%的显著性检验,括号内为t(z)值,下同。

第三章 Tiebout 模型的实证

城市宜居性对房价调整工资影响的估计结果列示于表 3-4。首先，模型（1）和模型（2）中城市宜居性的估计系数分别为-0.7622 和-0.7006，且通过 1% 的显著性检验，说明城市宜居性与房价调整工资呈负相关关系，劳动力为居住在宜居性好的城市接受更低的实际工资，这实际是一种补偿机制——实际工资"补偿了"城市宜居性。此外，模型（2）$c\_ame_{i,t}$ 的回归系数为-0.3182，同样通过 1% 的显著性检验，说明房价调整工资对气候的宜居性同样具有补偿作用。模型（3）~模型（7）通过控制其他变量得到相同的结果。其次，模型（3）~模型（5）中城市规模的估计系数说明城市规模与房价调整工资负相关，虽然可能与名义工资正相关。模型（6）和模型（7）加入城市宜居性的滞后项说明，历史的城市宜居性同样与实际工资负相关，也即房价调整工资对过去的城市宜居性也是一种补偿性工资。最后，可以看到，模型（1）~模型（7）中 Sargan 检验的 p 值均大于 0.1，说明模型的工具变量均有效。AR（1）的 p 值小于 0.01，AR（2）的 p 值大于 0.1，说明所有模型均不存在序列相关性。以上估计结果证明了命题 2 的正确性。

表 3-4 城市宜居性对房价调整工资影响的估计结果

变量	(1)	(2)	(3)	(4)	(5)	(6)	(7)
$lnrw_{i,t-1}$	0.6086*** (27.19)	0.6252*** (23.10)	0.6220*** (37.85)	0.5834*** (22.21)	0.5614*** (19.01)	0.5574*** (24.93)	0.5663*** (16.94)
$ame_{i,t}$	-0.7622*** (-19.94)	-0.7006*** (-13.98)	-0.0312** (-2.45)	-0.7515*** (-7.43)	-0.8720*** (-8.95)		-0.3073* (-1.68)
$l.ame_{i,t}$						-0.8776*** (-15.96)	-0.5767*** (-4.16)
$c\_ame_{i,t}$		-0.3182*** (-3.32)	-0.2383*** (-6.98)			-0.1389* (-1.91)	-0.1854** (-2.41)
$cs_{i,t}$			-0.0312** (-2.45)	-0.0736*** (-5.08)	-0.0296 (-0.78)	-0.0147 (-0.84)	-0.0209 (-1.25)
$stru_{i,t}$				-0.0352 (-0.75)	-0.0114 (-0.36)	-0.0345 (-1.11)	-0.0301 (-0.84)
$edu_{i,t}$				1.1413* (1.91)	1.3282*** (4.22)	1.1273*** (4.52)	1.1176*** (4.29)
$exin_{i,t}$				0.0031*** (3.74)	0.0028*** (3.67)	-0.00005 (-0.05)	0.0010 (0.99)
Sargan test	0.2544	0.2574	0.9702	0.9855	0.9748	0.9799	0.9796
AR（1）	0.0005	0.0003	0.0004	0.0007	0.0008	0.0009	0.0009

续表

变量	(1)	(2)	(3)	(4)	(5)	(6)	(7)
AR(2)	0.4100	0.3825	0.3863	0.4837	0.5130	0.2237	0.2800
Obs	350	350	350	350	350	350	350

注：*、**、***分别表示通过10%、5%和1%的显著性检验。

通过分析表3-3和表3-4的计量结果，我们证明了：城市宜居性与城市住房价格正相关，而与房价调整工资负相关。因此，高城市住房价格和低房价调整工资实际隐含着更高的城市宜居性。下面我们通过计量证明城市宜居性促进了人口流入和城市规模的膨胀。

2. 城市宜居性促进人口流入和城市规模的膨胀

城市宜居性对城市规模影响的估计结果列示于表3-5。王小鲁（2010）认为，城市规模的影响因素包括人口密度、城市交通、城市资源等。而这些因素大部分已被内化在我们构造的城市宜居性指标中，因此其他控制变量的选取仅包括城市的经济发展水平和产业结构。这里需要注意一个问题，即城市规模的变化可能对下一期的宜居性产生影响，因此，城市宜居性在估计中应当作为内生的前定变量，在实际估计中，我们采用滞后2~3期的城市宜居性作为工具变量。从表3-5的估计结果来看，城市规模存在稳健的动态调整效应，滞后一期的城市规模对当期城市规模的影响较大。从模型（1）、模型（3）、模型（4）、模型（5）、模型（6）、模型（7）来看，城市宜居性对城市规模的扩大有显著的促进作用，而模型（2）表明滞后一期的城市宜居性也显著促进人口的流入。此外，从 $c\_ame_{i,t}$ 的估计系数可以看出，气候宜居性对人口流入有显著的促进作用。其他控制变量的回归结果也符合预期，这里不再一一详述。模型中Sargan检验的p值均远大于0.1，说明工具变量的有效性，而AR(1)和AR(2)的p值说明所有模型不存在序列相关。模型（7）加入城市宜居性的平方项，$ame_{i,t}$ 和它的平方项回归结果均为正，可以得出：在我国现阶段，城市宜居性与人口规模的关系实际是正"U"形结构，高宜居性对城市规模的影响要大于低宜居性对城市规模的影响，因此，北上广等大城市隐含的高宜居性促进城市人口流入的速度更快。

表 3-5　城市宜居性对城市规模影响的估计结果

变量	(1)	(2)	(3)	(4)	(5)	(6)	(7)
$lncs_{i,t-1}$	0.9847 (576.02)	1.0163 (756.59)	0.8974 (141.30)	0.8657*** (87.54)	0.8366*** (69.21)	0.8145*** (58.75)	0.9580*** (127.51)
$lncs_{i,t-2}$			0.0814*** (12.53)	0.0915*** (8.53)	0.1315*** (10.82)	0.1374*** (7.41)	
$ame_{i,t}$	0.2276*** (28.32)		0.2622*** (29.63)	0.2766*** (28.56)	0.1494*** (8.85)	0.1794*** (10.19)	0.0375** (2.40)
$L.ame_{i,t}$		0.1484*** (11.51)					
$c\_ame_{i,t}$				0.4031*** (17.55)		0.3855*** (11.34)	0.3094*** (10.64)
$gdp_{i,t}$					0.0313*** (27.66)	0.0203*** (7.47)	0.0153*** (6.27)
$stur_{i,t}$					0.0529*** (4.13)	0.0887*** (14.33)	0.0732*** (7.39)
$ame_{i,t}^2$							0.0960*** (6.48)
Sargan test	0.9740	0.2357	0.9150	0.9077	0.9239	0.95310	0.9733
AR(1)	0.0032	0.0039	0.0068	0.0074	0.0073	0.0087	0.0032
AR(2)	0.4808	0.3491	0.2860	0.2677	0.2050	0.2166	0.4615
Obs	350	350	350	350	350	350	350

注：*、**、***分别表示通过 10%、5% 和 1% 的显著性检验。

五、结论和政策建议

本节在城市体系的一般均衡 Rosen-Roback 模型的基础上，试图从城市宜居性、住房价格与劳动力市场工资水平的角度对这一问题给予解释。利用中国 34 个大城市、特大城市 2003~2012 年的数据进行实证分析，研究发现高的名义工资补偿了高的房价，高的城市宜居性补偿了低的城市房价调整工资，城市宜居性与住房价格正相关，与房价调整工资负相关，存在一种补偿机制。

我们的研究表明，城市宜居性已经成为中国居民选择居住城市的重要因素，高房价挡不住高宜居性的吸引力。而城市宜居性很大程度上是由政府行为决定的，因为中国城市的一个本质特征就是行政性，行政级别高的城市，得到的资源往往也越多，就越能吸引人口流入，这就形成了一个循环累积因果效应，使大城市和特大城市的人口规模难以控制。

我们的研究不支持控制大城市、特大城市规模的政策，城市宜居性、住房价格和城市工资是内生于城市增长的，人的城市化就是市场机制决定的城市化过程，人为控制大城市、特大城市规模会适得其反。

本节亦存在不足之处，我们的研究涉及了房价，对于农民工来说，购买大城市、特大城市的住房非常困难，虽然理论分析与实证研究还有待开展，但Glaeser（2011）发现城市没有使市民更贫困，而是吸引了大量的穷人，大城市是穷人的机会所在，是穷人脱贫的希望所在，毫无疑问这也符合中国的农民工群体。我们在实证研究中使用的截面限于34个大城市、特大城市，得到的结果具有一定的局限性，但也可以管窥中国城市和城市化进程的一般面貌。

第四章 地方政府收入与支出的逻辑

第一节 中国地方政府间的标尺竞争

一、引言

国外关于地方政府竞争的研究最早可以追溯到 Hayek（1945）、Musgrave（1959）、Tiebout（1956），认为地方政府比国家中央机构更具有信息方面的优势，更了解消费者的偏好，并且由此可以做出更好的决策。Musgrave（1959）认为正是分权产生了大量的政府，通过税权等财政工具在中央政府和地方政府之间的划分，使得地方政府拥有了相对独立的权力，从而形成了"财政联邦主义"。Tiebout（1956）提出的"用脚投票"模型直接说明了自由移动的居民在选择居住辖区的同时也促进了地方政府之间的竞争，从而实现全社会的最优。这些经典文献论述了地区之间竞争的形成以及其带来的福利，但没有对导致地区间竞争的政治因素及其影响，以及地方官员的激励做相关的论述。标尺竞争本质上的发展主要是在 Tiebout 模型中"用脚投票"的可流动居民的基础上引入政治体制，即居民通过比较来自其他辖区的信息衡量他们所在辖区的政绩，通过用脚投票影响管理者的决策。从 Tiebout 关于地方支出的假说开始，后来的许多学者对公共支出进行了理论上和实践上的研究。早期关于政府间税收竞争的研究大多着重于讨论地方政府之间的竞争会导致地区中的低税率。Salmon（1987）正式将政府之间的标尺竞争作为地方政府间财政竞争的一种形式，他将地方税率之间的影响归咎于政治上的标尺竞争，由于只有地区的管理者知道地区的生产函数，选民们无法判断既定税率下应有的公共物品水平，因而税率被选民看作一个参照点，即一个地区的居民应用来自其他辖区的信息衡量他们所在辖区的官员政绩。在这种情况下，理性的管理者为了赢得选票会把税率调到至少同其他地区一样，这样就将地区之间的税率关系同地方政府的选举联系起来。由于在国外一些联邦制国家中，税率往往是由地方政府自主决定的，大量实证文献从不同税种、不同地区验证了地区之间财政政策存在正的相关性，即一个地区税率的提高（降低）往往会对其他地区有正的影响；反之，亦然。Case（1993）以美国的各个州为样本，研究结果认为美国各州的税率只有在州选的年份才会受到相邻地区的影响，他的研究也为相邻地区税率之间的影响注入了政治因素提供了实证。Besley 和 Case（1995）得到的结果同 Case（1993）一样，即相邻地区的税率只有在重新选举的年份才会影响州政府的财政决策。该研究从地方政府和当地选民的不对称信息入手，统计了1960~1988年美国各个州政府的重新选举年份和州政府的换届人数，以及该地区的税收政策，统计的结果是税收政策的制定或者税率的调整同相邻区域的税率调整都存在着密切的联系。近年来，大量关于地方政府之间财政关系的研究都是将政府间的竞争用空间计量经济学来进行实证分析。Revelli（2002）对英国地区的研究也表明，地区执政人员的财政政策也影响着周围地区领导人的行为。Schaltegger C. A.和 D. Küttel（2002）的研究也证实了区域之间税收的相关性同政治因素存在关系，研究中也发现税率的黏性只是发生在瑞士的Catons，在那里选民可以直接对地区的政策提出建议。Allers 和 Elhorst（2005）对荷兰地方财产税率的实证研究表明，相邻地区的税率存在着同向的影响，一个地区的财产税率增加10%，将导致其相邻辖区的税率增加3.5%，并且其实证结论是荷兰地区之间的税率也存在标尺竞争。在实证中，很多学者认识到传统的税收竞争只有一种源头，但是标尺竞争往往同时伴随着外部性，并且伴随着政治因素的发生，若要确定政府之间的竞争到底属于哪种源头，往往需要进一步对其模型进行研究(Brueckner，2003)。

上面提到的关于地区间标尺竞争的实证文献都是基于税率展开的，地方政府竞争的研究从最早的 Tiebout（1956）关于地方支出的假说开始，后来的许多学者对公共支出进行了理论上和实践上的研究。理论研究方面的经典要追溯到 Zodrow 和 Mieszkowski（1986）以及 Wilson（1986）各自构建的关于地方政府财政支出的基本模型。最初所构建的地方政府竞争的模型主要是以资金可以自由流动而劳动力不能自由流动为重要前提，在这种假设下得出的结论是任何一个地区都不会擅自抬高自己的税率，否则可以流动的资本将会流动到其他地区。在这样的一个理论体系中，其均衡状态是各个地区的税率相同，各个地区的政府都按照边际成本等于边际收益来安排其公共支出。Brueckner（1999）依然延续基本模型中资金和劳动两个要素的假设，但是允许个人不仅仅可以选择在哪个区域投入资金，同样也可以选择在哪个区域生活，他的模型中假设了大量的"社会开发者"，通过对各个辖区的税率和公共物品的选择来最大化其效用。最后的均衡状态允许各个辖区都有各自不同的税率和公共物品的供给水平，可以说 Brueckner 模型的结果证明了 Tiebout（1956）的假说，人们通过"用脚投票"来选择辖区，但是其结果依然是资金的税率是无效率的，低于最优税率水平。Braid（1996）进一步探讨了劳动力的流动性，认为各个地区之间的竞争也加剧了公共物品的供给水平偏低。Keen 和 Marchand（1997）将由地方政府提供的公共物品区分成两类，一类是生产性的财政支出；另一类是非生产性的财政支出。研究结果证明了财政分权下政府之间的竞争不仅会产生地方公共支出总体水平的低下，同样也会导致公共支出结构上的偏差。因此，在公共支出的系统结构上存在着扭曲，更具体一点说，就是财政分权下地方政府之间的竞争会降低服务于不流动的本地居民的公共服务方面的支出，也即前面说的非生产性支出，但是同时会增加吸引流动性要素的基础设施方面的生产性支出。这方面的实证研究有：Case 和 Rosen（1993）研究认为美国 1970~1985 年的地方政府支出受到附近区域的影响；Revelli（2003）对英国的实证分析说明对于公共支出的研究不仅要考虑地方政府之间的竞争，还要考虑中央政府同地方政府之间的关系；其他关于财政支出竞争的研究如 Kelejian 和 Robinson（1998）、Bivand 和 Szymanski（1997）、Baicker（2006）。

与财政支出的标尺竞争紧密相关的一个问题就是地区之间的福利也存在不同程度的标尺竞争，地方的官员在制定本地区的福利水平时都更愿意以相邻地区的福利水平作为参照，从而使得整个国家的福利呈现出一种"竞争到底"的竞争（Sinn，2003）。对于福利竞争的实证研究有：Revelli（2004）以英国各个地方政府对于个人的公共支出为研究对象，分析验证了英国地方福利支出的产生机制也是来源于标尺竞争，每个地区的福利水平都是一定程度上参照相邻区域决定的。Brueckner（2000）对美国福利竞争的实证文献做了综述，并且对于福利竞争所导致的低水平提出了解决方式。Fiva（2006）的实证结果也得出挪威各个地区的福利水平呈现出标尺竞争。

本节试图将空间计量经济学的实证研究方法应用到我国省级财政关系的研究中，对我国各个省级政府之间的行为做定量的研究，以解答中国地方政府间是否存在标尺竞争的问题。本节的安排如下：一是对相关文献进行综述；二是阐述研究和数据处理的方法，主要是空间计量的方法；三是对财政支出和税收收入之间的标尺竞争进行实证分析；四是结论。

二、研究方法与数据处理

（一）政府间相互作用模型

Brueckner（2003）将关于政府间相互作用（包括标尺竞争）的文献概括为两种模型：外溢模型（Spillover Model）和资源流动模型（Resource-Flow Model）。前一种主要包括了实际中经常出现的污染问题，而后一种则涵盖方面较广，一些辖区之间的非直接影响都可以包含其中，包括了传统意义上的税收竞争和福利竞争。

1. 外溢模型

在这个模型中，每一个辖区都要决定公共物品的供给水平 z_i，但是由于外部性的存在，每一个辖区也同时直接受到其他（n-1）个辖区的供给水平的影响，因此辖区内的目标函数可以表示为：

$$V(z_i, z_{-i}; X_i) \tag{4-1}$$

其中，X_i 是代表地区 i 的偏好的一组向量，地方政府要最大化其目标函数，令其一阶微分为零，即 $\partial V/\partial z_i \equiv V_{z_i} = 0$。解方程的最优解可以由 z_{-i} 和 X_i 来表示 z_i，即：

$$z_i = R(z_{-i}, X_i) \tag{4-2}$$

其中，函数 R 代表了本辖区同其他辖区之间的相互关系，也即对于其他辖区的选择的最优策略，同时 z_i 也是由本区域里居民的偏好 X_i 决定的。

对上式再求微分，$\partial z_i/\partial z_j = -V_{z_i z_j}/V_{z_i z_i}$，$i \neq j$，得到 V 对于 z_i 的二阶导数 $V_{z_i z_i}$ 为负。

但是 $V_{z_i z_j}$ 的符号没有确定，这要依据辖区之间的反应函数来确定。反应函数的斜率为正或者为负，但是也有可能为 0，在这个模型中，反应函数的斜率是同辖区之间的外部性联系在一起的，当斜率为 0 时，说明辖区之间不存在外部性。

2. 资源流动模型

传统的税收竞争理论可以归为另一种被称为资源流动的形式，这个模型中的假定同外溢模型不同的地方是一个辖区的支出不会直接地影响其他辖区的支出水平，但是却使得可以移动的要素对其他地区特别是相邻的区域产生影响，这样我们的理论模型设为：

$$V(z_i, s_i; X_i) \tag{4-3}$$

其中，s_i 可以被看作辖区 i 的资源水平，虽然其资源的流动水平 s_i 也是辖区之间的相互影响决定的，但是没有像外溢模型那样直接进入目标函数中。进一步可以表示为：

$$s_i = H(z_i, z_{-i}; X_i) \tag{4-4}$$

将 (4-4) 式代入 (4-3) 式中，整理可得：

$$V(z_i, H(z_i, z_{-i}; X_i); X_i) \equiv V(z_i, z_{-i}; X_i) \tag{4-5}$$

可以看到，最后整理出来的 (4-5) 式同 (4-2) 式的形式是一样的。尽管模型设定时的机制是不同的，但是在应用数理模型设定时，其形式是相同的。

（二）空间计量经济学

1. 空间计量模型

就像前面的理论模型所介绍的那样，每个地区的决策都受到本地区和其他地区的影响，实证中的工作往往是找出辖区之间的反应函数，也即找出辖区 i 所选择的 z_i 的水平，以及对于其他区域 z_j 的影响。将理论模型中的 (4-2) 式写为一般形式：

$$z_i = \beta \sum_{i \neq j} w_{ij} z_j + X_i \theta + \varepsilon_i \tag{4-6}$$

其中，β 和 θ 是未知参数。w_{ij} 表示各个地区之间相对位置关系的权重，并且它也可以看作地区 i 的一个物理属性。通常的假定是当 $w_{ij} = 1$ 时，代表区域 i 和 j 是相邻的，否则为 0。可以说 W 是由地理位置决定的，从而其前面的系数 β 反映区域之间的相关系数。但要注意的是，上面 β 反映的是地区 i 同其他所有地区的相互关系，其具体的大小还要取决于 $\partial z_i / \partial z_j = \beta w_{ij}$。

但是由于我们的研究是基于空间的相互作用，所以我们将模型修正为：

$$z = \beta W z + X \theta + \varepsilon \tag{4-7}$$

为了修正空间作用对于模型的影响，这里加入了 W 这个权重矩阵，在下面的关于空间经济学的介绍中将进一步阐述，再一次将上式表示成：

$$z = (I - \beta W)^{-1} X \theta + (I - \beta W)^{-1} \varepsilon \tag{4-8}$$

从这里我们可以看到因变量 z 不仅仅是由外生变量 X 来决定的，还与内生矩阵 $(I - \beta W)^{-1}$ 和误差项 ε 相关，因此 (4-7) 式应用最小二乘法的估计是有偏的，所以在这种政府之间的相互竞争关系中不能应用最小二乘法，解决这种空间内生问题最广泛的方法就是空间计量经济学。(4-8) 式也是空间计量模型的一般模型。

空间经济计量学的基本思想是将经济单位间（如地区或企业）的相互关系引入模型，对基本线性回归模型 $y = \beta X + \varepsilon$ 通过一个空间权重矩阵 W 进行修正。根据模型设定时对"空间"的体现方法不同，空间经济计量模型主要分为两种类型：一种是空间滞后（Spatial Lag）模型，空间滞后模型包括了一个空间滞后的变量，主要用于研究相邻机构或地区的行为对整个系统内其他机构或地区的行为都有影响的情形；另一种是空间误差（Spatial Error）模型，模型中机构或地区间的相互关系通过其误差项体现。当机构或地区之间的相互作用因所处的相对位置不同而存在差异时，则采用这种模型。具体来说，两种模型的一般形式可以表示如下：

空间滞后模型（SAR）：

$$y = \rho W y + \beta X + \varepsilon$$

$$\varepsilon \sim N(\sigma^2 I_n)$$

其中，W 代表 n×n 的空间加权矩阵（Spatial Weight Matrices），即因变量的空间滞后值，即 n 个机构或地区之间相互关系网络结构矩阵。通常表示距离的一阶相邻函数（First-order Contiguity Matri），这种一阶相邻矩阵中，相邻的区域被赋予"1"，其他区域被赋予"0"（Lesage，1999）。Wy 则为周边 y 变量的加权平均，视为空间滞后因变量。空间滞后模型主要用于研究相邻机构或地区的行为对整个系统内其他机构或地区的行为都有影响的情形。本节中的空间滞后模型假定地方税收是由一组本地区变量和相邻地区的区位因素决定的。其中，y 是 n×1 向量，是方程的因变量（被解释变量）；而 X 则代表了 n×k 矩阵，是解释变量；参数 ρ 表示的是观察样本的一种空间依赖程度，即相邻地区的 y 对于本地区的 y 的影响；ε 表示正态分布的误差向量。空间滞后模型用来观测本地区的税收是否受到其他地区税收的影响。

空间误差模型（SEM）：

$$y = \beta X + u$$

$$u = \lambda W \varepsilon + v$$

$$\varepsilon \sim N(0, \sigma^2 I_n)$$

其中，W 也是空间加权矩阵，通常同空间滞后模型中的 W 一样，都是由外生的地理因素决定的。值得注意的是λ，当机构或地区之间的相互作用因所处的相对位置不同而存在差异时，则一般采用空间误差模型。我们假定地区的税收是由地方的一组变量决定的，而误差项中还包含了其他空间因素的影响。系数的设定同上面的空间滞后类似，其中λ代表了空间自回归系数。在空间误差模型中，把一些影响地方税收的被遗漏的变量与那些以空间形式存在的不容易观测到的冲击和扰动都包含在模型中。到目前为止，判断变量间的空间相关存在与否及空间相关性的检验主要有 Moran's I 检验、最大似然 LM-Error 检验及最大似然 LM-Lag 检验等（Anselin，1988）。

2. 模型估计

空间滞后模型在进行实证分析中存在的主要问题是 z 的内生性问题。解决这一问题可以应用的方法有两种：

（1）最大似然估计（ML）：Ord（1975）最初提出应用最大似然估计的方法来解决空间滞后模型和空间误差模型。在上面的模型中我们已经看到，由于空间相关系数往往不是以线性的形式进入模型中，所以我们也应该应用一种非线性的形式来对它进行估计（Brueckner，2003）。应用这种方法来估计的实证研究有 Case 和 Besley（1995）、Brueckner（1998）等。

（2）两阶段的最小二乘法：一般来说，空间滞后模型可以应用工具变量法（Instrumental Variables，IV），我们知道由于在空间滞后模型中存在自回归现象，所以会使得回归结果存在不一致性，应用外生的工具变量可以有效解决这个问题，但是在实证分析中要注意所选择的工具变量的外生性（Anselin，1988）。通常应用这种方法的步骤是先将 Wz 用 X 和 WX 回归，即：

$$Wz = \lambda + \beta_1 X + \beta_2 WX + \varepsilon^* \tag{4-9}$$

然后应用（4-9）式中的估计结果 $\overline{Wz}$ 作为一个工具变量代替原来式中的 Wz，这样得出的结果也是无偏的。Kelejian 和 Prucha（1998）还介绍了一种基于空间计量模型的三阶段分步估计方法，应用这种方法进行的实证研究有 Ladd（1992）、Kelejian 和 Robinson（1993）、Revelli（2001）。

空间误差模型中的误差项往往满足 $\varepsilon = \lambda W\varepsilon + v$，其中 ε 代表了线性模型中没有直接反映出来的区位因素。具体来说，假如我们要测量一座公园的面积，而这个公园是同一些特殊地形联系在一起的，如靠海滨、有山、有河，在这些区域附近的居民可以无偿享用这种天然资源。也就是说，样本中的观测对象具有异质性，这些特征应该被包含在空间误差模型中，如果我们忽略这些因素，将会产生有偏的估计。通常解决空间误差模型这一问题的方法也是 ML 和 IV。

3. 模型检验

在应用空间计量经济学解决问题之前，我们还无法预知是否存在空间的相关性，也就是说，我们需要一种检验来得出地区之间是否存在彼此的相关性。检验区域经济变量的空间相关性存在与否，空间统计学一般使用空间统计量——空间自相关指数 Moran's I，相应的检验即 Moran's I 检验。由于事先我们无法判断应用哪种模型，所以要应用最大似然 LM-Error 检验及最大似然 LM-Lag 检验等 (Anselin, 1988)。

Moran's I 统计量是应用最小二乘法中残差的平方得出的，用于侦察空间自回归的存在性。Moran's I 检验 (Moran, 1950) 也是最常用的变量空间相关性检验方法，Anselin (1988) 提到 Moran's I 检验的实质就是一种空间计量模型中的 DW 检验。Cliff 和 Ord (1972, 1973) 最早将其发展到线性模型中对变量空间相关性进行检验。在各变量独立同分布的假设下，Cliff 和 Ord 推导了大样本下 Moran's I 统计量的分布，并给出了 Moran's I 的检验。Moran's I 的表达式为：

$$I = (N/S_0)(e'We/e'e)$$

其中，e 是对于最小二乘估计的残差，而 $S_0 = \sum_i \sum_j w_{ij}$。Moran's I 检验在很多文献中都有应用 (Anselin 和 Rey, 1991; Anselin 和 Florax, 1995b; Kelejian 和 Robinson, 1998)，但是，Moran's I 检验只能对变量之间是否存在空间相关性做出检验判断，而最大似然 LM-Error 检验及 LM-Lag 检验 (Anselin, 1988) 则可以针对不同形式的空间经济计量模型进行检验，有助于判断空间经济计量模型的具体形式。其表达式分别为：

$$LM_{err} = [e'We/(e'e/N)]^2/[tr(W^2 + W'W)]$$

$$LM_{lag} = [e'Wy/e'e/N]^2/D$$

其中，$D = [(WX\beta)'(I - X(X'X)^{-1}X')(WX\beta)/\sigma^2] + tr(W^2 + W'W)$。在残差独立同分布的假定下，LM-Error 与 LM-Lag 检验统计量渐进服从自由度为 1 的卡方分布 $\chi^2(1)$。由于两种检验是依照空间滞后模型和空间误差模型两种不同的模型来完成的，所以两个检验要同时进行 (Anselin, 1998)。

综上，Moran's I 统计量是应用最小二乘法中残差的平方得出的，用于侦察空间自回归的存在性，而最大似然 LM-Error 检验及 LM-Lag 检验则可以针对不同形式的空间经济计量模型进行检验，以便于具体判断应用哪种空间经济计量模型形式（Anselin，1988）。

本节的实证模型采用(4-6)式，通过引入W这个(28×28)的空间加权矩阵，对于线性模型加以修正：

$$y_i = \beta \sum_{i \neq j} w_{ij} y_j = X_i \theta + \varepsilon_i$$

在这个模型中，y_i代表省份i的财政收入，一个地区的财政收入除了由一些外生的解释变量对其解释外，在模型中还加入了相邻地区对于省份i的解释，β反映了省份之间的相关影响，也就是前面所提到的区域间的反应函数，也是我们主要关注的系数，通过β系数的正负以及显著与否可以判断我国省级政府之间是否存在相关性。但要注意的是，β是地区i同其他所有地区相互关系的一个综合系数。X_i即前面列举的各个外生的解释变量。w_{ij}代表的是各个地区之间相对位置关系的权重，并且它也可以看作地区i的一个物理属性。$w_{ij} = 1$，则代表区域i和j是相邻的，否则为0。研究采用了1986~2005年全国28个省市区（不包括西藏和海南，重庆归入四川省来处理）的面板数据进行实证分析，利用Matlab 7和Stata 9.0进行估计。

三、计量结果分析

在变量的选取中，首先考虑被解释变量，由于是分析地方政府之间行为的相互影响，被解释变量是地方政府的财政收入，这点与国外研究中通常利用税率不同。财政收入往往也是中央政府考核地方官员的一项指标，所以这里首先确定以财政收入作为我们的观测指标，地方政府之间的财政收入是否会存在相互间的合作、竞争，还是不相关？具体的解释变量的设定如下：

为了避免产生异方差，对于代表地区经济发展水平和规模的人均GDP，标志着地区经济增量含义的固定资产投资和作为地区人力资本指标的中学教师数量都是以对数形式引入模型中。同时在计量模型的变量设定过程中，固定资产的投资包括国内投资和外商投资，为避免多重共线性和重复计算，外商直接投资被界定为外商直接投资（无论是流量还是存量）和国内生产总值的比值（FDI/GDP），作为一个解释变量引入模型中，这一定义有着明显的优势，我们可以清楚地区分外商直接投资与固定资产投资的差异，并且可以进一步观察固定资产投资与外商直接投资哪一个对地方的财政收入产生更重要的影响。在我国，地区GDP的增长以及财政收入主要靠投资来拉动,外商直接投资在一定程度上代表一个地区的开放性程度,地区利用外资的程度越高,对于地方财政收入的影响通常也应该越高。我们对这两项的估计系数为正。

同上面 FDI 的处理方式相同,我们在模型中引入国有企业中职工人数同全体工业中人数的比值和第一产业占 GDP 的比值,分别反映了我国改革开放的许多政策变革的结果和一个地区第一产业的低财政收入特点是否决定着政府对其政策的倾向性,应用比值的形式也可以避免由于直接引入国有企业的职工人数容易带来的相关性问题。

为了便于比较,表 4-1 第一列是应用最小二乘法(OLS)得出的回归结果,没有考虑空间因素,所以说得出的结果是有偏的估计值(Anselin,1988)。第二列和第三列分别是应用最大似然估计方法对空间计量经济学中的两个模型进行估计,第二列是空间滞后模型的估计结果,第三列是空间误差模型的估计结果。可以看到三个模型的 R^2 都在 0.9 以上,但是同 OLS 模型相比,空间计量的两种模型 SAR 和 SEM 的回归结果会更加理想。

表 4-1 财政收入的标尺竞争

	OLS	SAR	SEM
Lnper GDP	0.5327013***	0.473157***	0.472281***
POP	0.0001353***	0.000162***	0.000167***
Lninv	0.0903157*	0.085730*	0.121638***
FDI/GDP	−2.998811***	−4.160070***	−3.255461***
Urb	0.0408479	0.135518	0.142178
IND/GDP	−0.3232806	−0.321471	−0.618096*
Lnsedu	0.2302135***	0.130291***	0.162347***
SOEPOP/TPOP	−1.806038***	−1.902165***	−1.865962***
R-squared	0.9361	0.9652	0.9699
W × Y		0.096979*** 4.994908	
spat.aut.			0.481961***
Moran's I		0.1009 (20.3248) p = 0.000	

续表

	OLS	SAR	SEM
LM spatial lag test		498.6777 (p = 0.000)	
LM spatial error test			6.7187e-004 (p = 0.9793)

注：*、** 和 *** 分别表示在10%、5%和1%的水平上显著。

从模型的相关性检验来看，Moran's I 检验值的显著性使我们相信我国的财政收入存在着省级间的空间相互影响，所以应用空间计量模型进行回归更加适合。应用空间相邻矩阵修正后的计量模型的两个空间相关系数 W×Y 和 spat.aut 都是显著的，分别是 0.097 和 0.48。这两个系数的显著性也说明了我国各个省级地区之间的财政收入存在着正的相关性：一个省的财政收入对于该省的相邻省份有着正向的影响，从而说明中国地方政府间存在着为增加财政收入而进行的竞赛。但是在对模型的 LM-Lag 检验和 LM-Error 检验中，我们也可以看到对于空间滞后模型的检验是显著的，所以我们认为应用空间滞后模型应该是比较合适的。综合以上三个检验结果可以得出，我国各个省级区域的财政收入存在着空间相关性，同时也说明 OLS 的回归结果是无效的，由于忽视了空间的相互依赖性，导致模型的解释能力以及系数估计值的准确性不足。

从回归结果可以看到，我国各地的税收收入同我们所选取的变量大都存在显著的相关性，并且与我们的预期一致。值得注意的是，外商直接投资占 GDP 的比重是负的，一般来说，一个地方的外商投资占国民生产总值的比重越大，说明该地区更加具有开放性，对于外国投资者的吸引力越大。在我国，FDI 比重比较高的是东部的沿海地区。但是所选取的 20 年的数据回归得到的结果显示，这一指标同财政收入存在着显著的反向联系，这个指标的显著性也许可以用我国企业所得税的税制来解释，内资与外资企业的企业所得税的不平等导致地方一方面要引入国外的投资以及一些先进的技术和管理经验，另一方面地方政府也要承受 FDI 所带来的较低的税收收入。回归的结果还说明过去 20 年中各个地区间相互竞争所吸引的外资并没有为当地的财政收入做出贡献。换句话说，外商投资比重越高却使得财政收入越低，前面综述中我们所提到的各个地方政府，特别是在 1994 年后，为了吸引外商投资，出台了各种吸引外资的政策，地方政府之间竞相吸引外资的行为已经脱离我们原来发展经济的目的，地方政府间的竞争已经到了西方所说的竞争到底。

城市化水平同我们的预期一样也是为正,随着我国城市化的快速推进,以及在成熟的城市经济学理论中也有很多学者认为城市化是解决我国存在的"三农"问题的途径,地区的公共设施同财政收入也必然存在着紧密的相关性。我们再看农业同 GDP 的比重为负,只有在空间误差模型中通过了 10% 的检验,也许在一定程度上反映了我国现阶段对于税收收入贡献较大的依然是第二产业和第三产业。

在对财政支出的回归分析中,我们选用中经网上提供的各地区的财政支出数量作为被解释变量,考虑到各个省区财政支出的差距较大,为了避免产生异方差,我们选取对数形式。所选取的解释变量同收入相比做了一些调整,将人口密度和外商直接投资(FDI)直接加入地方财政支出的模型中,同时对于反映地方公共物品组成的生产公共物品和其他的医疗教育卫生分别用交通密度、小学生数量和卫生机构的人员数量来表示。

各个地区财政支出的情况可以从表 4-2 中得到,同财政收入的检验结论一样,Moran's I 和 LM-Lag 检验的统计值是显著的,LM-Error 检验则不显著,说明该模型存在着空间的相互影响,应用空间滞后模型更加合适。同样比较三个模型的 R^2 的结果我们也可以看到,空间滞后模型的拟合值是最高的,为 0.9437。

表 4-2 财政支出的标尺竞争

	OLS	SAR	SEM
Lnpopden	4.804967***	4.083166***	4.572132***
Urb	1.70712***	1.482409***	1.736084***
lnfdi	0.0950718***	0.068318***	0.091242***
tranden	1.572681***	1.597715***	1.626959***
lnpredu	−0.7241413***	−0.680973***	−0.658687***
hepop	0.001832	−0.000518	0.006032**
W×dep.var		0.176999***	
spat.aut.			0.522975*** 13.705592
log-likelihood		−93.419454	−66.656622
R-squared	0.9105	0.9437	0.9406
Moran's I		0.0942 (17.6420, p = 0.000)	

第四章 地方政府收入与支出的逻辑

续表

	OLS	SAR	SEM
LM spatial lag test		404.9405 (p = 0.000)	
LM spatial error test			5.8550e-004 p = 0.9807

注：*、** 和 *** 分别表示在 10%、5% 和 1% 的水平上显著。

同财政收入的回归分析一样，城市化同财政支出也存在着显著的正向联系，城市里无论是生活必需的公路铁路等基础设施还是教育、卫生、医疗，都是远远优于农村，地方政府的公共支出很多依然是服务于城市，在广大农村，公共物品特别是医疗卫生保险仍然是未来地方财政需要大力发展的方向。在空间滞后模型中，空间影响因素 Wxdep.var 的系数大约是 0.177，也就是一个地区的财政支出增加 1，会使得周围省份的财政支出增加 17.7%。具体来说，一个地区对于财政支出的增加，如果不考虑寻租等带来的影响，那么会随之带来该地区居住环境以及各种娱乐设施的改善，相应地对于国内或者国外的流动资本更加有吸引力。然而这种作用是具有外部性的，在我国这种中央政府以各个省份的经济指标作为各个省级区域的"代理人"的晋升制度下，一个地区基础设施水平的提高相应地带来了"可流动资本"的增加，从而促使经济增长以及财政收入的增加，同财政收入的竞争一样，相邻省份的领导为了在这样一种竞争的大环境中生存，必然会选择加强对基础设施的支出，从而使本地区的各种经济指标不会落后于其他地区，这也部分解释了我国地方财政收入和财政支出相互攀升的现状，各个省级政府也必然会陷入一场基于财政支出的竞争。

四、财政支出的趋同

为了更进一步地检验地方政府之间的标尺竞争行为，接下来我们分析地方政府支出的趋同问题，为此我们利用新古典增长理论中的收敛模型：

$$\frac{\ln y_{j,T} - \ln y_{j0}}{T} = \alpha + \beta \ln y_{j0} + \varepsilon_i \quad \varepsilon_{it} \sim iid, \ N(0, \sigma^2)$$

对于地区而言，如果上式中的估计系数 β 为负且在统计上显著，则说明地区人均财政支出的平均增长率在 $0 - T$ 时段内与初始时期的人均财政支出水平呈现负相关，存在 β 收敛，即落后地区的财政支出增长比发达地区更快。如果该系数为正,且从统计上来看显著,则不存在 β 收敛,就拒绝该假设。

对人均财政支出进行收敛估计的结果显示(见表4-3):β的值都小于0,并且从表中提供的各个模型的系数估计值及概率值可知,从全国来看,在10%显著性水平下各β估计值都是显著的,说明我国地区人均财政支出存在着绝对收敛的趋势;基本上不存在俱乐部收敛,在东部和中部β小于零,但其概率较大,显然这两个地区人均财政支出的β收敛并不明显;西部的情况与全国是类似的。同时在表中可以看到各个Moran's I 指数均大于零,说明自我国财税体制改革以来,地区之间的人均财政支出存在空间相关性,而且全国和西部地区的 Moran's I 指数远大于东部和中部地区,显然,全国和西部地区表现为空间相关性较强,而东部和中部地区空间相关性较弱。三个地区空间相关性的强弱依次为西部、中部、东部。

如表4-4所示,在对人均基本建设费进行收敛估计的结果中,β值也全部小于零,全国、东部、中部和西部基本上通过了10%的显著性检验。1994年以后,我国各地区的人均基本建设费存在着比较明显的绝对收敛趋势,而且存在俱乐部收敛。从 Moran's I 指数看,全国和西部地区存在空间相关性,而东部和西部地区则不存在空间相关性。

从表4-5可见,在对人均行政管理费进行收敛估计的结果中,β值均小于零,但从β估计值的概率值来看,西部地区明显没有通过显著性检验,全国和其他两个地区在10%的显著性水平下显现β收敛。Moran's I 指数显示,全国和西部地区存在空间相关性,而东部和中部地区则不存在空间相关性。

通常来说,在考察空间计量模型时主要看最大似然估计值、LM-Err 和 LM-Lag 检验情况。从表中可以看到,误差模型的最大似然估计值均大于其他两个模型,LM-Err 的检验值也较为显著。总的来说,误差模型优于其他两个模型,而且误差模型的β估计值的概率值也最小。结果与前面的分析较为吻合。

五、结论

本节应用空间计量经济学的方法对我国省际间的财政收支进行研究,发现我国省级区域的财政收支之间存在着正的相关性。其相关系数是0.097,这是我国28个省级区域的综合回归系数。平均来看,除了一些外生性的经济变量外,在我国一个地区的财政收入增加10%,会促使其相邻地区的财政收入增加约1%,说明我国省级政府的财政收支存在标尺竞争,这种竞争程度甚至比国外某些联邦

第四章 地方政府收入与支出的逻辑

表4-3 人均财政支出

估计方法	全国			东部			中部			西部		
	经典模型	滞后模型	误差模型	经典模型	滞后模型	误差模型	经典模型	滞后模型	误差模型	经典模型	滞后模型	误差模型
α	2.7277 (0.0000)	2.2359 (0.0001)	2.7786 (0.0000)	2.0716 (0.0562)	2.4572 (0.0484)	2.1636 (0.0105)	3.3807 (0.0438)	3.9374 (0.0107)	3.0814 (0.0078)	4.2096 (0.0014)	3.7885 (0.0001)	4.4895 (0.0000)
β	-0.1321 (0.0914)	-0.1434 (0.0463)	-0.1431 (0.0391)	-0.0188 (0.9059)	-0.0252 (0.8534)	-0.0321 (0.8199)	-0.2591 (0.3136)	-0.2504 (0.1432)	-0.2101 (0.3443)	-0.3993 (0.0426)	-0.4359 (0.0036)	-0.4547 (0.0003)
λ			0.2813 (0.2055)			-0.1802 (0.7098)			2.9938 (0.0726)			0.4452 (0.0899)
R^2	0.0946	0.2142	0.2224	0.0019	0.0255	0.0284	0.2490	0.3502	0.2985	0.3503	0.4167	0.5201
F	2.7155 (0.1114)		5.7349	0.0149 (0.9059)			1.3262 (0.3136)			5.39264 (0.0426)		
Log likelihood	3.7592	5.5813		0.0167	0.1096	0.1247	1.8593	1.8602	2.0880	2.5793	3.0808	4.0936
Moran 指数（误差）	3.2491 (0.0012)			0.1857 (0.8527)			0.8946 (0.1459)			3.5057 (0.0005)		
LMLAG	4.2450 (0.0394)			0.1117 (0.7383)			0.6225 (0.4301)			0.8277 (0.3629)		
R-LMLAG	0.3665 (0.5449)			0.5713 (0.4498)			0.0932 (0.7601)			5.4001 (0.0201)		
LMERR	4.9333 (0.0263)			0.1202 (0.7288)			0.7942 (0.3728)			3.0039 (0.0831)		
R-LMERR	1.0547 (0.3044)			0.5798 (0.4464)			0.2649 (0.6067)			7.5762 (0.0059)		
SARMA	5.2997 (0.0707)			0.6915 (0.7077)			0.8875 (0.6416)			8.4040 (0.0149)		

表 4-4 人均基本建设费

估计方法	全国			东部			中部			西部	
	经典模型	滞后模型	误差模型	经典模型	滞后模型	误差模型	经典模型	滞后模型	误差模型	经典模型	滞后模型	误差模型
α	1.2210 (0.0000)	0.9891 (0.0081)	1.2242 (0.0000)	1.3229 (0.0004)	2.0389 (0.0292)	1.3182 (0.0000)	1.3643 (0.0042)	2.7359 (0.0276)	1.3841 (0.0000)	1.0438 (0.000˙)	1.2473 (0.0293)	1.0415 (0.0000)
β	-0.4135 (0.0005)	-0.4018 (0.0001)	-0.4050 (0.0001)	-0.4435 (0.1010)	-0.4032 (0.0552)	-0.4668 (0.0368)	-0.2619 (0.1878)	-0.2068 (0.0869)	-0.2483 (0.0481)	-0.5338 (0.0035)	-0.5395 (0.0001)	-0.5347 (0.0001)
λ			0.1411 (0.5679)			-0.4693 (0.3637)			-0.4533 (0.5197)			0.0588 (0.8809)
R^2	0.3758	0.3965	0.3944	0.3003	0.3847	0.4147	0.3863	0.5149	0.5017	0.5908	0.5983	0.5922
F	15.6513 (0.0005)			3.4338 (0.1011)			2.5173 (0.1878)			14.4392 (0.0035)		
Log likelihood	1.1906	1.5531	1.5883	0.9025	1.1123	1.5949	6.6965	7.1052	7.5661	3.8096	3.8245	3.8973
Moran指数（误差）	1.6494 (0.0991)			-0.8601 (0.3897)			-2.4562 (0.1257)			1.1553 (0.2479)		
LMLAG	0.9551 (0.3284)			0.7519 (0.3859)			0.3101 (0.5771)			0.1666 (0.6831)		
R-LMLAG	0.0685 (0.7935)			0.0969 (0.7555)			0.6704 (0.4129)			1.0765 (0.2995)		
LMERR	0.9107 (0.3399)			0.8578 (0.3544)			0.6062 (0.4362)			0.0303 (0.8618)		
R-LMERR	0.0242 (0.8764)			0.2028 (0.6524)			0.9656 (0.3258)			0.9402 (0.3322)		
SARMA	0.9793 (0.6129)			0.9548 (0.6204)			1.2766 (0.5282)			1.1068 (0.5750)		

第四章 地方政府收入与支出的逻辑

表4-5 人均行政管理费

估计方法	全国			东部			中部			西部		
	经典模型	滞后模型	误差模型	经典模型	滞后模型	误差模型	经典模型	滞后模型	误差模型	经典模型	滞后模型	误差模型
α	2.4152 (0.0000)	2.2402 (0.0001)	2.4051 (0.0000)	3.3655 (0.0058)	4.1580 (0.0001)	3.5548 (0.0001)	2.5704 (0.0082)	3.6881 (0.0026)	2.5276 (0.0000)	2.0073 (0.0045)	1.9934 (0.0114)	2.0095 (0.0001)
β	-0.2213 (0.0490)	-0.2167 (0.0333)	-0.2199 (0.0314)	-0.4435 (0.1010)	-0.3759 (0.0696)	-0.4902 (0.0320)	-0.2619 (0.0878)	-0.2068 (0.0869)	-0.2483 (0.0481)	-0.1390 (0.3761)	-0.1389 (0.3105)	-0.1403 (0.3058)
λ			0.0995 (0.6946)			-0.7343 (0.1666)			-0.4533 (0.5197)			0.0466 (0.9063)
R^2	0.1409	0.1676	0.1711	0.3003	0.4020	0.4584	0.3863	0.5149	0.5017	0.0790	0.0791	0.0808
F	4.2651 (0.0490)			3.4338 (0.1010)			2.5173 (0.1878)			0.8580 (0.3761)		
Log likelihood	2.9205	3.0221	3.4804	0.3090	0.7212	1.5949	6.6965	7.1052	7.5661	1.2160	1.2241	1.2244
Moran 指数 (误差)	2.2865 (0.0222)			-0.7952 (0.4265)			-0.2248 (0.5412)			1.0797 (0.2803)		
LMLAG	1.6404 (0.2002)			0.7154 (0.3976)			0.3110 (0.5771)			0.0005 (0.9820)		
R-LMLAG	0.1224 (0.7264)			0.1265 (0.7221)			0.6704 (0.4129)			0.3686 (0.5437)		
LMERR	1.9993 (0.1574)			0.8689 (0.3512)			0.6062 (0.4362)			0.01472 (0.9034)		
R-LMERR	0.4813 (0.4879)			0.2799 (0.5967)			0.9656 (0.3258)			0.3829 (0.5361)		
SARMA	2.1217 (0.3462)			0.9954 (0.6079)			1.2767 (0.5282)			0.3834 (0.8256)		

体制的竞争还要激烈。在我国，地方政府间的标尺竞争虽然不像国外政府那种自下而上的"一切为民"的基于税率的竞争，但是在我国促使各个省级区域竞争的机制来自"晋升"的激励，从而形成了不同于国外的"向上负责"的标尺竞争。这也从另一个侧面证明了陈抗等（2002）的结论，在我国过度的分权和集权都会带来问题，集权过度会打击地方发展经济的积极性，而分权过度会使得地方政府手中拥有更多的财权，地方政府之间的竞争也必将进一步加剧，所以，应在我国的中央政府和地方政府之间找到一个最优点，使得整个社会的福利水平达到最优。同样的问题也在财政支出中出现，我国省级区域的财政支出之间的相关系数达到0.17。也就是说，我国基于财政支出的标尺竞争比收入还要激烈，但是我们的收入只是限制在预算内的统计。平新乔和白洁（2006）比较了我国预算内和预算外的财政支出结构，认为预算外的资金很多情况下履行着基础设施的义务，本节的分析证明即使是预算内的资金也存在着支出结构的扭曲，在过多地投入到基础设施的同时必然带来教育、卫生等比重的降低。而各省大力发展基础设施无非是为了吸引更多的"流动资本"促进地方经济更快的发展，从而可以使地方的各种经济指标得到显著的提升。归根结底，无论是财政收入还是支出，或者说更多竞争的源头都来自一种"晋升"的激励。在经济改革初期，这种激励在调动地方官员发展地区经济的积极性方面曾发挥过重要的历史作用，但随着市场的发育和完善，这种激励机制的消极后果也越来越明显（周黎安，2004）。在本节的分析中也可以看到，这种激励机制已经使我国的财政支出结构发生偏差，尽管我国同国外财政联邦制度下基于税率的标尺竞争的产生机制不同，但是不同的体制却产生了同样的标尺竞争。我们的政府应该更多地关注卫生、教育，使我们的地方经济能够真正地和谐发展。

第二节　土地城市化与地方政府的土地财政

一、引言

1994年实行分税制改革后，政府通过"财权上交，事权下放"的改革措施对中央和地方两级政府之间的财权与事权进行了重新划分，把很大一部分权力从

第四章 地方政府收入与支出的逻辑

地方收归了中央。这一改革使得地方政府的财政收入大大减少，但财政支出的负担却在不断增加。地方政府不仅需要承担建设性支出、行政性支出等，还需要承担由于国有企业乃至一般公共部门改革所带来的社会保障支出，以及各种企业亏损补贴和价格补贴等。虽然中央政府安排了大量的转移支付，希望能弥补地方财政缺口，缩小地区间财政差距，但由于转移支付体制不合理等一系列问题的存在，财政困难的问题一直严重地困扰着地方政府。

面对巨大的财政压力，地方政府作为土地的垄断供给者和出让者，很自然地考虑到通过采用土地出让的方式获得预算外收入，作为发展当地经济、提供各种公共服务的资金支持。近年来，地方政府对土地出让带来的预算外收入的依赖越来越大，2009年全国土地出让金收入相当于同期地方财政总收入的46%左右，有些省份这一数据早已超过了50%，土地出让收入俨然已成为地方政府的第二财政收入，于是逐渐形成了所谓的"土地财政"现象，即在预算内，依靠土地城市化带来的产业税收效应；在预算外，依靠卖地来追求土地收益最大化，进而弥补财力的不足。

在分税制改革后形成中国式财政分权，从而导致土地财政这一背景下，我国出现了以"人口城市化"和"空间城市化"为代表的不同城市化现象，这两种变化趋势的幅度日趋加大。人口城市化率从1995年的20%激增到2005年的43.5%，代表"空间城市化"的全国城乡建设用地1990~2000年增加了2640万亩，而在2000~2005年，短短五年时间，全国建设用地共计4179万亩，增幅近乎一倍。这种变化趋势继而带来了两个主要问题：其一，在商业用地土地出让价格持续上升的情况下，我国城市的房地产价格高企问题迟迟无法解决。自2005年以来，我国地价占房价的比例逐年增加，2009年，这一比例的均值为31.29%，在部分城市已超过50%，可见高地价给了高房价较大的支撑。其二，由于现阶段城市规模的扩张，地方政府似乎陷入了一个征用农业用地，再将农业用地非农流转以弥补财政收支缺口的循环，农民的利益被牺牲这一问题不可忽视。那么地方政府这种征收再出让的行为是否符合帕累托最优？或者说这种土地财政推动的土地城市化的行为是否具有可持续性？这两个问题的解决都有赖于从土地财政视角对土地城市化进行重新解读。

实际上，土地城市化是为了更多地出让土地，从而获得巨额的预算外收入。土地财政又是在现行财政分权体制下逐渐形成的，所以可以说是财政分权直接导致了地方政府的土地城市化现象。中央对地方财政主要通过转移支付来进行控制,转移支付对土地城市化存在怎样的影响,是否可以有效逆转这种趋势,这些问题值得分析。本节主要根据地方政府的快速土地城市化现象,研究中央转移支付、财政分权度对地方政府土地城市化的影响,同时分析了分权度与转移支付对土地城市化的相互影响,这有助于我们分析当前中国地方政府征用和出让土地进行土地城市化的行为背后更深层次的政治与财政动机,也有助于我们评估目前中央所采取的转移支付制度的有效性。

本节安排如下:第二部分是对中国现有土地城市化及转移支付、财政分权问题进行讨论和文献综述。第三部分是对本节实证模型的设定及数据、估计方法的说明。第四部分是基于我国 30 个省市区 1998~2009 年的面板数据,实证分析转移支付、财政分权及一些其他因素对土地城市化的影响。第五部分是结论及一些相关的政策建议。

二、文献综述

我国现有的政府间财政体制在很大程度上来自 1994 年的分税制改革,改革之后中央重新划分了中央和地方两级政府之间的财权与事权,形成了中国式的财政分权。财政分权是世界各国普遍存在的一个现象,然而这种中国式的财政分权却与西方国家存在很大的差异,其最主要的特征就是地方政府事权与财权不匹配,是政治集权下的财政分权。

这种中国式的财政分权对我国经济、社会等各方面都产生了很大的影响,学术界对其产生的效应并未达成共识。分税制改革是在 1994 年实施的,而在 1994 年前与 1994 年后的一段时间内,我国的财政政策对经济增长的促进作用并不显著,也没有提高经济分配效率。并且由于我国各省之间的经济发展差异较大,这种过高的分权度反而会加剧地区间的差距,不利于均衡发展(Jing Jin 和 Hengfu Zou,2005;Xiaobo Zhang,2006)。我国学者对财政分权的研究发现,财政分权拉大了城乡与地区之间的收入差距,扭曲了地方政府的公共支出结构,导致了地方竞争,异化了地方政府行为,激励了土地出让行为,带来了诸多不容忽视的负面效应。

在分税制改革形成了中国式财政分权体制的背景下,我国地方政府的财政问题日益凸显。Eckaus(2003)的研究发现,我国地方政府的财政体系越来越依赖于一些低效率的收入来源(这其中就包括土地出让收入),对这些收入的严重依赖将是我国未来经济改革面临的一个严峻问题。面对地方财政的种种问题,中央所采取的手段之一就是实行转移支付制度，针对我国如此大规模的转移支付，许多文献对其进行了研究。Tsui（2005）基于我国 1994~2000 年的数据，用 CGE（Computable General Equilibrium）模型研究了我国 1994 年实施分税制改革对转移支付的影响，结果表明 1994 年实施分税制后我国转移支付体系在各个地区之间非常不合理，并未缩小地方财政差异。

面对巨大的财政压力，转移支付的不规范进一步扩大了地方财政收支缺口。在这种情况下，土地成了地方政府重要的预算外收入来源。地方通过采取卖地这种见效快的短期行为来增加其非正式收入，逐渐形成了"土地财政"这一现象。伴随土地财政出现的是城市规模不断扩展，土地出让金持续升高。Lichtenberg 和 Ding（2009）利用我国 1996~2004 年 10 个沿海省份的面板数据，通过研究土地城市化速度与城市土地价值、农村土地价值以及政府税收之间的关系，分析了地方政府土地财政对我国土地城市化的影响。韩本毅（2010）运用我国 31 个省市区 1999~2007 年的数据检验了城市化与土地财政收入之间的关系，发现土地财政与城市化的发展密切相关，土地出让推动了城市化，并且城市化率每提高一个百分点，土地出让收入就会增加 1.1467 亿元（以 1990 年计价）。可见，土地财政与土地城市化之间存在一个互相推动的过程。加速土地城市化，增加了对土地出让的需求，进而导致高的地价，同时，政府土地出让获得高的收益又为土地城市化过程提供了必要的资金支持，推动了土地城市化。从目前我国土地城市化的效应来看，存在很多问题，其中包括：扩张规模过快使得与居民收入水平的增长不相适应，占用了大量的农业耕地，城市土地的利用存在非效率性，同时土地的征用拆迁还引发了一系列的社会问题。

总的来说，目前关于我国地方政府土地城市化行为的研究还不够成熟。已有文献部分解释了地方政府不断进行土地城市化背后的原因，但仍然有进一步深入研究的需要。本节将从财政分权与转移支付的视角，对地方政府土地城市化行为进行深入剖析。同时，虽然我国各地都有土地城市化行为，但却存在显著差别，既有研究很少对财政分权与转移支付的跨时效应和地区效应同时进行考虑，本节将作为一个尝试，对这一问题进行系统梳理。此外，财政分权与转移支付对土地城市化的相互影响不容忽视，有必要进行综合分析。

三、模型设定与数据说明

(一) 实证模型的设定

本节旨在分析财政分权、转移支付对我国地方政府土地城市化的影响。为此,本节构建的实证模型的基本形式如下:

$$area_{it} = \mu_i + afd_{it} + \beta trans_{it} + \sum_{j=1}^{k} b_j z_{it} + \varepsilon_{it}$$

其中,i 代表省份,t 代表时间。模型中的 area 作为被解释变量,是 i 省第 t 年的土地城市化水平,用建成区面积来衡量。两个主要解释变量为:fd_{it},表示各个省份的财政分权度;$trans_{it}$,表示中央对地方的财政转移支付力度。μ_i 表示地区固定效应,用以控制诸如地理、初始条件等不随时间变化的不可观测因素。ε_{it} 是随机误差项。z_{it} 是一组控制变量。

集合 Z 中的控制变量主要从经济、工业、社会等方面进行考虑,选取了以下几个变量进行控制:①人均 GDP(pgdp),与 GDP 总量相比,人均 GDP 更能体现不同地区经济增长的水平,所以本节用人均 GDP 来衡量地区经济发展水平。②地区工业增加值(ind),衡量工业发展水平。③人均财政支出(pexp),体现了地区财政规模。④城镇居民最终消费支出(con),体现了当地整体的社会发展水平。城镇居民消费支出显示了城镇居民的消费能力,消费能力越高则对公共服务的需求也越高,所以其对土地城市化有间接的影响。

(二) 变量说明与数据来源

目前已有的研究中,大部分都是通过建成区面积来衡量土地城市化水平,因此本节模型中的被解释变量也采用建成区面积来反映土地城市化程度。对财政分权的度量有很多种形式。例如,林毅夫(2000)使用省级政府在本省预算收入中的边际分成率来衡量财政分权度。吴群和李永乐(2010)以各省预算内人均本级财政支出与中央预算内人均本级财政支出的比值作为实际分权程度的度量。不同的研究由于研究的侧重点不同,选择的标准也会不同。张晏和龚六堂(2005)对财政分权指标进行了详细的分析、探讨,提出了多种衡量指标。基于本节研究的目的,采用人均省级财政支出占人均全部财政支出的比重来衡量财政分权,计算公式为:财政分权度 = 人均省级支出/(人均省级支出 + 人均中央支出),其中人均省级支出为各省人均财政支出,人均中央支出为全国人口平均支出。各省级行政区域得到的财政转移支付的绝对量通过各省级行政区域的财政支出总量减去财政收入总量而得。

为剔除与时间有关的因素，本节添加了时间虚拟变量 D，包括 DUM02、DUM05。2002 年国土资源部出台了《招标拍卖挂牌出让国有土地使用权规定》，作为土地制度改革的分水岭，确立了市场对国有土地使用权的配置功能。同时，2002 年中央把两个所得税划分为中央地方共享收入后，中央税负和地方税负改变较大，地方独享的营业税成为带动地方财政收入增长的主要力量。为刻画 2002 年中央改革带来的地方政府财政分权度变化对土地出让行为及土地城市化行为的影响，引入 DUM02 与财政分权的交叉项作为哑变量，即 2002 年之前的财政分权度乘以 0，之后的乘以 1。面对飙升的房价和日益严重的土地问题，2005 年中央出台了一系列政策、通知，颁布了一些打击土地违法的政策文件，并采取了强硬的紧缩政策。同时，从 2005 年开始，中央实行对县乡"三奖一补"的财政奖补转移支付制度，所以引入 DUM05 作为时间哑变量。同样，2005 年之前取 0，之后取 1。

我国东部与中西部地区的经济发展水平、财政分权度和转移支付力度有很大的差异，而经济发展水平、财政分权度、转移支付力度的不同可能会在地方政府行为上产生差异。因此，财政分权、转移支付对地方政府土地城市化行为的影响可能存在地区差异。所以本节将引入财政分权、转移支付分别与地区虚拟变量的交叉项作为解释变量，分别用 DumE、DMW 对东部、中西部赋值 1，其他地区赋值 0。

本节研究的样本为中国大陆所有 30 个省级行政区域，分析的时间段为 1998~2009 年。土地出让成交价款数据来源于历年的《中国国土资源统计年鉴》，财政分权数据来源于历年《中国财政年鉴》，其他数据均来源于《新中国六十年统计资料汇编》、历年《中国统计年鉴》、历年《中国人口统计年鉴》。后文涉及的变量、符号及其简单统计，如表 4-6 所示。

表 4-6 变量、符号及其简单统计

变量	符号	样本数	均值	标准差	最小值	最大值
建成区面积	area	360	974.9605	714.0999	91.78	4434.08
财政分权	fd	360	0.4424235	0.1190568	0.2643688	0.8248435
转移支付	trans	360	340.9569	316.5684	20.53	2416.13
人均 GDP	pgdp	360	1.560642	1.40875	0.2346867	9.847416

续表

变量	符号	样本数	均值	标准差	最小值	最大值
地区工业增加值	ind	360	2911.061	6317.813	55.7	107367
城镇居民消费支出	con	360	1466.564	1648.497	54.29	12826
人均财政支出	pexp	360	0.2417821	0.2466395	0.347429	1.881815

(三) 估计方法

广义矩估计 (GMM) 可以避免模型中异方差和自相关性的干扰，也不需要正态分布的假设，自 Hansen (1982) 首次较完善地引入动态面板 GMM 估计法后，在面板数据模型的实证研究中得到了广泛的应用。GMM 估计通过差分和使用工具变量来控制未观察到的时间与个体效应，同时使用前期的解释变量和滞后的被解释变量作为工具变量克服内生性问题。面板数据 GMM 估计一般有两种：一种是一阶差分 GMM 估计，另一种是系统 GMM 估计。因为系统 GMM 方法能够同时利用差分方程和水平方程的信息来增强差分估计中工具变量的有效性，通过增加原始水平值的回归方程来弥补仅仅使用回归差分方程的不足和解决弱工具变量问题。本节采用系统 GMM 对模型进行分析。

系统 GMM 估计一般还需要进行两个检验：对差分方程的随机误差项进行二阶序列相关性检验，检验原假设是不存在二阶序列相关性；用 Sargan 检验对所使用的工具变量的有效性进行检验，检验原假设是所使用的工具变量与误差项是不相关的。

四、实证结果分析

本节分析了财政分权、转移支付对地方政府土地城市化的影响及其具体机制。表 4-7 显示了模型的估计结果。

观察表 4-7 的八个模型，发现只有估计 (4) 中，财政分权度对土地城市化的影响不显著，其他估计中财政分权对土地城市化均有显著的正向影响。中国式的财政分权程度越大，意味着地方政府面临着更多的事权、更少的财权。面对严峻的财政缺口压力，地方政府会采取土地出让行为，不断扩张城市规模。一方面，这样会增加城市的商业用地和工业用地，直接增加其财政收入；另一方面，城市规模的不断扩张也会提高其竞争力。估计 (3) 中的结果表明，当期的财政分权度对被解释变量有显著的正向影响，而滞后一期的财政分权度却在 1% 的置信

表 4-7　土地城市化的影响因素

被解释变量	1	2	3	4	5	6	7	8
(lnarea) lnfd	0.5262428*** (3.27)	0.5464033*** (3.20)	0.2101537*** (2.82)	-0.0297371 (-0.32)	0.4497257*** (2.84)	0.4497257*** (2.84)	0.5198679*** (3.00)	0.421221** (2.37)
lntrans	0.0171762** (2.35)	-0.0226325 (-1.08)	0.01495*** (2.85)	-0.0279956*** (-3.49)	0.020249* (1.88)	0.348069*** (4.24)	0.0307167*** (3.49)	0.0307167*** (3.49)
lnfd×lntrans	-0.040786*** (-3.48)	-0.0455137*** (-4.26)			-0.0353432*** (-3.35)	-0.0353432*** (-3.35)	-0.0331203*** (-2.65)	-0.331203*** (-2.65)
lnpgdp	0.1037434** (2.33)	-0.0197105 (-0.27)	0.0854502** (2.47)	0.1003958*** (3.40)	0.0094286 (0.13)	0.0094286 (0.13)	-0.0038598 (-0.08)	-0.0038598 (-0.08)
lnind	-0.0158836 (1.10)	0.527899* (1.70)	0.0027085 (0.29)	-0.0096421 (-0.93)	0.005631 (0.40)	0.005631 (0.40)	0.0063224 (0.56)	0.0063224 (0.56)
lnpexp	-0.0080435*** (-2.67)	0.0020285 (0.03)	-0.0731933** (-2.51)	-0.0902081*** (-2.89)	-0.042033 (-0.89)	-0.042033 (-0.89)	-0.0524748 (-1.17)	-0.0524749 (-1.17)
lncon	0.0043369 (0.24)	-0.0226441 (0.89)	-0.0027209 (-0.11)	0.0014227 (0.05)	-0.0098795 (-0.36)	-0.0098795 (-0.36)	-0.0031245 (-0.25)	-0.0031246 (-0.25)
Dum05		-0.0472597*** (-6.18)						
lnfd×Dum02		-0.0134202** (-2.36)						
lnfd (-1)			-0.2439332*** (-4.32)					
lntrans (-1)				0.0630443*** (6.02)				

续表

被解释变量	1	2	3	4	5	6	7	8
DumEx×lntr		0.584192*** (5.05)			0.0145579*** (3.01)			
DMW×lntr			-0.0566999 (-0.37)			-0.0145579*** (-3.01)		
DumEx×lnfd				-0.0961365 (-0.96)			-0.0986469*** (-3.43)	
DMW×lnfd								0.0986469*** (3.43)
C	0.3986029** (2.18)				0.2463703 (1.17)	0.2463704 (1.17)	0.1368981 (1.21)	0.1368981 (1.21)
Sargan-test	72.54	59.96	71.49	72.29	67.79	67.79	65.82	65.82
AR (1)	0.011	0.007	0.008	0.008	0.011	0.011	0.007	0.007
AR (2)	0.119	0.145	0.115	0.127	0.123	0.123	0.123	0.123
Note	系统 GMM	系统 GMM	系统 GMM	系统 GMM	系统 GMM	系统 GMM	系统 GMM	系统 GMM
样本数	360	360	360	360	360	360	360	360

注：***，**和*分别表示在1%，5%和10%水平上显著，括号中为z值。(-1)表示滞后一期。

水平下对被解释变量具有显著的负向影响。说明财政分权对土地城市化的影响不是持续促进的,有更为特殊的影响关系,存在跨时效应。

在表4-7中,除去估计(4),其他估计中转移支付对土地城市化行为有显著的正向激励作用。一种可能的解释在于,转移支付为初期的土地城市化提供了部分资金支持,所以推动了城市的扩张。估计(4)引入了转移支付的一阶滞后项作为解释变量,观察发现当期的转移支付对土地城市化有负向影响,而上一期的转移支付对土地城市化的影响为正。可能的原因在于,当期的转移支付会减少地方政府所面临的财政压力,进而减小城市规模的扩张,而上一期的转移支付又恰恰可能为当期的土地城市化提供了部分资金支持,所以推动了土地城市化。

另外,财政分权和转移支付对地方政府的土地城市化行为可能存在相互影响:一方面,分权对土地城市化的影响可能随转移支付的改变而发生变化;另一方面,转移支付在分权程度不同的地区对土地城市化可能会有不同的影响。为刻画这种机制,本节借助了二者的交互项作为解释变量。表4-7的估计结果表明,财政分权与转移支付的交互项在1%的显著性水平下对土地城市化具有负向影响。这说明在转移支付越大的地方,分权对土地城市化的正面影响就会越小,中央转移支付会减小地方政府面临的财政缺口,因此会降低分权对土地城市化的促进作用。同时,估计结果也说明,在分权程度越大的地方,转移支付所能发挥的效用就会越小。

为检验财政分权与转移支付对政府土地城市化行为的地区效应,在表4-7的估计(5)、估计(6)、估计(7)与估计(8)中,分别引用财政分权、转移支付与东部、中西部虚拟变量的交互项作为解释变量。从表4-7的回归结果来看,财政分权与转移支付对地方政府土地城市化的激励均存在地区差异。估计(5)与估计(6)表明,转移支付对东部地区土地城市化的影响显著为正,对中西部的影响显著为负,都通过了1%的显著性检验。可能的原因在于,中央的转移支付政策向中西部倾斜,中西部地区获得的转移支付要高于东部地区,由于发展远远落后于东部地区,中央转移支付对中西部地区来说产生的作用要远远高于东部地区,所以对中西部地区来说,转移支付的增加会降低其土地城市化行为。在估计(7)与估计(8)中,从财政分权与地区虚拟变量的交互项来看,在1%的显著性水平上,东部地区的系数为负,中西部地区的系数为正。可能的原因在于,首先,中西部地区土地资源更多一些,在土地城市化时面临的资源约束相对小一些;其次,中西部发展落后,经济基础薄弱,相对于其他手段,靠土地城市化来获得收入更能带来立竿见影的效果,从而使中西部地区实施土地城市化的激励大于东部。

最后,通过时间虚拟变量 Dum05、Dum02 与分权的交互项来控制时间因素,结果均显著为负。说明在 2002 年、2005 年采取的土地政策、宏观调控政策等均在一定程度上抑制了城市规模的扩张。从控制变量的估计结果来看,人均 GDP 对土地城市化的影响在显著的情况下为正,原因在于人均 GDP 越高,说明当地经济发展得越好,则对土地的需求也会越多。人均财政支出对土地城市化的影响在显著的情况下为负,原因在于人均财政支出越高,说明当地的财政较为宽裕,则对土地城市化带来的财政收入依赖较小。地区工业增加值与城镇居民消费支出对土地城市化不存在显著的影响。

五、结论

本节根据 1996~2009 年我国 30 个省市区的面板数据,运用动态面板系统 GMM 估计方法,实证检验了分税制后中国式的财政分权和转移支付对地方政府土地城市化行为的激励机制,同时研究了财政分权与转移支付对土地城市化影响的区域差异、跨时差异。

本节的研究表明:①分税制后形成的中国式的财政分权激励了地方政府的土地出让行为,加快了城市规模的扩张,分权度的增加推动了土地城市化。因此可以说,财政分权是土地城市化背后的主要推动因素之一。②转移支付对土地城市化的影响是正向的。这说明地方政府不断卖地、不断进行土地城市化,并不全是为了弥补中央转移支付的不足而采取的无奈之举。相反,为了获得更多的转移支付,地方政府可能会采取更多的努力行为,而卖地恰好可以为这一行为提供资金支持,从而激励了地方政府的土地城市化行为。同时,转移支付也为土地城市化提供了必要的资金支持。③财政分权与转移支付对土地城市化存在着相互影响,是一种此消彼长的影响机制。转移支付的增加会减小财政分权对土地城市化的影响;反之,亦然。④分权度与转移支付对地方政府土地城市化的影响存在显著的地区差异,不同时期的财政分权与转移支付对其的影响也不同。

基于以上分析,本节认为中国式的财政分权造成了各地城市的快速扩张,而单靠目前的转移支付制度并不能有效弥补财政缺口。要从根本上解决我国城市规模盲目扩张、地方政府土地出让愈演愈烈的问题,就要改革我国目前的财政分权体制和政府治理体制。因此,中央政府要调整分税制结构,平衡地方上的财权与事权，使其财权、事权相匹配，在事权下放的同时，赋予地方更多的财权。同时，转移支付对地方政府土地城市化行为的影响不容忽视，合理完善的转移支付制度是构建规范的财政分权体制的前提。中央对地方的转移支付不合理会加大地方财政的缺口，拉大地区间的差异，这必然会激励地方政府的土地城市化行为。同时，要进一步提高转移支付透明度，规范地方政府的支出行为。

第三节 转移支付与产业集聚

一、引言

自 1978 年改革开放以来，中国经济取得了举世瞩目的成就。与此同时，产业集聚的空间格局逐渐东移，特别是 20 世纪 90 年代以来，这种趋势更加明显。和 1993~1997 年产业集聚程度下降相比，1997~2003 年集聚程度呈增长趋势，江苏、广东、上海等沿海省市集中度很高，而西部边远地区则远远落后，地域分布出现两极分化现象（罗勇和曹丽莉，2005）。不可否认，从效率的角度来看，产业集聚东移充分发挥了经济增长的规模效应，提高了经济增长的速度。但若出于公平的考虑，过度的产业集聚并不利于区域经济的协调布局。1999 年以来，中央政府为了平衡区域经济发展，对中西部地区实行战略扶持，先后提出了西部大开发战略和中部崛起战略，加大对中西部地区的转移支付。1999~2008 年，地方财政支出对中央转移支付的依存度接近 50%，而在一些西部地区，这一比例更高，甚至超过了 70%。

毫无疑问，中央政府进行转移支付的初衷是好的，但单纯地肯定初衷，并没有解决转移支付与产业集聚背后的命题，而这些命题是值得细细探讨的。这些命题包括：中央政府具有倾向性的转移支付是否一定能够使更多的企业从集聚程度高的东部地区转移至集聚程度低的中西部地区？转移支付与产业集聚之间究竟是否存在必然的因果关系？如果存在，有没有一个最优的转移支付水平？如果不存在，又是哪些因素限制了它们之间逻辑关系的建立？本节尝试对这些问题给出回答。理解这些问题，其意义不仅限于转移支付和产业集聚本身，同时也为缩小地区差距提供了某些洞见。

本节将转移支付与产业集聚的分析框架置于中国财政分权体制的背景下,做出这样的选择,主要是出于以下三方面的考虑:一是中国1994年实施的分税制包括转移支付制度。为了保证分税制改革的顺利进行,中央采取了"承认既得,增量调整"的政策,以地方净上划收入数额作为中央对地方税收返还的基数,保护1993年地方的既得利益。因此,20世纪90年代由东部向中西部的净财政转移支付力度逐渐减弱(王小鲁和樊纲,2004)。随着改革的不断深入,中央政府掌握了越来越丰富的财力资源,从1998年开始,除去税收返还的转移支付规模的增长速度明显加快。二是分税制改革后,中央和地方之间的经济关系成为分权式的,也就是所谓的"保护市场的联邦主义"(Market-preserving Federalism),"为增长而竞争"的现象就此衍生。在财政分权的背景下,地方政府掌握了更多的资源配置权力,更有动力通过竞争机制来提高本地区的产业集聚水平,达到地方居民偏好与官员自身物质利益的相容。东部地区由于天然的优势,在地区竞争中,公共物品供给的质量和数量都明显高于中西部地区,在"招商引资"中具有更大的吸引力。三是就转移支付本身而言,其通过改变地方政府的财政预算约束,进而改变地方政府的收支决策来发挥效用。当财政决策进行调整时,区域经济增长和社会整体福利将会受到影响。将三个方面作为一个整体来看,会发现转移支付、产业集聚与分税制改革之间存在着一定的逻辑联系:分税制改革打破了之前转移支付制度的一贯形式,同时衍生出了地区之间的激烈竞争。转移支付和地区竞争作为政府间财权上的纵向和横向联系,通过地方政府的财政决策,成为产业集聚中政府发挥作用的一个手段。因此,只有将地区竞争也纳入分析的范畴,考虑纵向联系和横向联系的互动,转移支付和产业集聚这幅图景才能描绘得更加完整。

本节在中国式分权的宏观背景下,以Riou(2006)为基础,分析了一个加入政府的新经济地理框架,在存在地区竞争的前提下,阐述转移支付增加与提升地区产业集聚水平的关系,并通过1995~2008年中国省级面板数据进行实证检验,从而以理论与实证的角度对前文所述的四个问题做出完整解答,进而讨论平衡中国区域经济发展的路径。本节第二部分是对转移支付和产业集聚等相关问题的文献综述;第三部分是加入政府的新经济地理模型;第四部分是实证结果;第五部分是结论。

二、文献综述

作为财政体制的重要组成部分，转移支付对平衡地区经济发展究竟起到多大作用仍然存在争议。新经济地理学认为，由于规模效应和外部性的存在，在不存在外力的作用下，产业集聚的空间分布往往具有自我强化能力，中心地区的集聚程度会越来越高，而外围地区的集聚程度会越来越低，客观上会扩大中心地区与外围地区的经济差距（Krugman，1991；Venables，1996；Baldwin 等，2003）。Borck 和 Koh（2009）的研究表明，相对于外围地区而言，中心地区的这种锁定效应是无效率的，如果地区之间存在补贴竞争，效率可能会得到提高。而在财政分权的情况下，地方政府往往存在财政收入和财政支出错配的现象（Boadway 和 Hobson，1993），一般来说，外围地区通常财力不足，无法提供基本的公共服务，进而制约了产业集聚和经济发展（Bahl 和 Wallich，1992）。因此，中央政府需要通过转移支付的方式，平衡地区间的财政能力，实现公共服务的均等化（Boadway，2004），从而使落后地区在补贴竞争中不至于处于弱势，可以分享到发达地区经济增长的好处。当转移支付的量能够使落后地区参与分工的效用超过分割时的效用，那么即使是在分权的体系下，落后地区也会主动放弃市场分割，而采取策略性分工的政策，进而提高市场的规模效应，带来国内市场整合（范子英和张军，2010a）。刘生龙、王亚华和胡鞍钢（2009）对西部大开发进行了专门研究，结果发现，通过大量的财政转移支付及其他资金投入，西部地区的实物资本特别是基础设施投资增长迅速，使得 2000~2007 年西部地区的年均经济增长率增加了约 1.15 个百分点，中国区域经济从趋异转向收敛。

不过，值得注意的是，转移支付对产业集聚的正向效应并非总是具有一致性。一方面，当一个企业面对不同的区位选择时，两个政府之间的补贴竞争可能会导致补贴过度（Albornoz 和 Corcos，2007），因此，转移支付可能不仅不会提高经济效率，反而会影响经济的正常发展；另一方面，带有倾向性的转移支付能够提高外围地区的竞争能力，但这种竞争能力是有限的。当企业重新选择区位时，往往是低效率的企业为了避免过度竞争而向外围地区转移，高效率的企业仍然可以在市场空间大的核心区域生存，区域经济的不均衡状况并未得到根本性改变（Baldwin 和 Okubo，2006；Bernard 等，2007）。部分以中国为考察对象的经验研究也证实了这一点。范子英和张军（2010b）通过分析中国 1995~2006 年的省级面板数据发现，1999 年以来倾斜性的转移支付政策带来的激励扭曲可能降低了经济增长的潜力,转移支付比重每增加 1 个百分点,地方经济的长期增长率将降低 0.03 个百分点,而这种无效率的水平在西部地区更是达到 0.37 个百分点。1994 年财税体制改革以后,由于结构分配上的不合理,转移支付总体上并没有达到缩小地区差距的效果(马拴友和于红霞,2003)。

实际上,转移支付效应具有明显的地区差异和项目差异(Moisio,2002)。地方财政收支决策对转移支付的反应显著受到地区间竞争程度和地区开放程度的影响,地区间竞争程度增加了地方财政收支决策对转移支付变化的反应程度,而地区开放程度却在一定程度上减缓了上述反应(李永友和沈玉平,2009)。Yi (2005) 则发现,由于一个区域内部也有中心与外围之分,对于中国的大多数县城而言,转移支付政策的均等化效应和反均等化效应加总之和为零。另外,地方政府公共支出具有"粘蝇纸效应"(The Flypaper Effect),在信息充分的条件下,由于地方居民存在财政幻觉,与等额减税政策相比,中央政府对地方政府的无条件转移支付增加的收入似乎更多,从而对地方政府公共支出具有更加显著的扩大效应(Hines 和 Thaler,1995)。Barro (1990) 的模型表明,随着生产性支出增加,增长和储蓄率在经历一段时间的增加后才开始下降,而非生产性支出对增长和储蓄率有负面效应。即使公共支出规模相同,实际经济增长率也会有所差异(Landau,1983)。

中国是一个有着广袤土地的国家,东部地区和中西部地区的发展差距是不容忽视的事实。一般认为,转移支付具有弥补财政缺口、均等化财政资源、解决辖区间外溢性等功能,这些功能往往成为支持对外围地区进行转移支付的主要原因。但各个地区的初始条件存在巨大差异,在缩小中西部地区和东部地区差距的努力中,转移支付是否总是能够提高产业集聚水平,很难凭借直觉就做出判断。同时,中国的转移支付制度相当庞杂而分散,各种转移支付形式缺乏统一协调机制(江孝感、魏峰和蒋尚华,1999;Yin,2008),增加了转移支付效果的不确定性。本节以 Riou (2006) 的新经济地理框架为基础,分地区讨论了转移支付对产业集聚水平的影响,并探讨了转移支付最优规模的存在性,研究结果为我国制定区域发展政策提供了依据。

命题 1:转移支付能够提升地区的产业集聚水平,但地区竞争会降低这一效率。

命题 2:转移支付并不是越多越好,而是存在一个最优规模,如果超过最优规模,转移支付的效率会下降。

三、计量模型、变量和数据来源

为了检验地区竞争和转移支付对产业集聚的作用,需要将上述的理论模型变成可以计量的模型。从理论分析可以看出,产业集聚水平与地区竞争和转移支付有关,同时在转移支付过程中存在最优转移支付规模。借鉴金煜、陈钊和陆铭 (2006) 的模型,本节将待检验的回归模型设定为模型 (1):

$$Y_{it} = \alpha + \beta_1 Com_{it} + \beta_2 Tran_{it} + \beta_3 Tran_{it}^2 + \beta_4' X_{it} + \eta_i + \varepsilon_{it}$$

其中,i 表示省份,t 表示年代。Y_{it} 是被解释变量,表示某一地区的产业集聚程度,用工业总产值来衡量。Com 代表地区竞争程度,在本节的实证分析中用地方人均财政支出来测量,在本节的稳健性检验部分也会用其他工具变量,如人均 FDI。Tran 为转移支付水平,现行方式主要包括税收返还、财力性转移支付和专项转移支付,传统的测度方式是财政支出与财政收入的缺口,但范子英和张军 (2010b) 认为,传统的测度方式包含了太多与中央财力转移基本无关的噪声(如地方的国债和基金收入等),因此本节实证部分采用范子英和张军 (2010b) 的建议,用各省获得的中央补助收入减去地方上解再除以地方财政支出来表示转移支付力度,但在稳健性检验部分仍将财政支出与财政收入的缺口作为一个重要的工具变量作为考量,对模型的关系进行进一步检验。$Tran^2$ 是转移支付的平方项,用来判断中央政府向地方政府的转移支付是否具有最优水平。向量包括一系列控制变量,如市场规模大小、公路密度、贸易开放度和生产成本。市场规模用人均 GDP 来度量,公路密度用每百平方公里的公路里程数来反映,贸易开放度用进出口总额来表示,生产成本的测度指标是效率工资,即人均工资与工业产值的比重。η_i 是地区固定效应(或随机效应)。ε_{it} 为残差,反映其他可能起作用但是没有被模型捕获的因素。

为了去除分税制改革本身对产业集聚的影响,本节将实证分析的时间跨度选择为 1995~2008 年。这是由于虽然分税制改革以来,中国的财政体制稳定于分权化状态,但是从 20 世纪 80 年代到 1994 年分税制改革之时,中国的地区竞争就一直未曾停止,甚至分税制改革前财政"大包干"的分权程度还要高于分税制改革之后。而分税制改革本身的影响是复杂且多层次的,中间夹杂有很多噪声,同时本节直接的考察对象并非分税制改革本身,如果将分税制改革考虑进模型中,可能会将模型关系复杂化。本节的数据主要取自 2010 年中国统计出版社出版的《新中国六十年统计资料汇编》。各省市的财政支出、财政收入、各省获得的中央补助收入、地方上解财政支出等数据来自历年《中国财政统计年鉴》。各省市的面积数据从各省市人民政府网站中获取。由于西藏地区数据不全，因此本节考察的省份不包括西藏。另外，由于重庆市1997年开始从四川省中独立出来，成为一个单独的直辖市，因而重庆市1995年和1996年的数据多有缺失，在进行分析时将重庆和四川省合并考察。

　　表4-8列出了主要变量的描述性统计特征。为了便于比较，将观察值按地区类别分为东部、中部和西部三组。表4-8的样本均值列显示出东部的工业总产值最高，中部次之，西部最差，说明产业大多集聚在东部地区，东部地区的方差比较大，主要不是由东部地区内部的区域差异引起的，而与年份有关，随着时间的延伸，东部地区工业总产值增长明显。人均财政支出和人均FDI也是东部地区最高，前者主要是由于东部地区初始条件优越，税收来源丰富，因此有能力提高财政支出，提供更多更好的公共产品，后者与东部地区的沿海区位有关，但也包含东部地区的地方政府本身积极"招商引资"的努力，由于东部地区先天的地理优势和后天的公共产品投入，与中西部地区相比，东部地区在吸引FDI方面具有明显的优势。中部和西部地区在人均财政支出与人均FDI的排序上存在差异。这可能是由两方面的原因造成的：一是中部地区的人口要远远多于西部地区，而两个地区的财政支出相差没有人口数量相差明显；二是中部地区距离海岸线较近，基础设施等条件也要比西部地区好，因此吸引的FDI要比西部地区高出很多。从转移支付来看，不论是转移支付力度还是传统的转移支付指标都显示东部地区的转移支付水平最低，反映了中央政府为了平衡区域差距而做出的努力；西部地区的转移支付力度最大，体现了西部地区对中央转移支付的强依赖性。在人均GDP、公路密度、进出口总额等方面，东部地区都远远高于中西部地区，表明东部地区在市场规模、基础设施、贸易开放度上具有巨大优势。在人均工资与工业总产值比重这一衡量效率工资的指标上，东部地区是中部地区的两倍，这说明相对于工业总产值，东部地区的劳动力成本比中部地区要高得多，由于东部地区发展迅速，物价水平远远高于中西部地区，因此最低工资标准在全国范围内一直遥遥领先，而中部地区有多个农业大省，工业并不发达，生活成本低廉，劳动力成本显得较低。从这个意义上来说，中部地区承接东部地区的劳动力密集型产业是一个趋势。比较特别的是，西部地区的人均工资与工业总产值的比重分别是东部地区和中部地区的两倍多和四倍多，表明西部地区的生产成本非常高，这可能与西部地区教育资源较少、人力资本较低所导致的生产效率低下有关，同时由于西部地

区工业总产值本身较低，客观上也拉高了效率工资。总体来说，从主要变量的描述性统计可以看出，东部地区具有良好的产业集聚发展环境，有利于产业向东部地区集聚。中央政府为了公平目标的实现，防止区域差距加大，在转移支付上付出了很多的努力。但对于转移支付与产业集聚之间的关系，仅仅依靠描述性统计并不能得出恰当的判断，进行实证分析还是很有必要的。

表 4-8 主要变量的描述性统计特征

变量	东部	观察值：154	中部	观察值：112	西部	观察值：140
	均值	方差	均值	方差	均值	方差
工业总产值（亿元）	3493.524	111999198	1738.151	2046317	900.647	1074860
人均财政支出（元/人）	23.920	573.141	11.671	83.192	15.161	157.012
人均 FDI（美元/人）	151.787	12866.06	24.643	426.846	13.615	313.146
转移支付力度	0.291	0.012	0.511	0.009	0.614	0.013
财政缺口（万元）	1933923	2.83EXP（12）	3010445	6.71EXP（12）	2660548	8.49EXP（12）
人均 GDP（元）	19977.15	1.95EXP（8）	8705.607	22305130	7321.477	23991324
公路密度（十万米/平方千米）	64.258	1319.316	41.903	808.133	19.978	251.851
进出口总额（万美元）	5143716	5.33EXP（13）	542354.7	2.3EXP（11）	309127	1.36EXP（11）
人均工资与工业总产值的比重（元/亿元）	14.693	659.306	7.600	8.056	31.561	1281.873

注：为了保证描述性统计的直观性，本表并未对变量进行对数变换，但在实证检验中将会采取对数形式。

四、实证结果

（一）初步估计结果

从表 4-9 中可以看到模型（1）的初步估计结果。在具体估计中，采用了固定效应（Fe）模型和随机效应（Re）模型两种估计方式。通过对面板数据的 Fe 模型和 Re 模型进行 Hausman 检验，发现 Hausman 检验的卡方值为负。根据 Stata Reference 7 的解释，当 Hausman 检验为负值时，不拒绝原假设，即可以接受随机效应模型的估计。不过，如果模型中所选取的数据为非抽样性质，Fe 模型可能是更好的选择。也就是说，无论是 Fe 模型还是 Re 模型，对于本节所采用的数据都是适用的，当然，在不同的环境下可能存在优劣之分，本节将在具体环境中做出分析。如果模型结果差异不大，后续的讨论中将采用 Fe 模型。

本节在控制了一系列的变量之后，考察地区竞争和转移支付对产业集聚的影响。从表 4-9 来看，模型（1）的 Fe 估计结果显示，人均财政支出和转移支付力度对产业集聚都有正向影响，这说明地区竞争和转移支付的集聚效应是存在的。当一个地区的人均财政支出实现 1%的增长时，将会使工业总产值增加 0.088%；如果一个省份的转移支付力度上升一个单位，将会使当年的地区工业总产值提高 0.640 个百分点。从模型结果来看，转移支付对产业集聚的作用要大于地区竞争的作用。也就是说，在激烈的地区竞争压力下，如果政府向竞争能力不强的地区进行转移支付，将会改善当地的经济发展水平。估计结果还显示，转移支付平方项的系数为负，说明转移支付曲线可近似为一条倒"U"形曲线，当转移支付从无到有时，会促进产业集聚水平的提升，当达到最优转移支付规模以后，转移支付的增加不仅无益于产业集聚，还会降低产业集聚水平，中央政府向地方政府的转移支付存在一个最优转移支付值。

但是，仅仅通过模型（1）很难判断出地区竞争对转移支付效率的影响究竟是正是负。因此，不妨在模型（1）的基础上将人均财政支出与转移支付的交互项也作为一个解释变量，将模型（1）变为以下模型（2）：

$$Y_{it} = \alpha + \beta_1 Com_{it} + \beta_2 Tran_{it} + \beta_3 Tran_{it}^2 + \beta_4 Com_{it} \times Tran_{it} + \beta_5' X_{it} + \eta_i + \varepsilon_{it}$$

根据表 4-9 发现，虽然模型（2）的交互项系数是负值，说明地区竞争可能会降低转移支付对产业集聚的促进作用，但是 t 检验结果并不显著，因而这种可能性是含糊其辞的，需要采取补充方法进行进一步的验证。本节采取的思路是对照法，将没有地区竞争与包含地区竞争的模型结果进行比较，以希望得到恰当的结论。假设不考虑地区竞争对产业集聚的影响，通过去除人均财政支出这一解释变量，模型（1）变为模型（3）：

$$Y_{it} = \alpha + \beta_1 Tran_{it} + \beta_2 Tran_{it}^2 + \beta_3' X_{it} + \eta_i + \varepsilon_{it}$$

从表 4-9 可以看出，模型（3）的 Fe 模型中转移支付力度的系数为 0.614，与模型（1）的系数相比有所下降，而转移支付平方的系数为-0.428，比模型（1）的系数要大。如果不考虑人均 GDP、公路密度、贸易开放度、效率工资等控制变量，只考察转移支付与产业集聚的关系，利用模型（1）和模型（3）中转移支付力度和转移支付平方的系数，可以粗略做出转移支付和产业集聚的关系图，如图 4-1 所示。

表 4-9 产业集聚的决定因素

解释变量	模型（1）		模型（2）		模型（3）	
	Re	Fe	Re	Fe	Re	Fe
人均财政支出	0.080** (0.034)	0.088*** (0.031)	0.097*** (0.037)	0.100*** (0.032)		
转移支付力度	0.648*** (0.212)	0.640*** (0.190)	0.779*** (0.234)	0.729*** (0.203)	0.619*** (0.202)	0.614*** (0.192)
转移支付平方	−0.575*** (0.219)	−0.551*** (0.196)	−0.521** (0.229)	−0.511** (0.199)	−0.450** (0.204)	−0.428** (0.193)
人均财政支出×转移支付			−0.057 (0.037)	−0.038 (0.032)		
人均GDP	0.963*** (0.048)	0.968*** (0.043)	0.973*** (0.050)	0.975*** (0.044)	1.064*** (0.024)	1.073*** (0.024)
公路密度	0.063*** (0.020)	0.048*** (0.018)	0.070*** (0.021)	0.050*** (0.018)	0.065*** (0.024)	0.056*** (0.018)
贸易开放度	0.034** (0.016)	0.033** (0.015)	0.028* (0.016)	0.029* (0.015)	0.036** (0.015)	0.036** (0.015)
效率工资	−0.010*** (0.0007)	−0.009*** (0.0006)	−0.010*** (0.0007)	−0.009*** (0.0006)	−0.009*** (0.0006)	−0.008*** (0.0006)
常数项	−2.598*** (0.355)	−2.625*** (0.313)	−2.680*** (0.368)	−2.682*** (0.317)	−3.390*** (0.155)	−3.454*** (0.121)
有效样本数	406	406	406	406	406	406
组内 R^2	0.988	0.988	0.988	0.988	0.988	0.988
组间 R^2	0.529	0.493	0.542	0.498	0.519	0.498
Hausman 检验值		−30.88		−37.44		−26.56

注：括号中数据为标准误，*、** 和 *** 分别表示在 10%、5% 和 1% 的水平上显著。

图 4-1 中，模型（1）的图形位于模型（3）的下方，说明地区竞争确实降低了转移支付的效率，这与第二部分的理论分析结果相一致。此外，当模型（1）取到峰值时，转移支付力度大致在 0.55 附近，超过 0.55 后，对产业集聚水平的促进作用呈现下降趋势。而表 4-8 中西部地区的转移支付力度均值达到了 0.614，表明西部地区的转移支付规模可能超过了最优规模，效率可能下降，不过这一点尚需进一步的分析才能确认。

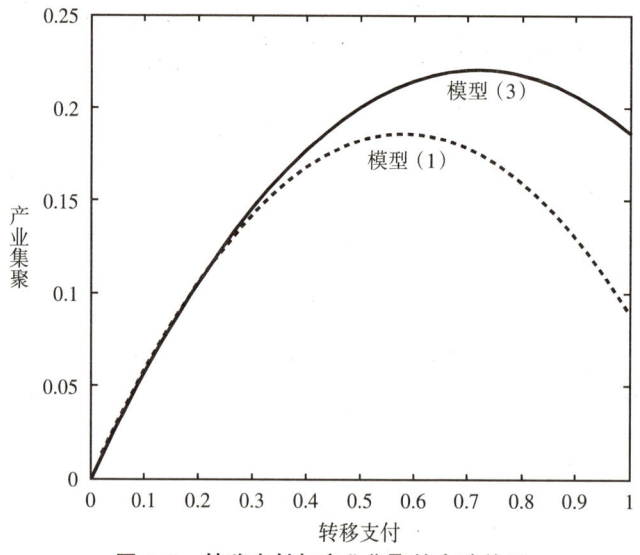

图 4-1 转移支付与产业集聚的大致关系

需要注意的是,模型(1)到模型(3)只是给出了对地区竞争与转移支付总体效应的一个把握,无法获取各地区人均财政支出和转移支付对产业集聚的具体影响。因此,为了更好地理解产业集聚的现实情况,在接下来的表4-10中将引入两个虚拟变量来表示地区差异,东部为1,中部和西部为0;中部为1,东部和西部为0,然后分别添加地区和地区竞争的交互项,以及地区和转移支付的交互项。出于对模型直观解释力度的考虑,在表4-10的模型中,将不考虑转移支付平方项对产业集聚的影响。表4-10的估计结果反映了地区竞争与转移支付效率的地区差异。从Fe模型的结果来看,东部地区的地区竞争对产业集聚的作用要高于中部地区,但Re模型显示的回归结果与此相反,这表明东中部地区在财政支出的效率上比较接近,但就模型选择而言,Fe模型可能与现实情况更为接近。东部和中部地区通过加大地区竞争,能够提高本地区的产业集聚水平。西部地区的财政支出效率要低于东部地区和西部地区,对此做出的解释是西部地区的公共产品供给起步晚、底子薄,短时间的基础设施投入没有形成一个广泛的良好互动体系,新投资基础设施的"招商引资"功能还未完全发挥出来。表4-10中反映出来的转移支付的作用值得讨论。东部地区的转移支付效率要大于中部地区,而中部地区又要大于西部地区。特别地,西部地区的转移支付效率为负值。这与表4-9的结论是相一致的。出现这个结果的原因有两点:一是从上文的描述性统计可以看到,东部地区的转移支付力度最小,按照经济学中传统的边际效率

第四章 地方政府收入与支出的逻辑

递减假设，转移支付对产业集聚的促进力会比较大，同时，东部地区本身具有充分的资源，转移支付所得到的资金支持在利用效率上比中西部地区要高，图4-1中转移支付与产业集聚的关系也直观地说明了这一点。二是正如前文所言，转移支付存在一个最优规模，超过这一规模，转移支付的效率将会下降，对于西部地区而言，转移支付规模可能已经足够，此时，如果不加快人力资本、生态保护、制度优化等软环境的建设，继续推进产业结构的调整和升级，而仅仅依靠中央政府的转移支付，发展速度肯定会受到阻碍。表4-9的模型表明，重新审视地区竞争和转移支付与产业集聚的关系是非常重要的，如何兼顾效率和公平永远都是一个值得深思的问题。就西部地区而言，产业集聚并不必然随着转移支付的增加而有所提高，怎样促进地方政府有激励去改善软环境和硬环境更加重要。正如Lewis（1955）所言："一国有了资源，它的增长率就取决于人的行为和制度，比如精力、对待物质财富的态度、借鉴和进行生产性投资的愿望以及制度上的自由和灵活性。"

表 4-10　产业集聚的地区影响

解释变量	模型（4）		模型（5）	
	Re	Fe	Re	Fe
人均财政支出	0.047 (0.033)	0.053* (0.031)	0.085*** (0.033)	0.095*** (0.030)
转移支付力度	0.136* (0.076)	0.164*** (0.070)	−0.157 (0.099)	−0.162* (0.094)
东部地区×人均财政支出	0.026* (0.015)	0.028** (0.014)		
中部地区×人均财政支出	0.030** (0.014)	0.024** (0.013)		
东部地区×转移支付力度			0.505*** (0.142)	0.605*** (0.137)
中部地区×转移支付力度			0.297*** (0.115)	0.226** (0.110)
人均GDP	0.993*** (0.047)	0.999*** (0.043)	0.964*** (0.047)	0.963*** (0.043)
公路密度	0.063*** (0.020)	0.054*** (0.019)	0.063*** (0.020)	0.057*** (0.018)
贸易开放度	0.019 (0.016)	0.017 (0.015)	0.027* (0.015)	0.028** (0.014)

续表

解释变量	模型（4）		模型（5）	
	Re	Fe	Re	Fe
效率工资	-0.010*** (0.0007)	-0.009*** (0.0006)	-0.009*** (0.0007)	-0.008*** (0.0006)
常数项	-2.550*** (0.349)	-2.590*** (0.315)	-2.424*** (0.348)	-2.449*** (0.311)
有效样本数	406	406	406	406
组内 R^2	0.9880	0.9881	0.9884	0.9886
组间 R^2	0.5263	0.4947	0.5123	0.4741
Hausman 检验值		-34.60		-55.56

注：括号中数据为标准误，*、** 和 *** 分别表示在 10%、5% 和 1% 的水平上显著。

（二）稳健性检验

根据传统的对转移支付的度量，转移支付是地方政府财政支出减去财政收入的缺口。虽然这一测量指标被认为存在大量噪声（范子英和张军，2010b），但在稳健性检验部分，本节仍将财政缺口作为转移支付力度的一个替代变量。此外，对人均财政支出这一指标，将采用人均 FDI 这一指标来代替，用于表示地区竞争程度。在此，对人均财政支出和人均 FDI 这两个指标做一些解释。地方基础设施等投资硬环境的建设需要大量资金，这些公共品供给的资金来源多为地方政府的财政支出，因此，用人均财政支出这一指标能够反映出地方政府在基础设施等项目上的投资力度。地方政府之间在"招商引资"上的标尺竞争是影响中国基础设施投资决定的重要因素（张军等，2007），因此，人均财政支出从基础设施的角度反映了地区竞争。而人均 FDI 从另一个侧面测度了地区竞争。对于地方政府来说，本地投资比较容易保持，而争取外来投资的过程是地区竞争的关键所在，特别是 20 世纪 90 年代，在中国本土资金缺乏的情况下，外商直接投资相当重要，甚至出现了"为增长而竞争"（张军和周黎安，2007）。

在保持其他控制变量不变的情况下，用人均 FDI 和财政缺口替代人均财政支出和转移支付力度，得出如表 4-11 所示的回归结果。从 Fe 模型的回归结果来看，人均 FDI 每增加 1 个百分点，工业总产值将增加 0.016 个百分点，而转移支付每增加 1 个百分点，工业总产值将增加 0.385 个百分点。财政缺口所代表的转移支付平方项的系数也是负值，说明存在最优转移支付。与表 4-10 中采用的模型相比，采用工具变量替代的地区竞争和转移支付的系数符号都没有发生变化，并且也都是显著的。这反映了地区竞争与转移支付对产业集聚存在影响,本节所构建的模型是稳健的。

表 4-11 产业集聚的决定因素(替代变量)

解释变量	模型(6)	
	Re	Fe
人均 FDI	0.013 (0.009)	0.016* (0.008)
财政缺口	0.346*** (0.117)	0.385*** (0.108)
财政缺口平方	−0.100** (0.004)	−0.012*** (0.004)
人均 GDP	0.954*** (0.032)	0.985*** (0.031)
公路密度	0.075*** (0.020)	0.068*** (0.018)
贸易开放度	0.035** (0.015)	0.033** (0.014)
效率工资	−0.009*** (0.0007)	−0.008*** (0.0006)
常数项	−5.222*** (0.847)	−5.659*** (0.782)
有效样本数	406	406
组内 R^2	0.988	0.988
组间 R^2	0.578	0.538
Hausman 检验值		−43.87

注:括号中数据为标准误,*、** 和 *** 分别表示在 10%、5% 和 1% 的水平上显著。

五、结论

如果说 1994 年之前从"分灶吃饭"到"大包干"都只是财政体制的一种摸索,那么 1994 年的分税制改革算是基本厘清了中央和地方政府的财政关系。由此,财政分权成为了中国的一种稳定状态。与财政分权相伴相生的,是中央政府政治上的集权和 20 世纪 90 年代建立社会主义市场经济的时代背景,各个地区的地方官员由此展开了一场"为增长而竞争"的晋升锦标赛,直到现在,在全国的大部分地区，这场锦标赛仍在继续。不可否认，由晋升锦标赛带来的地区竞争通过增加公共产品供给的方式，带来了产业向本地区的集聚，但是在分税制条件下，落后地区的税源没有发达地区丰富，造成落后地区在基础设施等财政支出方面往往捉襟见肘。也是在1994年之后，中国的转移支付制度才算真正建立起来，从1998年开始，转移支付规模迅速增长。转移支付扩大了落后地区的预算约束，鼓励地方政府增加公共产品供给，从理论上来说，有利于落后地区的产业集聚。

本节采用1995~2008年中国省级面板数据实证了地区竞争、转移支付与产业集聚之间的关系。实证结果显示，中央政府向地方政府的转移支付存在最优规模，转移支付有利于本地区的产业集聚，但地区间的相互竞争会降低这一效率。如果单独考虑东中西部各个地区，则结论需要做出一定的修正。对于经济发展程度相对落后的西部地区来说，地区竞争对产业集聚具有正向效应，但转移支付的效率并不高，甚至对产业集聚还有负面影响。这似乎说明了中国在追求地区公平发展的过程中实际上是以牺牲效率为代价的，扶持之手的政府模型无论是作为一个实证模型，还是作为一个规范模型，都是失败的（Shleifer和Vishny，1998）。实际上，在西部地区，"地方上项目，官员捞好处，老百姓背包袱"并不是个别现象，政府跑项目、政府办企业、政府管企业的直接后果是体制创新困难，市场失去活力，经济发展没有效率。在这种环境下，单纯的转移支付并不能起到平衡区域经济发展的作用。对于西部地区来说，进一步的发展方向不仅是基础设施和吃饭财政，人力资本、生态保护、制度优化等软环境方面的建设更需要重视，同时应继续推进产业结构的调整和升级。

当然，需要指出的是，中国改革的典型方式是中间扩散式的"突破在地方，规范在中央"的制度变迁。中国政府所采取的政策安排在很大程度上决定了一个地区的经济发展，政府干预的作用在投资资源的分配上至关重要。如果没有政府干预，落后地区在当地融资的能力仅仅取决于当地经济的活力，这对于落后地区的发展显然是不利的（王绍光和胡鞍钢，1999）。因此，对于中部地区，转移支付仍不失为缩小区域差距的一个重要手段。

第四章 地方政府收入与支出的逻辑

第四节 分权、地方征税努力与环境污染

一、引言

改革开放以来，中国经济获得了高速增长，创造了中国奇迹，令世人瞩目。与此同时，比经济增长更受人关注的环境问题也日益突出。2011 年全国废水排放总量达到 659.2 亿吨，废气中二氧化硫排放量为 2217.9 万吨，烟（粉）尘排放量为 1773.1 万吨。[①] 河流污染更是严重，在我国只有不到 11% 的人饮用符合我国卫生标准的水，而高达 65% 的人饮用浑浊、苦碱、含氟、含砷等的水。[②] 大气污染也日益加重，2013 年新年伊始，全国便出现了大范围、极其严重的污染过程。仅 2013 年 1 月，全国中东部、东北及西南部分地区均遭遇严重雾霾过程，涉及人口达 8 亿人以上，北京更是连续遭受了四次雾霾过程，其中第一次是 21 世纪以来最严重的一次，31 天中北京只有 4 天是晴好天气，只有一天可以在室外自由呼吸。

一个显而易见的事实是中国经济的高速增长与普遍快速加剧的污染相伴而生，为增长而竞争带来了经济的发展，同时也带来了为增长而污染的现象。在 1994 年全面实施财政分权的改革后，我国的经济增长主要是一种由地方政府推动的投资拉动型经济增长模式。毫无疑问，一个地区废水、废气及烟尘的排放量与当地的投资水平密切相关，而投资水平又取决于各地的实际税率。一般认为，吸引资本流入的唯一方式是竞相降低税率（Oates，1972）。在中国现行的地方政府无权制定税率的体制下，投资水平更确切地说是取决于地方政府主观的税收征收努力程度，即该地区实际运用其税收权力获取收入的能力（胡祖栓等，2013）。中国式的财政分权是政治上的集权、财政上的分权，GDP 是地方政府官员的关键政绩考核指标。为实现本地区更快的经济增长，在较短的时间内获得最大的 GDP 增长，在"GDP 锦标赛"中取得优胜，显示本地政府的"政绩最大化"（周黎安，

[①] 中华人民共和国环境保护部网站的环境统计年报，http://zls.mep.gov.cn/hjtj/nb/2011nb/。
[②] 腾讯新闻网站，http://news.qq.com/a/20100513/001255.htm。

2004),地方政府想方设法招商引资,从而引发了争项目、拼招商等一系列引资竞争。地方政府围绕流动资本展开的竞争会造成一种"逐底竞争"型的无效率均衡——地方政府竞相降低税收征收努力度,提供各种税收优惠政策来吸引资本流入本地,这必然会使地方的实际税率低于最优水平,进而使地方公共物品供给不足,降低社会福利,同时带来更多的污染排放,即为增长而竞争导致了为增长而污染。

地区间的引资竞争会对地方政府的税收征收行为带来很大的影响,进而会对本地及其他地区的环境污染排放水平产生影响。迄今为止,关于我国环境污染及地方政府征税行为的研究大多都是平行进行的,鲜有文献对二者的关系进行探讨。那么,地区竞争导致的地方政府税收征收努力度下降会对污染排放水平产生怎样的影响?影响程度又如何?这些问题值得我们进行深入的探讨。本节主要做了以下几个方面的研究:首先,充分考虑到中国特有的政治与财政体制,通过建立理论模型探讨地方政府税收征收努力度与投资水平及环境污染之间的关系,得出本节的理论命题。其次,结合理论命题,提出本节的实证框架。最后,基于我国271个地级市2003~2010年的面板数据,采用系统GMM方法进行实证分析,得出相应的结论,并进行稳健性检验。

本节结构安排如下:第一部分为引言;第二部分对环境污染、地区竞争和征税努力的相关研究做一个简单的回顾,并由此说明进行系统研究的必要性;第三部分在K-K (2002)、O-W (2009)与E-R (2012)模型的基础上,结合中国国情建立理论模型,引出本节的理论命题;第四部分是对本节计量模型的设定、变量的选取及数据来源的说明;第五部分是基于我国271个地级市2003~2010年的面板数据的实证分析;第六部分是对实证结果的稳健性检验;第七部分是本节的主要结论及一些相关的政策建议。

二、文献综述

关于环境污染问题的研究目前主要集中在两个方面:一是考察污染排放对产出及经济增长的影响;二是研究影响环境变化的因素。国内外有关环境问题和经济增长协调发展的文献很多,最为著名的是由 Grossman 和 Krueger 于 1991 年提出的环境库兹涅茨曲线(Environment Kuznets Curve, EKC),他们通过对42个国家的相关数据进行分析发现环境污染物与经济增长之间的关系呈现倒"U"形曲线关系。已有的许多研究支持倒"U"形曲线的存在,如 Panayotou 等(1999)、

Dasgupta 等（2002），但也有许多学者的实证研究发现环境污染与经济增长之间呈现其他的多种关系，如 Shafik（1994）、Perman 和 Stern（2003）等的研究。De Groot 等（2002）、Deacon 等（2006）、Roumasset 等（2008）对中国经济增长与环境污染进行了研究，发现二者之间确实存在 EKC 特征，而 Yaguchi 等（2007）、Chen 等（2008）、Victor 等（2011）则否定了这一结论。由此看出，环境污染与经济增长的关系并不单一，而是具有多种表现形态，这主要取决于地区范围、时间跨度、污染指标等的选取，具体会呈现线性、"U"形、倒"U"形、"N"形和倒"N"形五种关系（Shen 和 Hashimoto，2004；He，2009；Brajer 等，2008；Diao 等，2009；张成等，2011）。

在有关环境变化的因素的研究中，国际贸易对环境污染影响的研究最为丰富，但迄今研究结果还存在争议。总结已有研究成果发现，大致可以分为以下三类："贸易有益论"、"贸易有害论"、"贸易中性论"。持"贸易有益论"观点的学者认为一个国家的贸易越自由，所使用的生产技术就越清洁，越有利于减少环境污染（Birdsall 和 Wheeler，1992；Wheeler 和 Martin，1992；Shafik 和 Bandyopadhyay，1992；Jie He，2006）。Wheeler（2002）发现，中国、巴西和墨西哥城市地区的污染指标时间序列和这些国家的开放程度呈现负相关。而坚持"贸易有害论"观点的学者则认为贸易是导致环境问题的直接原因（Rock，1996；Markusen，1999；List 和 Co，2000）。Ljungwall 和 Linde-Rahr（2005）利用我国 1987~1998 年的省级面板数据进行了研究，结果显示经济发展落后的地区确实更倾向于以牺牲环境为代价来吸引 FDI。"贸易中性论"则认为贸易对环境的影响取决于国家的类型，且影响应该很小（Antweiler 等，2001；Cole 等，2005）。Dean 等（2009）研究发现我国低水平的环境管制仅对港澳台地区的资金具有吸引力，而对来源于 OECD 国家的外资没有影响。可见，国内外学者对这方面的研究并未达成一致。

有学者从财政分权对地方政府行为产生的影响这一角度出发分析了财政分权对环境污染的影响。Sigman（2003）的研究认为财政分权会降低环境质量，而 Millimet（2003）与 John 等（2003）的研究表明财政分权并没有使环境质量下降，反而提高了环境质量。环境联邦主义认为地方政府分权监管环境会产生向底层竞争（Race to the Bottom）的"竞次"现象，促使地方政府放松环境监管标准，导致环境质量下降，相比污染利益集团，环境保护者在全国层面上比在地方层面上更容易获取充分的资源来实施有效的保护政策（Esty，1996；Stewart，1977；

Kunce 和 Shogren，2007）。而支持环境保护分权的学者认为，由于在地理位置、发展水平、环境质量偏好等方面各地区存在巨大的差异，更分权化的环境政策制定有潜在的福利增进。相比各个地区追求自己最优的环境政策，中央政府统一制定的方法会造成福利的损失（Saveyn 等，2006）。环境联邦主义分权与集权之争的一个焦点问题就是：分权是否会导致地方政府出现"竞次"现象，从而最终导致环境的恶化。地方政府降低环境标准或以其他地区为标杆制定标准是为了吸引投资、增加就业机会等（Ulph，2000；Fredriksson 等，2003）。环境作为具有显著外部性的公共物品，地方政府很少有动力去关注它们的不作为给周边区域强加的污染成本问题。在我国，中央政府依据各地的 GDP 和财政收入的增量进行奖惩，收入增长速度越快、增量越大，地方政府获得的财力就越多。同时，中央政府对地方政府官员有任免权，在决定地方政府官员升迁时 GDP 是主要考核指标，在政治晋升和促进地区经济增长的目标诉求下，地方政府自然会选择以 GDP 增长为首要目标的发展方式，放松对污染产业的管制，通过税收等手段展开竞争。诚然，这种"为增长而竞争"的地方政府行为大大推动了中国经济的增长，推进了市场化改革进程，提高了当地的 GDP 水平（Qian 和 Roland，1998），并大大提高了官员的晋升概率（Li 和 Zhou，2005），但是这种竞赛背后的代价就是环境污染的加重及环境保护投资的逐渐萎缩。由于引资中的税收优惠政策，地区实际税率不断下降，使地方公共物品供给不足，污染更加严重，降低社会总福利（Oates，1972；Eichner 和 Runkel，2012）。蔡昉等（2008）认为中国的环境问题是由粗放式经济发展模式导致的，而这种发展模式又源于中国式分权下的政府行为。Vennemo 等（2009）的研究表明，目前我国的发展大量依赖于污染严重的工业企业，而这些污染项目并没有达到环保部门制定的标准，是在地方政府的大力支持与推动下才得以实施的（Qie，2012）。Xu 等（2011）的研究也发现，这种以 GDP 增长为目的的发展方式是造成长江污染的根源。Wu 等（2012）的研究表明，对环境保护的投资并不能增加官员被提拔的机会，因此地方领导人没有动力去保护环境。Jia（2013）的研究显示，我国官员的晋升机制会使领导人为了降低成本而更加倾向于选择低技术、高污染的企业，这必然会加重污染水平。显然，政府主导型的经济导致了政府引致型的污染。而到目前为止，中央政府与地方政府均仍未把环境保护放在发展的第一要位（Zheng 等，2013）。

我国现有体制下的地方政府行为已成为关注的焦点，但从地方政府税收征收努力力度的角度分析环境污染问题的研究还很少。在我国，税率是由中央政府统一设定的,地方政府仅仅拥有有限的税收征管权,因此,主观的"征收努力度"才是地方政府之间税收的策略性工具。本节试图在一个同时包含地方政府和中央政府的两级政府框架内,结合我国的实际国情建立理论模型,从地方政府的税收征收行为入手,解释其对环境污染的影响,并讨论中国当前财政体制与官员晋升机制可行的改革方向。

三、理论模型

Oates 和 Schwab 在 1988 年开创性地建立了考虑资本流动及资本流动外部性等问题的税收竞争模型。Keen 和 Kotsogiannis (2002) 考虑到地区之间的异质性,在存在横向外部性和纵向外部性的情况下,分析了财政联邦对税率的影响,并发现横向与纵向外部性严重依赖于资本供给弹性。之后,Ogawa 和 Wildasin (2009) 在 Oates 和 Schwab (2009) 的理论模型的基础上,引入环境问题,分析了地区间分权决策下"坏"公共物品的溢出问题。Eichner 和 Runkel (2011) 将 Keen 和 Kotsogiannis (2002)、Ogawa 和 Wildasin (2009) 的理论模型进一步深化,强调了资本供给弹性的重要性。他们的模型刻画的是美国式财政分权体制下政府的运行机制,美国式财政联邦制中联邦和地方政府各自拥有独立的税权,无论是地方政府间的横向税收竞争还是中央与地方之间的纵向税收竞争,税率是竞争的策略性变量。而在中国,税率是由中央政府统一设定的,地方政府没有制定税率的权力,主要税种按照中央给定的比例在中央和地方之间分成,因此中国的整个税制可抽象为一个税收比例分成体制。

本节在 K-K (2002) 的基础上,借鉴 O-W (2009) 与 E-R (2012) 的研究思路,结合中国的实际国情,通过构建包含生产者、消费者、地方政府和中央政府四个部门在内的空间均衡模型,刻画了在中国式的地区竞争背景下,地方政府税收征收行为对当地投资水平与环境污染产生的影响,及其带来的溢出效应。以下是具体的理论模型:

1. 生产者行为

厂商的生产函数为:$f(k)$。假定全国共有 n 个相同的地区,$i, j \in \{1, \cdots, n\}$,在 i 地区,一个代表性的企业使用 k_i 单位的资本,生产 $f(k_i)$ 单位的产出,价格单位化为 1。产出函数单调递增,并且是凹的,即 $f_{ik} > 0 > f_{ikk}$。

假定资本在地区间流动是无成本的,税后净收益率为 ρ,中央制定的统一法定名义税率为 T,各地区地方政府的税收征收努力度定义为 $t_i \in (0, 1]$,则 $T \cdot t_i$

反映的是一个地区征收的实际税率。在财政分权体制下，横向竞争会倾向于降低地方政府的税收征收努力度，i 地区企业的税后收益为：

$$\prod_i = f(k_i) - f_{ik} \cdot k_i = f(k_i) - (\rho + T \cdot t_i) \cdot k_i \tag{4-10}$$

厂商实现利润最大化的条件为：

$$f_{ik} - T \cdot t_i = \rho \tag{4-11}$$

资本自由流动使资本的税后净收益率在地区间均等化。

2. 消费者行为

采用 Keen 和 Kotsogiannis（2002）模型的假设，每个地区代表性消费者生命为两期：第一期有初始禀赋 $\bar{k}$，一部分用于消费 C_i^1，剩余作为储蓄用于下期投资，即 $s_i = \bar{k} - C_i^1$。第二期消费者获得资本收益 $(\rho + 1) \cdot s_i$，及生产组织的税后利润 $(1 - \theta_i) \cdot \prod_i$，其中 $\theta_i \in [0, 1]$，是 i 地区地方政府对厂商利润 $\prod_i$ 提取的租金比例，本节模型中中央不提取租金。① 第二期消费为：$C_i^2 = (\rho + 1) \cdot s_i + (1 - \theta_i) \cdot \prod_i$。

i 地区居民的效用水平还受到当地政府与中央政府提供的公共物品 g_i、G 和当地污染程度 e_i 的影响，i 地区消费者的效用函数采用拟线性效用函数的形式：

$$u_i = U(C_i^1, C_i^2, g_i, G, e_i) = U(C_i^1) + C_i^2 + \Gamma(g_i, G, e_i) = \ln^{\bar{k} - s_i} + (\rho + 1) \cdot s_i + (1 - \theta_i) \cdot \prod_i + \Gamma(g_i, G, e_i) \tag{4-12}$$

其中，$U' > 0$，$\Gamma_g > 0$，$\Gamma_G > 0$，$\Gamma_e < 0$，且 U 是严格凹函数。②

3. 资本市场

由于资本自由流动，n 个地区完全相同，储蓄函数仅仅是 ρ 的函数，没有地区差异，因此市场出清条件为（储蓄完全转化为投资）：

---

① 当然也可以假定中央和地方政府按照一定比例分享租金，本节参照 Keen 和 Kotsogiannis（2002）、汤玉刚和苑程浩的做法，只考虑地方政府提取租金的情况。

② 最大化效用函数，对（4-6）式关于 s_i 求偏导，推出 $\dfrac{1}{\bar{k} - s_i} = 1 + \rho$，即 $s_i = \bar{k} - \dfrac{1}{1 + \rho}$，储蓄 s_i 是资本税后净收益率 ρ 的函数，即 $s_i = S(\rho) = \bar{k} - \dfrac{1}{1 + \rho}$，$S'(\rho) = \dfrac{1}{(1 + \rho)^2} > 0$，由于资本供给弹性 $\varepsilon = \dfrac{\rho \cdot S'}{S}$，可以看出资本供给弹性 ε 与 S'(ρ) 具有相同的变动方向，且若 S'(ρ) = 0，则 ε = 0，为计算方便，本节在后面的分析中用 S'代替资本供给弹性 ε。

$$\sum_{i=1}^{n} k_i == n \cdot S(\rho) \tag{4-13}$$

(4-11) 式和 (4-13) 式决定了各地的资本存量和取决于实际税率 $T - t_i$ 的资本净收益率 ρ。运用地区对称性，即 $t_i = t$ 和 $k_i = S(\rho)$，由 (4-11) 式和 (4-13) 式，有：

$$\partial\rho/(\partial t_i) = -T/(n \cdot [1 - f''\cdot S'(\rho)]) < 0 \tag{4-14}$$

$$(\partial k_i)/(\partial t_i) = T[n \cdot (1 - f'' \cdot S'(\rho)) - 1]/(n \cdot [1 - f'' \cdot S'(\rho)] \cdot f'') < 0 \tag{4-15}$$

$$\frac{\partial k_j}{\partial t_i} = -\frac{T}{n \cdot [1 - f'' \cdot S'(\rho)] \cdot f''} > 0 \tag{4-16}$$

$$\frac{\partial k_i}{\partial t_i} + (n-1)\frac{\partial k_j}{\partial t_i} = -\frac{TS'(\rho)}{1 - f'' \cdot S'(\rho)} < 0 \tag{4-17}$$

由 (4-14) 式至 (4-16) 式可以看出，一个地区地方政府税收征收努力度的增加会使本地的资本外流，从而使当地的投资水平与资本净收益率均有所下降，其他地区的投资水平会增加。根据 (4-17) 式，从总量上看，地方政府征税努力度的提高会使社会总的投资量减小。

4. "坏"公共物品——污染

借鉴 Eichner 和 Runkel (2011)、Ogawa 和 Wildasin (2009) 模型的假设，在 i 地区每单位的资本消耗都会在本地区产生 $\delta > 0$ 单位的污染排放量，在 j 地区产生 $\beta\delta$ 单位的污染排放量 ($j \in \{1, \cdots, n\}$ 且 $j \neq i$)。$\beta \in [0, 1]$ 反映了地区间的污染溢出程度。$\beta = 0$ 说明不存在地区间的溢出效应，本地资本的消耗只会对本地环境产生影响；$\beta > 0$ 则说明存在地区间外溢，即当地的资本消耗会对其他地区的环境造成影响；极端的情况 $\beta = 1$ 则说明这种负外部性是完全溢出的。i 地区总污染水平为：

$$e_i = \delta \cdot k_i + \beta\delta \sum_{j \neq i}^{n} k_j \tag{4-18}$$

对 (4-18) 式求导，并代入前文得出的结论，推出：

$$\frac{\partial e_i}{\partial t_i} = \frac{T \cdot \delta \cdot [(1-\beta)(n-1) - n \cdot f'' \cdot S'(\rho)]}{n \cdot [1 - f'' \cdot S'(\rho)] \cdot f''} < 0 \tag{4-19}$$

$$\frac{\partial e_j}{\partial t_i} = \frac{T \cdot \delta \cdot [\beta - 1 - \beta n \cdot f'' \cdot S'(\rho)]}{n \cdot [1 - f'' \cdot S'(\rho)] \cdot f''} \tag{4-20}$$

$$\frac{\partial e_i}{\partial t_i} + (n-1)\frac{\partial e_j}{\partial t_i} = -\frac{T \cdot \delta \cdot [1 + \beta(n-1)] \cdot S'(\rho)}{1 - f'' \cdot S'(\rho)} < 0 \qquad (4-21)$$

从 (4-19) 式至 (4-21) 式可以看出，i 地区税收征收努力度的变化会引起各地区投资量的改变，进而影响本地与其他地区污染排放水平的变化；(4-20) 式的符号与资本供给弹性有关。

由于 $\beta \in [0, 1]$，从 (4-17) 式和 (4-21) 式可以看出，当资本供给弹性严格为正时，即 $S'(\rho) > 0$，本地区税收征收努力度的上升会降低总的投资水平，进而减少全社会总的污染排放量。而当 $S'(\rho) = 0$，即资本供给刚性时，一个地区税收征收努力度的改变不会对总的投资水平与总的污染排放量产生影响。

从 (4-11) 式和 (4-20) 式可以看出，当资本供给弹性为 0 时 ($S'(\rho) = 0$)，若 $\beta \in [0, 1)$，即地区间污染的负外部性不可能完全溢出，则 i 地区税收征收努力度的上升会使其他地区的资本投资量和污染量都增加；若污染的负外部性是完全溢出的，即 $\beta = 1$，则 j 地区的资本投资量会增加，但污染量不会发生变化。当资本供给弹性大于 0 时 ($S'(\rho) > 0$)，如果地区间的污染溢出严格为正 ($\beta \in (0, 1)$)，则 i 地区税收征收努力度的增加虽然会使 j 地区的资本投资量增加，但 j 地区的污染量反而会减少，主要原因在于：虽然 i 地区税收征收努力度的上升带来的 j 地区资本量的增加会使 j 地区污染排放量上升，但 i 地区税收征收努力度的上升使得 i 地区的投资量和污染量都减小了，污染溢出效应的存在 ($\beta \in (0, 1)$) 会使 j 地区的污染量也降低。这种外部性对 j 地区带来的污染排放量的降低大于其由于资本量上升带来的污染排放量的直接上升，所以随着 i 地区税收征收努力度的上升，j 地区污染排放量反而会降低。从 (4-20) 式中的 $-\beta n \cdot f'' \cdot S'(\rho)$ 这一项也可以看出溢出效应更大。(4-20) 式对 $S'(\rho)$ 求导还可以发现，$S'(\rho)$ 越大，t_i 变化带来的 e_j 的变化会越小，即 t_i 对 e_j 的影响受到资本供给弹性的影响。

从 (4-15) 式和 (4-19) 式可以看出，当 $\beta \in [0, 1]$，且 $S'(\rho) > 0$ 时，$\frac{\partial e_i}{\partial t_i} < 0$，即 i 地区税收征收努力度 t_i 的上升会减少该地的资本投资量，进而减少污染排放量。而当 $\beta = 1$ 且 $S'(\rho) = 0$ 时，i 地区 t_i 的增加会使 k_i 降低，但对污染量 e_i 没有影响。可能的原因在于：虽然本地自身产生的污染减少了，但其他地区资本投资量的增加会使其他地区的污染排放量有所上升，由于污染在地区间的溢出效应是完全的（即 $\beta = 1$），所以会带来 i 地区污染排放量等额的上升，正负两种作用相互抵消，最终 i 地区污染排放量没有发生变化。

由（4-15）式、（4-19）式与（4-20）式，本节得出以下两个命题：

命题1：在包含中央、地方两级政府，且地方政府无税率制定权的税收比例分成体制下，一个地区税收征收努力度的下降会吸引更多的资本流入本地，增加该地区的污染排放量。

命题2：当污染存在溢出效应，即 $\beta \in (0, 1)$ 时，在长期资本供给有弹性的情况下，一个地区税收征收努力度的上升会减少其他地区的污染排放量；而在短期资本供给无弹性时，一个地区税收征收努力度的上升会使其他地区的污染排放量上升。

5. 政府决策

如前文所述，中国的整个税制可抽象为一个税收比例分成体制，本节假定地方分成的比例为 $\alpha(\alpha \in (0, 1))$，则中央分成比例为 $(1 - \alpha)$。i 地区的政府通过选择提取租金的比例 θ_i 和税收征收努力度 t_i 来最大化当地居民的效用函数（4-12）式。地方政府提供的公共物品为：

$$g_i = \alpha T t_i \cdot k_i + \theta_i \cdot \prod_i \tag{4-22}$$

全国性公共物品 G 在各个地区是均分的，即：

$$G = \frac{1}{n} \sum_{i=1}^{n} (1 - \alpha) T t_i \cdot k_i \tag{4-23}$$

每个地区把其他地区的政策变量作为给定的已知变量，本节考虑提取租金比例 θ_i 和税收征收努力度 t_i 的一个对称均衡问题。由于 n 个地区是完全相同的，在对称均衡情形下，$t_i = t^*$，$\theta_i = \theta^*$。i 地区效用最大化的一阶条件为：

$$\frac{\partial u_i}{\partial t_i} = 0 \quad \frac{\partial u_i}{\partial \theta_i} = 0$$

$$u_i = \ln^{k-s_i} + (\rho + 1) \cdot s_i + (1 - \theta_i) \cdot \prod_i + \Gamma(g_i, G, e_i)$$

$$= \ln^{k-s_i} + (\rho + 1) \cdot s_i + (1 - \theta_i) \cdot [f(k_i) - (\rho + T \cdot t_i) \cdot k_i] + \Gamma(g_i, G, e_i)$$

推出：

$$\Gamma_g = 1 \tag{4-24}$$

$$t^* = \frac{-\Gamma_e \cdot \delta \cdot [(1-\beta)(n-1) - n \cdot f'' \cdot S'(\rho)] - \Gamma_G \cdot (1-\alpha) \cdot S \cdot f'' \cdot [1 - f'' \cdot S'(\rho)] + (1-\alpha) \cdot S \cdot n \cdot [1 - f'' \cdot S'(\rho)] \cdot f''}{\alpha \cdot T \cdot [n \cdot [1 - f'' \cdot S'(\rho)] - 1] - (1-\alpha) \cdot T \cdot f'' \cdot S'(\rho) \cdot \Gamma_G}$$

$$\tag{4-25}$$

从（4-25）式可以看出，均衡时的税收征收努力度与资本供给弹性有关。由于存在地方政府行为的外部性，i 地区的税收征收努力度对 j 地区的效用也会产生影响。具体的影响机制需要对 $\frac{\partial u_j}{\partial t_i}$ 与 $\frac{\partial u_j}{\partial \theta_i}$ 的符号进行判断。若 $\frac{\partial u_j}{\partial t_i}$ 的符号是正的，则各地区地方政府税收征收努力度等量的上升会带来一个帕累托的改进，说明此时地方政府的税收征收行为是无效率的；反之，亦然。

$$\frac{\partial u_j}{\partial \theta_i} = 0 \tag{4-26}$$

$$\frac{\partial u_j}{\partial t_i} = \theta_j k_j \cdot \frac{\partial \rho}{\partial t_i} + \Gamma_g \cdot \left(\alpha \cdot T \cdot t_j \cdot \frac{\partial k_j}{\partial t_i} - \theta_j k_j \cdot \frac{\partial \rho}{\partial t_i} \right) + \Gamma_G \cdot \frac{(1-\alpha)T}{n} \cdot$$
$$\left(t_i \cdot \frac{\partial k_i}{\partial t_i} + k_i + (n-1)t_j \cdot \frac{\partial k_j}{\partial t_i} \right) + \Gamma_e \cdot \frac{\partial e_j}{\partial t_i} \tag{4-27}$$

由于 $\theta_j k_j \cdot \frac{\partial \rho}{\partial t_i} < 0$，$\Gamma_g \cdot \left(\alpha \cdot T \cdot t_j \cdot \frac{\partial k_j}{\partial t_i} - \theta_j k_j \cdot \frac{\partial \rho}{\partial t_i} \right) > 0$，$\Gamma_G \cdot \frac{(1-\alpha)T}{n} \cdot$ $\left(t_i \cdot \frac{\partial k_i}{\partial t_i} + k_i + (n-1)t_j \cdot \frac{\partial k_j}{\partial t_i} \right) > 0$，$\Gamma_e \cdot \frac{\partial e_j}{\partial t_i}$ 的符号既可能大于 0，也可能小于 0 或等于 0，所以 $\frac{\partial u_j}{\partial t_i}$ 的符号需要分情况讨论。

由（4-26）式、（4-27）式可以推出，地方政府提取租金的比例 θ^* 是有效的，不存在帕累托改进。而税收征收努力度存在外部溢出作用，一方面，当 i 地区提高该地的税收征收努力度时，资本会向 j 地区流动，因此 j 地区公共物品的提供会增加，带来了正的外部作用，这一作用 $\Gamma_g \cdot \left(\alpha \cdot T \cdot t_j \cdot \frac{\partial k_j}{\partial t_i} - \theta_j k_j \cdot \frac{\partial \rho}{\partial t_i} \right) > 0$ 由与 $\Gamma_G \cdot \frac{(1-\alpha)T}{n} \cdot \left(t_i \cdot \frac{\partial k_i}{\partial t_i} + k_i + (n-1)t_j \cdot \frac{\partial k_j}{\partial t_i} \right) > 0$ 可以反映出；另一方面，随着 i 地区税收征收努力度的提高，资本向 j 地区流动，会改变 j 地区的污染排放情况，但由于 $\frac{\partial e_j}{\partial t_i}$ 的符号无法明确判断出，所以 $\Gamma_e \cdot \frac{\partial e_j}{\partial t_i}$ 的符号也存在多种可能性。

将（4-14）式、（4-15）式、（4-16）式、（4-20）式、（4-24）式、（4-25）式代入（4-27）式，得：

$$\frac{\partial u_j}{\partial t_i} = -\frac{\alpha \cdot T^2 \cdot t^*}{n \cdot [1 - f'' \cdot S'(\rho)] \cdot f''} + \Gamma_G \cdot \frac{(1-\alpha)T}{n} \cdot S - \Gamma_G \cdot \frac{(1-\alpha)T}{n} \cdot$$
$$\frac{S'(\rho) \cdot T \cdot t^*}{[1 - f'' \cdot S'(\rho)]} + \Gamma_e \cdot \frac{T \cdot \delta \cdot [\beta - 1 - \beta n \cdot f'' \cdot S'(\rho)]}{n \cdot [1 - f'' \cdot S'(\rho)] \cdot f''}$$

$$= \frac{-\alpha - \Gamma_{c} \cdot (1-\alpha) \cdot S'(\rho) \cdot f''}{n \cdot [1 - f'' \cdot S'(\rho)] \cdot f''} \cdot T^2 \cdot t^* + \Gamma_{c} \cdot \frac{(1-\alpha)T}{n} \cdot S$$

$$+ \Gamma_{c} \cdot \frac{T \cdot \delta \cdot [\beta - 1 - \beta n \cdot f'' \cdot S'(\rho)]}{n \cdot [1 - f'' \cdot S'(\rho)] \cdot f''} > 0 \tag{4-28}$$

(4-28) 式说明随着 t_i 的上升，j 地区的效用会增加。同时发现，n 越大，$\frac{\partial u_j}{\partial t_i}$ 会越小，但 $(n-1) \cdot \frac{\partial u_j}{\partial t_i}$ 会随 n 的变大而增加，所以 n 越大，税收征收努力度 t 偏低带来的效用损失就越严重，因为此时 t 增加会带来更多的效用增加。

综上，由 (4-17) 式、(4-21) 式、(4-28) 式，本节得出如下命题：

命题 3：若各地方政府均提高税收征收努力度，则会减少全社会的总投资，进而降低总的污染排放量，提升社会总效用水平。

四、模型构建、变量说明与数据来源

(一) 实证模型的构建

根据以上的理论模型，为了从实证的角度检验地方政府税收征收努力度对本地和其他地区污染排放水平的影响，本节需构建以下实证模型。形式设定如下：

$$e_{it} = \alpha + \beta_1 \cdot t_{it} + \beta_2 \cdot t_{w_{it}} + \sum \gamma_i \cdot X_{it} + \mu_i + \varepsilon_{it} \tag{4-29}$$

其中，i 表示省份；t 表示年份；μ_i 为不可观测的地区特征；ε_{it} 是残差项，反映其他可能起作用但没有被模型捕获的因素。

e_{it} 是被解释变量，代表 i 城市 t 年的污染程度，本节采用不同的指标从不同的角度对其进行衡量。本节理论模型中实际税率=名义税率×征收努力，而名义税率是中央政府给定的，因此在实证中，本节用实际税率来刻画地方政府的税收征收努力度，t_{it} 为 i 城市 t 年的实际税率，$t_{w_{it}}$ 为其他城市的加权实际税率，系数 β_1 和 β_2 代表本地实际税率与其他地区加权的实际税率对本地污染排放水平的影响。X_{it} 是一组影响污染排放量的控制变量，包括人均外商直接投资 (lnp_fdi)、人均 GDP (p_gdp)、产业结构 (lnstruc)、财政分权 (fd)、对外贸易依存度 (lnopen)。

(二) 变量的选取与说明

模型中的被解释变量为污染排放指标 e_{it}，参照 Jia (2013)、薛钢等 (2012) 等的做法，本节选取工业废水、工业废气 (以二氧化硫为例)、工业烟尘三种污染物的排放量来分别测度一个地区的污染程度。核心解释变量为城市的实际税率，用各地财政收入中扣除专项收入 (排污费收入等)、其他收入 (利息收入等）、国有企业亏损补贴后的各项税收收入除以城市 GDP 计算所得。一个地区的污染排放量不仅受到本地实际税率的影响，与其他地区的实际税率变动也密不可分。① 为衡量这一税率外部性，模型中引入了其他城市实际税率的空间加权项，由以下公式计算得到：

$$t\_w_{it} = \sum_{j \neq i}^{n} w_{it} \cdot t_j, \text{ 其中 } \sum_{j \neq i}^{n} w_{it} = 1$$

本节将根据其他城市经济规模的相对差异赋予它们不同的权重，记为 w_{ij}^{pgdp}，t_w_pgdp 即为按人均 GDP（p_gdp）加权的税率。权重计算公式如下：

$$w_{ij}^{pgdp} = \frac{pgdp_j}{\sum_{k \neq i}^{n} pgdp_k}$$

除了实际税率以外，一些其他因素也会影响地区污染排放水平，如外商直接投资水平、宏观经济发展情况、财政分权等。这些控制变量具体包括：①lnp_fdi（人均外商直接投资），目前已有学者研究了 fdi 对环境污染的影响，一方面 fdi 毫无疑问加剧了我国的环境压力，另一方面由于技术外溢效应，fdi 也促进了投资地区的技术进步，因此 fdi 是影响我国环境污染程度的重要指标；②p_gdp（人均GDP），反映宏观经济发展情况；③lnstruc（产业结构）为第二产业 GDP 占地区总 GDP 的比重，第二产业比重体现了工业化水平，其发展速度会影响环境质量，且第二产业是排放污染物的主要产业（Wu 等，2005）；④财政分权，反映了地方政府财政自主性的大小，财政分权越高，自主性就越大，环境污染程度与地方政府的分权度有关（Blanchard 和 Shleifer，2001；Sigman，2009），目前财政分权的度量有很多种形式，基于本节研究目的，采用吴群和李永乐（2010）的分权指标，即 fd（财政分权指标）=各地预算内人均本级财政支出/中央预算内人均本级财政支出；⑤lnopen（对外贸易依存度），反映了一个地区的开放程度，进出口贸易对能源消耗和环境污染的影响不容忽视，本节按照经营单位所在地将各个市历年进出口总额按照当年人民币兑美元中间价换算，用进出口额 GDP 占比衡量贸易依存度。

（三）估计方法说明

本节的研究样本相对时期较短，但单位数较多，属于典型的大 N 小 T 样本，因此采用系统广义矩估计（sys-GMM）方法。该方法可避免模型中异方差和自相

---

① 如前文所述，一个地区地方政府税收征收努力度的变化会引起各地区投资量的变化，进而影响本地与其他地区污染排放水平的变化。

关性的干扰,也不需要正态分布的假设,自 Hansen（1982）首次较完善地引入动态面板 GMM 估计法后,在面板数据模型的实证研究中已得到广泛的应用。GMM 估计通过差分和使用工具变量来控制未观察到的时间与个体效应,同时还使用前期的解释变量和滞后的被解释变量作为工具变量克服内生性问题。面板数据 GMM 估计一般有两种：一种是一阶差分 GMM 估计,另一种是系统 GMM 估计。因为系统 GMM 方法能够同时利用差分方程和水平方程的信息来增强差分估计中工具变量的有效性,通过增加原始水平值的回归方程来弥补仅仅使用回归差分方程的不足和解决弱工具变量问题,所以本节采用系统 GMM 对模型进行分析。

系统 GMM 估计一般还需要进行两个检验：对差分方程的随机误差项进行二阶序列相关性检验,检验原假设是不存在二阶序列相关性；用 Hansen（或 Sargan）检验对所使用的工具变量的有效性进行检验,检验原假设是所使用的工具变量与误差项是不相关的。

（四）数据来源与统计描述

本节选择了我国地级市数据为样本,样本区间为 2003~2010 年。剔除缺失严重的样本后,最后得到 2003~2010 年 271[①] 个地级市的 2168 个观测值。

各地税收收入数据来源于《全国地市县财政统计资料》与《中国区域经济统计年鉴》,其他数据主要来源于 CEIC 数据库、《中国城市统计年鉴》、《中国财政年鉴》及各地级市历年的统计公报。研究中涉及的变量、符号及其简单统计描述,如表 4-12 所示：

表 4-12 变量、符号及其简单统计

变量	符号	样本数	均值	标准差	最小值	最大值
工业废水（亿吨）	emission_water	2168	0.81929	1.09396	0.0017	9.126
工业废气（二氧化硫）（十万吨）	emission_so_2	2168	0.64667	0.64351	0.00012	7.108
工业烟尘排放（十万吨）	emission_smoke	2168	0.25791	0.25315	0.00034	2.50308
相对污染排放指标 1（%）	e_gdp	2168	1	0.90528	0.0075	12.9608
相对污染排放指标 2（%）	e_pop	2168	1	0.92689	0.01058	9.06038

---

① 由于一些地区数据信息缺失严重,本节剔除了拉萨、钦州、嘉峪关、金昌、白银、天水、武威、张掖、平凉、庆阳、定西、陇南、吴忠、固原、中卫、克拉玛依 16 个地级市,因此还剩 271 个地级市。

续表

变量	符号	样本数	均值	标准差	最小值	最大值
实际税率（%）	t	2168	0.04099	0.02018	0.00359	0.16591
其他城市加权税率1	t_w_pgdp	2168	0.04845	0.00633	0.03823	0.05856
其他城市加权税率2	t_w_pop	2168	0.04255	0.00628	0.03263	0.05279
固定资产投资（十亿元）	lninvest	2168	3.32511	1.06076	0.50483	6.54172
资本投资密度（百万/平方公里）	lncapital_density	2168	6.08442	0.79291	2.40864	9.28293
人均FDI（美元）	lnp_fdi	2168	5.63819	1.67763	−0.2593	11.0266
人均GDP（万元/人）	p_gdp	2168	2.09765	1.82364	0.23904	17.3461
产业结构（%）	lnstruc	2168	−0.7577	0.24687	−1.8525	−0.1517
财政分权	fd	2168	0.60348	0.41539	0.15721	3.47071
对外贸易依存度（%）	lnopen	2168	−2.4865	1.45330	−7.2934	1.53077

注：变量符号前加"ln"表示对变量进行了对数变换。

五、实证结果与分析

本节首先使用工业废水、工业废气（二氧化硫）、工业烟尘分别作为被解释变量，估计了实际税率对污染排放量的影响。表4-13报告了基于我国2003~2010年271个地级市的面板数据，系统GMM回归方法的估计结果。所有估计结果的二阶差分序列Arellano-bond检验结果表明不能接受二阶序列相关，这预示着不存在高阶序列相关性，符合采用系统广义矩估计方法的基本要求。从Hansen检验的结果来看，工具变量是稳健、有效的。外生性检验表明，不能拒绝工具变量的外生性假设。总体而言，系统GMM估计结果很好，序列相关性、工具变量集合的相关性及有效性都得到了较好的控制。

表4-13中估计（1）~（2）的被解释变量是工业废水，估计（3）~（4）的被解释变量是工业废气（二氧化硫），最后两列的被解释变量是工业烟尘排放量。从估计（1）、（3）、（5）中可以看出，当地的实际税率对当地污染排放水平的影响是显著为负的，且地方政府实际税率每提高一个百分点，会使工业废水排放减少9.42378亿吨，二氧化硫排放减少114.982万吨，烟尘排放降低42.5066万吨。在估计（2）、（4）、（6）中引入其他城市的实际税率的空间加权项后，发现本地实际税率对污染排放的影响依然显著为负，未发生变化。而其他地区按人均GDP加权的实际税率对当地工业废水、二氧化硫、烟尘排放的影响均是显著为正的。这

说明本地实际税率的上升会降低当地的污染排放,而其他地区的加权实际税率上升会加重本地的污染程度。这与本节理论模型得出的命题1、命题2相一致,可能的原因是:在短期资本供给缺乏弹性的情况下,一个地区实际税率的变动会带来资本在各地区的重新分配,实际税率上升,导致资本外流,进而使本地排放的污染减少,而其他地区由于资本的流入带来了更多的污染。观察估计(2)、(4)、(6)中 t 与 t_w_pgdp 的系数发现,t_w_pgdp 每上升一个百分点,会使污水排放增加 8.93791 亿吨,二氧化硫排放增加 101.128 万吨,烟尘排放增加 28.9999 万吨。除了以污水作为被解释变量的估计(2)外,在估计(4)、(6)中本地实际税率对本地污染水平的影响系数大于其他地区的加权实际税率。这说明若各地区的实际税率均等量上升,二氧化硫和烟尘的总排放量会降低,而废水排放量会略有上升。在给定的市场水平下,为了在"标尺竞争"中胜出,面临政治激励的地方官员会做出理性的反应,即吸引更多的资本流入,提升当地的GDP水平。然而,一般认为吸引资本流入的唯一方式是竞相降低税率(Oates,1972),在我国则是竞相降低税收努力度。高能耗、高污染的发展方式是不可持续的,这种以低征收努力度带来的资本流入只能获得短期的经济增长。那么为什么地方政府官员会依赖于这种短期的发展方式呢?统计我国 2003~2011 年官员任期数据发现,省长平均任期只有 3.848 年,省委书记平均任期也只有 4.236 年,地级市官员的平均任期则更短,如地级市长的平均任期不到 3 年(Landry,2003)。在这么短的任期内,地方官员不做功不在当任的事,行为短期化(宋凌云等,2012),严重扭曲了征税努力度,环境污染愈演愈烈。

从控制变量的估计结果来看,除估计(2)中人均 FDI 对工业废水的排放影响不显著以外,在其他估计中人均 FDI 对废水、二氧化硫、烟尘排放的影响均显著为负。自改革开放以来,FDI 一直是我国经济增长奇迹背后的主要驱动因素。近年来,已有不少国内外学者对中国是否已成为跨国企业的"污染避难所"这一假设进行了检验。本节研究结果表明,"污染避难所"假说在我国并不成立,FDI 的引入对改善我国的环境污染是有利的,可能的原因在于 FDI 倾向于使用较为先进的生产技术和污染排放系统,由于技术外溢效应,会促进投资地区的技术进步,有利于降低单位产出的资源消耗与污染排放量。产业结构对污染排放水平的影响显著为正,这说明第二产业与废水、二氧化硫、烟尘排放之间显著正相关,符合本研究的预期。中国经济的增长是以农业补贴工业取得的,工业的高增长依赖于要素的大量投入,从而造成高能耗和高排放的局面。由此看来,我国有必要适当降低第二产业所占的份额,调整现有的产业结构。财政分权指标的系数均为正,且大部分估计都是显著的,这说明财政分权与废水、二氧化硫、烟尘排放之间存在显著的正向关系。中国式的财政分权是政治上的集权、经济上的分权,地方政府在现有的分权体制与激励体制下,为了寻求利益最大化,更乐于发展经济而忽略环境问题,甚至以牺牲环境为代价换取经济的增长。除估计(3)与估计(6)以外,其他估计中对外贸易依存度与废水、二氧化硫、烟尘的排放显著正相关。可能的原因在于国际贸易通过进口和出口对经济增长产生"溢出"作用,通过规模效应比例性地增长了污染物的排放(何洁,2010)。人均 GDP 对废水、二氧化硫及烟尘排放的影响均是正向的,但并不是很显著。

表 4-13 实际税率与污染

解释变量	因变量:emission_water	因变量:emission_water	因变量:emission_so_2	因变量:emission_so_2	因变量:emission_smoke	因变量:emission_smoke
	(1)	(2)	(3)	(4)	(5)	(6)
t	−9.42378** (−2.30)	−6.96592* (−1.80)	−8.66913* (−1.67)	−11.4982* (−1.80)	−2.95758** (−2.30)	−4.25066* (−1.75)
t_w_pgdp		8.93791* (1.66)		10.1128*** (2.81)		2.89999* (1.61)
lnp_fdi	−0.04912** (−2.09)	−0.09535 (−1.12)	−0.15542** (−2.44)	−0.10147** (−2.02)	−0.08594*** (−3.55)	−0.17245*** (−4.62)
p_gdp	0.08453** (2.41)	0.02027 (0.48)	0.01222 (0.30)	0.01252 (0.27)	0.01226 (0.93)	0.01198 (0.87)
lnstruc	0.6192*** (3.71)	0.27822 (0.68)	0.8391* (1.66)	0.03523 (0.17)	0.14524 (1.00)	0.45559** (2.15)
fd	0.10013 (0.43)	0.42969 (0.87)	0.96235** (2.04)	0.75322** (2.28)	0.25686 (−4.22)	0.25359 (1.45)
lnopen	0.2339*** (8.68)	0.14727** (2.04)	0.04503 (0.72)	0.12523** (2.57)	0.04767** (2.10)	−0.02950 (−1.14)
c	2.2955*** (12.70)	1.38866** (2.06)	2.02122*** (2.71)	1.00269*** (2.93)	0.88655*** (4.58)	1.36103*** (4.11)
AR(1)	0.000	0.183	0.049	0.061	0.104	0.016
AR(2)	0.227	0.717	0.511	0.334	0.117	0.138
Hansen-test	0.102	0.772	0.474	0.330	0.650	0.826
外生性检验	0.410	0.990	0.986	0.554	0.396	0.746
样本数	2168	2168	2168	2168	2168	2168

注:***、** 和 * 分别表示显著水平为 1%、5% 和 10%,括号中为 z 值。外生性检验报告的是 GMM 的 Hansen Test Excluding Group 卡方检验的 p 值结果。

六、稳健性检验

(一) 污染指标的选取

由表 4-13 的分析可以看出，一些因素对不同的污染物会有不同的影响，因此为增加本节研究的稳健性，有必要将废水、废气（二氧化硫）、烟尘都考虑在内，构建一个相对污染指标，从一个整体的角度对各地污染排放情况与税收征收努力度和投资水平之间的关系进行研究。本节借鉴朱平芳、张征宇和姜国麟（2011）的做法构造了相对污染指标，首先计算城市 i 第 k 种污染物的相对排放水平：

$$e_{ikt} = \frac{ex_{ikt}}{\frac{1}{n}\sum_{j}^{n} ex_{jkt}}, \quad k = 1(\text{emission}_{water}), \ 2(\text{emission}_{so_2}), \ 3(\text{emission}_{smoke})$$

其中，ex_{ikt} 表示城市 i 在 t 年第 k 种污染物排放量占 GDP 的比重，e_{ikt} 的数值越大，表示城市 i 第 k 种污染物的排放在全国范围内相对越高。因为 e_{ikt} 是无量纲变量，所以可进行加总求平均，如下：

$$e_{it} = \frac{1}{3}(e_{i1t} + e_{i2t} + e_{i3t})$$

由此得到相对污染排放指标 e_gdp。由于人口越密集，人类活动越频繁，产生的污染排放量也就越多。为削弱人口规模对污染排放水平的影响，按照此计算方法引入了人均污染相对排放量对污染进行衡量，得到人均相对污染排放指标 e_pop。① 具体估计结果如表 4-14 所示。

表 4-14 稳健性检验结果（一）

解释变量	因变量：e_gdp	因变量：e_gdp	因变量：e_pop	因变量：e_pop
	(10)	(11)	(12)	(13)
t	−2.4858**	−18.0082***	−15.7732***	−15.7669***
	(−2.07)	(−5.41)	(−5.11)	(−5.70)
t_w_pgdp		14.6915***		7.72526***
		(4.37)		(2.75)

---

① 此处 e_pop 的计算公式与 e_gdp 的计算公式一样，均为 $e_{ikt} = \frac{ex_{ikt}}{\frac{1}{n}\sum^{n} ex_{jkt}}$，$e_{it} = \frac{1}{3}(e_{i1t} + e_{i2t} + e_{i3t})$，只是这里的 ex_{ikt} 表示的是城市 i 在 t 年第 k 种污染物的人均排放量，而非 GDP 占比。

续表

解释变量	因变量：e_gdp	因变量：e_gdp	因变量：e_pop	因变量：e_pop
	(10)	(11)	(12)	(13)
lnp_fdi	−0.159***	−0.093331**	−0.04257	−0.11183**
	(−4.89)	(−2.45)	(−0.54)	(−2.37)
p_gdp	0.0396***	−0.01819	0.13065***	0.01436
	(3.93)	(−0.48)	(5.11)	(0.36)
lnstruc	0.49541**	0.56392***	0.22533	0.96477***
	(2.04)	(2.77)	(0.49)	(4.14)
fd	0.18658*	1.74891***	0.49865**	1.76357***
	(1.73)	(7.11)	(2.26)	(9.93)
lnopen	−0.129***	−0.22134***	−0.00565	−0.10616***
	(−3.49)	(−4.88)	(−0.08)	(−2.72)
c	1.8133***	0.38748***	1.46384***	1.25095***
	(6.82)	(1.20)	(3.10)	(3.54)
AR（1）	0.059	0.067	0.011	0.008
AR（2）	0.623	0.176	0.680	0.991
Hansen-test	0.302	0.441	0.352	0.659
外生性检验	0.555	0.374	0.917	0.359
样本数	2168	2168	2168	2168

注：***、** 和 * 分别表示显著水平为 1%、5% 和 10%，括号中为 z 值。外生性检验报告的是 GMM 的 Hansen Test Excluding Group 卡方检验的 p 值结果。

观察发现，表 4-14 中各指标的显著性与表 4-13 相比有所提升，除对外贸易依存度外，各个解释变量的符号均未发生变化，并通过了序列相关性检验、工具变量有效性与外生性检验。实际税率与当地相对污染排放指标之间存在显著的负向关系，其他地区加权的实际税率与当地污染显著正相关，且本地实际税率的影响系数要大于其他地区加权实际税率的影响系数。这说明若各地区均适当地提高其实际税率，会使总污染水平下降，① 符合本节理论模型中得出的命题 3。如前文所述，我国名义税率是由中央制定的，地方政府仅仅拥有非常有限的不完全税权（征管权），因而在这种体制下，地方政府之间、税收竞争的策略性工具变为"税收征收努力度"，地方政府可以在很大程度上控制税收优惠政策（汤玉刚等，2010）。从 20 世纪 80 年代开始，我国中央对地方官员的政绩考核主要以 GDP 考

---

① 所有地区实际税率均提高一单位，会使 e_gdp 下降 3.3167 单位，e_pop 下降 8.04164 单位。

核为主，地方官员之间围绕 GDP 增长进行"晋升锦标赛"或"标尺竞争"，而晋升锦标赛本身可以将地方官员置于强有力的激励之下，产生一系列的扭曲性后果（周黎安，2007）。为了争夺稀缺的流动性资本，地方官员不惜以牺牲环境为代价，采取各种税收优惠政策来吸引国内外投资，产生一种"逐底竞次"型的无效均衡，这种中国式分权体制与官员晋升体制下的政府税收征收行为是导致中国环境问题愈演愈烈的根本因素。

表 4-14 控制变量中人均 FDI、产业结构、财政分权指标系数均未发生变化。人均 GDP 对相对污染指标的影响有正有负，并不一致。目前已有大量国内外学者对经济增长与环境污染之间的关系进行了研究，不同的学者得出的结论不尽相同。总结众多学者的成果发现，经济增长与环境污染的关系可能是倒"U"形的，也可能是线形、"U"形、"N"形或倒"N"形（Diao 等，2009；张成等，2011）。这说明人均 GDP 对环境污染水平的影响存在不确定性，由于经济增长在本节中只是作为控制变量，并不是本节研究的重点，所以没有进行更深一步的分析。值得注意的是，表 4-14 中对外贸易依存度的系数变为负数，且除估计（12）外，其他估计都通过了 1% 水平的显著性检验。可能的原因在于出口企业所面临的激烈的市场竞争是促进污染治理技术进步的积极因素，进口机器和设备又为一些战略性重工业的发展提供了便利，减少了这些重工业发展导致的污染增加，同时技术的进口提高了我国污染治理的技术水平（何洁，2010）。因此，当选取不同的指标作为被解释变量时，由于考虑的角度不同，对外贸易依存度可能存在不同的影响。从污染的综合指标来看，对外贸易是有利的因素。

（二）实际税率指标的变化

前文中其他地区空间加权的实际税率是以人均 GDP 为空间加权矩阵。由于权重矩阵的确定并没有一个明确的标准，为了保证估计结果的稳健性，本节定义了一个按人口加权的空间权重矩阵，对除本地以外其他地区的实际税率进行了加权，得到变量 t_w_pop。为了检验结果的稳健性，本节用 t_w_pop 进行系统的分析。稳健性检验结果如表 4-15 所示。

表 4-15 中各变量的显著性和符号与表 4-13、表 4-14 中基本一致，未因空间权重矩阵设置的不同而出现显著的改变，并通过了所有检验，说明本节估计结果是相当稳健的。

中国地方财政的实证研究

表 4–15 稳健性检验结果（二）

解释变量	因变量：emission_water	因变量：emission_so$_2$	因变量：emission_smoke	因变量：e_gdp	因变量：e_pop
	(16)	(17)	(18)	(19)	(20)
t	−35.9000***	−30.4146***	−9.87712**	−19.7333***	−16.047***
	(−4.28)	(−5.91)	(−2.09)	(−5.54)	(−5.76)
t_w_pop	27.8168***	29.5785***	1.14681	17.7960***	9.35168***
	(3.63)	(4.66)	(0.13)	(4.06)	(2.71)
lnp_fdi	−0.13699***	−0.56967***	−0.18489*	−0.11630***	−0.12295**
	(−4.40)	(−8.06)	(−1.87)	(−2.88)	(−2.55)
p_gdp	0.10864***	0.12144***	0.05067*	−0.01962	0.00854
	(2.64)	(3.54)	(1.89)	(−0.49)	(0.21)
lnstruc	0.34345	1.28023***	0.54528**	0.50068**	0.92246***
	(1.41)	(8.36)	(2.04)	(2.36)	(3.94)
fd	0.38650	2.03646***	0.57164*	1.81287***	1.79297***
	(1.30)	(7.63)	(1.79)	(6.62)	(9.74)
lnopen	0.30806***	0.15662***	0.00645	−0.18871***	−0.09126**
	(6.84)	(4.61)	(0.13)	(−3.99)	(−2.32)
c	2.44472***	3.72245***	1.63443***	0.53221	1.29429***
	(9.34)	(13.91)	(3.41)	(1.62)	(3.67)
AR（1）	0.000	0.000	0.062	0.056	0.007
AR（2）	0.322	0.742	0.637	0.175	0.990
Hansen-test	0.435	0.240	0.633	0.471	0.678
外生性检验	0.955	0.998	0.602	0.447	0.436
样本数	2168	2168	2168	2168	2168

注：***、**和*分别表示显著水平为1%、5%和10%，括号中为z值。外生性检验报告的是GMM的Hansen Test Excluding Group 卡方检验的 p 值结果。

七、结论与启示

本节在 K-K（2002）的基础上，借鉴 O-W（2009）与 E-R（2012）的研究，结合中国的实际国情，构建了包括生产者、消费者、地方政府和中央政府四个部门在内的空间均衡模型，刻画了在中国特有的体制下，地方政府税收征收行为对当地投资水平与环境污染水平的影响，及其产生的溢出效应，为分析中国环境污染提供了一个新颖的视角。同时提出以下三个命题：①在存在地方政府与中央政府两级政府，且地方政府无税率制定权的税收比例分成体制下，地方政府的税收征收努力度与本地的投资水平、污染水平负相关。②由于污染溢出效应的存在，当资本供给有弹性时，当地的税收征收努力度与其他地区的污染排放水平负相关；当资本供给无弹性时，结论恰好相反。③从总体上来看，无论资本供给是否有弹性，地方政府提高其税收征收努力度会减少全社会的总投资，降低总的污染排放水平，提升全社会效用水平。结合2003~2010年我国271个地级市层面的数据进行实证检验，估计结果表明，若所有地区均适当地提高其实际税率，会降低总污染排放水平；外商直接投资的提高有利于污染的减排，而财政分权度与产业结构的上升对污染减排是不利的，对外贸易依存度与人均GDP对污染排放的影响会由因变量取值的不同而发生变化，具体影响机制还有待进一步的分析。采用不同的变量进行稳健性检验时，结论依然成立。

基于以上分析，本节认为在目前我国这种"政治集权、经济分权"体制下，"自上而下"标尺竞争格局中以GDP为主的政绩考核体制使地方政府具有降低税收征收努力度来争取投资的动机。地方分权给予地方官员通过快速发展本地经济而让自身在地区间政治与财政竞争中脱颖而出的极大激励，税收优惠政策作为博弈工具在地方招商引资中的作用被不断放大，造成高名义税率、低征管效率的局面，由此引发的盲目攀比和恶性竞争导致了资源的极大浪费与环境的极度恶化。地方政府"为增长而竞争"的行为导致了为增长而污染的现象，政府主导型的经济导致了政府引致型的污染。

本节的研究结论告诉我们，在中国式财政分权与官员晋升体制下，减少污染排放，从根本上改变环境污染的现状，其关键可能并不仅仅限于先进技术设备的引进与污染治理投资额的增加。当前，降低污染排放量，提升环境质量的关键是转变经济增长方式，改革现有的财政体制，将污染控制纳入官员的晋升考核机制中，实施更为科学的相对绩效评估，逐步减小GDP在考核地方官员绩效时的权重；建立市场化的减排激励，推进排污权交易制度，形成地区之间的减排合作机制；适当平衡地方上的财权与事权，减弱地方政府间的恶性投资竞争，研究征收环境税、碳税等，实行更严格的环保制度，同时，建立公共监督体系，让市民有更多的发言权乃至决策权。

第五节 中国财政支出的瓦格纳检验

一、引言

19世纪末至20世纪初,德国著名经济学家阿道夫·瓦格纳(Adolph Wagner)通过对英国、美国、法国、德国、日本等国历史数据的实证考察,提出了后来驰名于经济学界的"瓦格纳定律"。这一定律提出了"公共与政府活动持续扩张论",即随着一国真实收入的增加,将给予政府规模与活动一个持续的长期的扩张影响。

自从20世纪50年代末期瓦格纳及其相关著作被引入西方国家后,就产生了大量的求证分析与实证检验的文献。尤其是近30年来,随着样本数据的充实,许多学者应用计量经济学方法对瓦格纳定律进行检验。其中,许多检验是针对某一个具体国家的,包括发达国家,如加拿大(Ahsan、Kwan和Sahni,1996;Biswal、Dhawan和Lee,1999)、日本(Nomura,1995)、瑞典(Henrekson,1993)、美国(Yousefi和Abizadeh,1992;Islam,2001)以及英国(Gyles,1991;Oxley,1994),新兴与发展中国家或地区,如希腊(Courakis、Moura-Roque和Tridimas,1993;Hondroyiannis和Papapetrou,1995;Chlestsos和Kollias,1997)、伊拉克(Asseery、Law和Perdikis,1999)、巴基斯坦(Khan,1990)、墨西哥(Hayo,1994;Lin,1995)、韩国(Abizadeh和Yousefi,1998)、中国台湾(Sun,1997)与土耳其(Halicioglu,2003;Cavusoglu,in press)等。除了极个别的情况外,瓦格纳定律在以上国别的研究中都是成立的。例如,Islam在2001年发表的 *Wagnerps Law Revisited: Cointegration and Exogeneity Tests for USA* 一文中,利用JJ协整方法(Johansen-Juselius Cointegration)和格兰杰因果检验方法,重新检验了美国1929~1996年的年度数据,实证结果表明瓦格纳定律在美国是成立的,两变量之间确实存在长期均衡关系与因果关系。

同时,对多国数据的瓦格纳定律的检验也数不胜数,在最近的研究中,Chang、Liu和Caudill(2004)检验了瓦格纳定律在亚洲三个新兴工业化国家和九个老工业化国家的情况,结果发现对瓦格纳定律的支持有限。

中国作为世界上最大的发展中国家,同时拥有最多的人口,自改革开放以来,国民经济得到迅速发展,政府规模不断扩大。图4-2显示了中国财政收入与财政支出占GDP的比重,无论是支出还是收入,自1994年以来均是增加的。毫无疑问,检验我国的政府规模与经济增长之间的关系是否符合瓦格纳定律,是一个相当有意义的课题。同时,对这一问题的研究具有一定的现实紧迫性。

基于以上考虑,本节考察了中国地方财政支出与经济增长两者之间的关系,并针对时间序列的非平稳性,重点考虑了瓦格纳定律验证过程中的协整与因果关系问题,希望得到一个实证性的结论,以期对上述问题做出相对科学的解答。

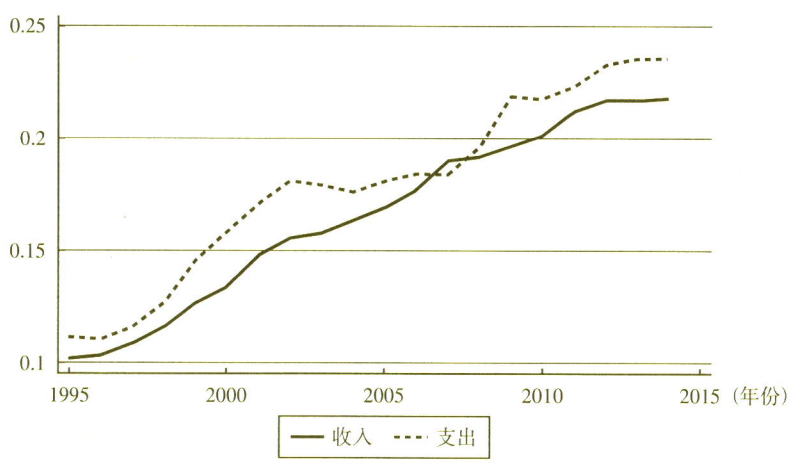

图4-2 中国财政收入与财政支出占GDP比重的演变

二、理论框架

(一)理论模型及数据说明

在中国对瓦格纳定律进行实证检验,要考虑到中国特殊的国情。财政分权和政治集权是中国经济与政治体制的独特之处,这一体制也带来了具有中国特色的中央与地方关系:中央政府把地区经济增长作为考核地方政府官员政绩的主要指标,同时下放财权,让地方政府拥有足够的资源,用以积极发展地方经济。因此,本节以中国省级政府为主体,选取政府规模与经济增长方面的数据来实证检验瓦格纳定律是较为合理的。

根据瓦格纳定律的内涵,我们要设计出能够表达变量间关系的理论模型。如上所述,瓦格纳定律描述了两个变量:一是经济增长;二是政府规模的扩张。对于经济增长的概念，国内外已有的研究成果通常采用人均真实 GDP 的增长来描述；对于政府规模的扩大，常用政府真实支出、政府人均真实支出或政府支出占 GDP 份额这三个中的某一个来描述。传统上，都是采用 Mann（1980）所提出的六种检验形式来检验瓦格纳定律，在此我们采用第四种模型形式，如下所示：

$$Ln(RE/P) = a + bLn(RGDP/P)$$

其中，Ln 代表对时间序列取自然对数，以消除波动性；RE 为真实财政支出；RGDP 为真实国内生产总值；P 为人口。本节采用 CPI 消费者物价指数，并取 1985 年为 1，财政支出与国内生产总值的名义值除以 CPI 得到我们所需的真实值 RE 与 RGDP。所有原始数据来源于历年《中国统计年鉴》和中经网数据库。

（二）计量方法

除香港、澳门、台湾地区外，中国尚有 31 个省级政府。考虑到数据的可获取性，排除数据有缺失的四川和重庆，再排除财政收支结构及数据异于其他省份、具有非典型性的西藏自治区。这样，我们选取 1980~2010 年 28 个省份的地方政府财政支出与国内生产总值数据作为分析样本。

理论上，我们可以分别研究单个省份的政府财政支出与国民生产总值的关系，这就意味着改革开放后每个省份的样本容量仅为 20 多个，而过少的样本容量几乎不可能得到可靠的计量结果。另外，各个省份经济政治体制的相似性，使其具有一定的可对比性。考虑到面板数据分析方法具有能够有效利用存在相似关系的数据、扩大样本容量的优点，为了克服以上缺点，我们应用面板数据计量方法。

对面板数据计量方法的研究是国内外计量经济学研究的热点，近年来取得了很大进展。Quah（1994）、Pedroni（1995，1996）、Kao（1999）、Hadri（2000）、Levin（2002）和 Lm（2003）等提出与发展的面板数据单位根检验和协整理论，是研究非平稳面板数据的有力分析工具。Hurlin 和 Venet（2001）、Hurlin（2004）提出的面板数据格兰杰因果检验进一步发展了标准格兰杰因果检验，使之可以应用于分析面板数据的因果关系。

三、计量检验结果

（一）单位根检验

1. 单个时间序列的检验

时间序列通常具有非平稳性，进行计量分析之前应对其进行平稳性检验。对单个时间序列的单位根检验，较为常用的是 ADF 检验（Dickey 和 Fuller，1981；Said 和 Dickey，1984）和 KPSS 检验（Kwiatkowski、Phillips、Schmidt 和 Shin，1992）。以下运用上述两种方法互相补充，检验各省份财政支出与国内生产总值数据是否平稳。检验结果如表 4-16 与表 4-17 所示。

表 4-16　中国各省份人均真实财政支出（Ln P RE）平稳性检验

	ADF		KPSS
	intercept	trend and intercept	trend and intercept
ah 安徽	1.0125	-0.5709	0.159678**
bj 北京	0.0625	-1.1838	0.161291**
fj 福建	1.2616	-1.5944	0.151089**
gd 广东	0.0481	-3.9661	0.0815
gs 甘肃	1.7915	-1.1651	0.149922**
gx 广西	1.6358	-0.8305	0.156327**
gz 贵州	0.5977	-0.7002	0.161951**
heb 河北	1.7721	-0.1481	0.191762**
hen 河南	3.4005	-0.2583	0.177091**
hlj 黑龙江	1.7566	-0.3732	0.159914**
hn 海南	-0.0532	-1.6031	0.0936
hub 湖北	2.0854	-0.3300	0.162302**
hun 湖南	2.1060	-0.5928	0.173388**
jl 吉林	1.0053	-0.7825	0.129321*
js 江苏	2.2137	-0.7548	0.175797**
jx 江西	1.7449	-0.4460	0.169287**
ln 辽宁	1.6605	-1.2599	0.154456**
nmg 内蒙古	0.6866	-0.0974	0.163784**
nx 宁夏	1.1789	-0.5158	0.169228**
qh 青海	0.2837	-0.6976	0.167808**
sd 山东	1.9143	-1.0329	0.155291**
sh 上海	1.0877	-1.1565	0.158192**
shx 山西	1.3985	1.0932	0.18288**
sx 陕西	0.5187	-0.6177	0.174393**
tj 天津	1.4564	-0.4494	0.184892**

续表

	ADF		KPSS
	intercept	trend and intercept	trend and intercept
xj 新疆	1.9385	−0.0557	0.165426**
yn 云南	−0.0808	−2.1860	0.0945
zj 浙江	1.7110	−0.6138	0.158996**

注：***、**、*分别表示在1%、5%和10%水平上拒绝单位根假设。

表 4-17 中国各省份人均真实国内生产总值（Ln RPGDP）平稳性检验

	ADF		KPSS
	intercept	trend and intercept	trend and intercept
ah 安徽	1.0125	−0.5709	0.159678**
bj 北京	0.0625	−1.1838	0.161291**
fj 福建	1.2616	−1.5944	0.151089**
gd 广东	0.0481	−3.9661	0.0815
gs 甘肃	1.7915	−1.1651	0.149922**
gx 广西	1.6358	−0.8305	0.156327**
gz 贵州	0.5977	−0.7002	0.161951**
heb 河北	1.7721	−0.1481	0.191762**
hen 河南	3.4005	−0.2583	0.177091**
hlj 黑龙江	1.7566	−0.3732	0.159914**
hn 海南	−0.0532	−1.6031	0.0936
hub 湖北	2.0854	−0.3300	0.162302**
hun 湖南	2.1060	−0.5928	0.173388**
jl 吉林	1.0053	−0.7825	0.129321*
js 江苏	2.2137	−0.7548	0.175797**
jx 江西	1.7449	−0.4460	0.169287**
ln 辽宁	1.6605	−1.2599	0.154456**
nmg 内蒙古	0.6866	−0.0974	0.163784**
nx 宁夏	1.1789	−0.5158	0.169228**
qh 青海	0.2837	−0.6976	0.167808**
sd 山东	1.9143	−1.0329	0.155291**
sh 上海	1.0877	−1.1565	0.158192**

续表

	ADF		KPSS
	intercept	trend and intercept	trend and intercept
shx 山西	1.3985	1.0932	0.18288**
sx 陕西	0.5187	-0.6177	0.174393**
tj 天津	1.4564	-0.4494	0.184892**
xj 新疆	1.9385	-0.0557	0.165426**
yn 云南	-0.0808	-2.1860	0.0945
zj 浙江	1.7110	-0.6138	0.158996**

注：***、**、* 分别表示在1%、5%和10%水平上拒绝单位根假设。

ADF检验的零假设是该时间序列含单位根，如果检验结果拒绝零假设，就可以断定该序列不含单位根，为平稳序列。值得一提的是，在ADF检验中接受零假设并不意味着该序列就是非平稳序列，只是意味着没有足够的理由拒绝该序列的非平稳性。因此，为了确认序列的非平稳性，还需要考察KPSS检验。KPSS检验与ADF检验相反，它的零假设是该时间序列不含单位根，如果检验结果拒绝零假设，则该序列是非平稳的，含单位根；反之，也意味着没有足够的理由拒绝序列是平稳的。综上，如果ADF检验不能拒绝零假设而KPSS检验拒绝零假设，则意味着序列是非平稳的；反之，序列是平稳的。当然，如果ADF检验和KPSS检验同时接受各自的零假设，则无法判断序列是否平稳。

由表4-16、表4-17可以看出，ADF检验分为包括截距项、包括截距项与趋势项两种形式，KPSS检验采用包括截距项和趋势项，均为水平序列。结果显示，各省份的人均真实财政支出与国民生产总值的ADF检验都不能拒绝零假设；大多数的KPSS检验在不同的水平上拒绝零假设。但同时也应该看到，不少省份的KPSS检验不能拒绝平稳性假设，给两序列的非平稳性判断带来一定的困扰。

造成以上结果的一部分原因是每个序列的样本容量有限，检验的势较低，导致不足以拒绝零假设。解决这一问题的方法之一便是应用面板数据继续进行单位根检验。

2. 面板数据单位根检验

为保证结果的稳健性，本节使用三种方法检验面板数据的单位根。

（1）LLC检验。Levin、Lin和Chu（2002）提出了针对七种不同数据产生过程的面板数据单位根检验法，其中应用最广泛的第五种检验法，数据产生过程如下：

$y_{it} = \rho y_{i,t-1} + \eta_i + \varepsilon_{it}$

零假设为 $H_0: \rho = 1, \eta_i = 0$

Levin、Lin 和 Chu（2002）还给出了 ρ 的面板数据联合 OLS 估计量以及对应 $\rho = 1$ 的 t 统计量的分布。根据求得的 t 统计量即可检验是否可以拒绝零假设。值得注意的是，LLC 检验为单侧检验，其拒绝域在左侧。

（2）IPS 检验。Im、Pesaran 和 Shin（2003）提出的 IPS 检验是根据对单个时间序列 ADF 检验的 t 统计量来计算组平均统计量进而检验单位根的。其基本模型如下：

$\Delta y_{it} = \alpha_i + \beta_i y_{i,t-1} + \varepsilon_{it}$

其中，$i = 1, 2, \cdots, N$ 且 $t = 1, 2, \cdots, T$。IPS 检验的零假设为 H_0: 对任意 $i, \beta_i = 0$；备则假设为 $H_1: \beta_i < 0$。IPS 检验为单侧检验，其拒绝域也在左侧。

如果 LLC 检验和 IPS 检验都拒绝单位根假设，则面板数据是平稳的；反之，则意味着数据可能是非平稳的。检验结果如表 4-18 所示。

表 4-18　各省份人均真实数据面板数据单位根检验

时间：1980~2006 年	ln（RGDP/P）		ln（RE/P）	
	统计量	P 值	统计量	P 值
LLC	22.9374	1.0000	17.4879	1.0000
IPS	19.3046	1.0000	15.0299	1.0000
LM	10.2769	0.0000	11.3856	0.0000

表 4-18 中，LLC 检验不包含确定项，给出统计量和 p 值，p 值为 1 则不能拒绝零假设：面板数据存在单位根，即结论是存在单位根。IPS 检验含有单独截距项，判法如上。由表 4-18 可见，人均真实财政支出和国内生产总值的检验结果完全一致：LLC 检验和 IPS 检验都不能拒绝零假设，即不能拒绝面板数据存在单位根。但这一结果仍不能确认面板数据是非平稳的，我们还需进一步应用与 KPSS 检验相类似的 LM 检验。

（3）LM 检验。Hadri（2000）提出的 LM 检验法是基于 KPSS 检验提出的。其数据产生过程如下：

$y_{it} = r_{it} + \beta_{it} + \varepsilon_{it}$

其中，有 $r_{it} = r_{i,t-1} + u_{it}$，为随机游走过程，$\varepsilon_{it}$ 和 u_{it} 分别为独立同分布的零均值正态过程。其零假设等价于面板数据没有单位根，是平稳的。若统计量对应的概率大于0.05，则说明无单位根；若小于0.05，则说明面板数据中存在单位根。

如果 LLC 检验和 IPS 检验在不能拒绝单位根假设的同时，LM 检验拒绝零假设，那么我们就可以断定面板数据非平稳。检验结果如表 4-19 所示，LM 检验含有单独截距项与趋势项，选择 Heteroscedastic Consistent Z-stat，表示克服异方差情形下的统计量，人均真实财政支出和国内生产总值的 LM 检验都拒绝了零假设。因此，结合上述 LLC 检验和 IPS 检验，我们可以断定人均真实财政支出和国内生产总值都是非平稳过程。

此时，我们进一步考察其一阶差分的情况，分别取人均真实财政支出和国内生产总值的一阶差分以检验其是否存在单位根。结果如表 4-19 所示。

表 4-19　各省份人均真实数据一阶差分面板数据单位根检验

时间：1980~2006 年	Dln（RGDP/P）		Dln（RE/P）	
	统计量	P 值	统计量	P 值
LLC	-3.8003	0.0001	-10.0641	0.0000
IPS	-10.4259	0.0000	-12.7699	0.0000
LM	3.3077	0.0005	2.5848	0.0049

可见，LLC 检验和 IPS 检验都拒绝了零假设，我们可以据此认定，人均真实财政支出和国内生产总值的一阶差分是平稳的。

综上分析可知，各省份人均真实财政支出和国内生产总值都为 I(1) 过程。可以运用面板数据协整分析方法，分析各省份人均真实财政支出和国内生产总值之间是否存在长期均衡过程，再进一步考察其格兰杰因果关系，最终验证瓦格纳定律是否在中国成立。

（二）面板协整检验

在此我们采用 Pedroni（1997，2004）提出的面板数据协整检验方法，其优点是允许最大程度的样本差异：不仅每个样本的协整系数可以不同，而且允许有不同的短期动态学。其协整检验按如下步骤进行：首先，需要对每一个时间序列进行单位根检验，以判断其是否是 I(1) 过程。其次，如果各序列都是 I(1) 过程，用 OLS 方法分别对每个时间序列协整回归并计算回归残差值。最后，将不同变量不同时点上的所有回归残差混合在一起，构造出统计量对残差进行平稳性检验。如果是平稳的，则拒绝没有协整关系的零假设，接受协整关系存在的备择假设；反之，则不能拒绝没有协整关系的零假设。

Pedroni 一共提出了七个统计量用以对残差进行平稳性检验,它们分别是:Panel v-Statistic、Panel rho-Statistic、Panel pp-Statistic、Panel adf-Statistic、Group rho-Statistic、Group pp-Statistic 和 Group adf-Statistic。Pedroni 还证明,在一般性的假定条件下,上述七个统计量在经过均值和标准差调整后,都渐进地服从标准正态分布,可以用来进行统计检验。一般地,Group pp-Statistic 最为保守,拒绝度最低,而 Group adf-Statistic 的拒绝度最高,其他统计量则表现得不够稳定。因此,在以下检验中,如果各个统计量出现互相矛盾的结果,我们将重点察看这两个统计量。

从表 4-20 中可见,Pedroni 的面板数据检验在不包括截距项与趋势项的检验中,七个统计量表现出一定的相互矛盾,p 值的差异也相当明显。应该注意到,拒绝度最低的 Group pp-Statistic 的 p 值仅为 0.0007,拒绝了没有协整关系的原假设,也就是说,各省份人均真实财政支出与人均真实国内生产总值之间存在着协整关系。

表 4-20　各省份人均真实财政支出和国内生产总值面板协整检验

不包括截距项与趋势项	统计量	p 值
Panel v-Statistic	−1.904615	0.0650
Panel rho-Statistic	0.894309	0.2674
Panel pp-Statistic	1.281584	0.1755
Panel adf-Statistic	−0.245173	0.3871
Group rho-Statistic	4.564828	0.0000
Group pp-Statistic	3.571173	0.0007
Group adf-Statistic	1.532916	0.1232

(三) 面板数据因果性检验

由以上分析可以知道,原面板数据是非平稳过程,不能直接进行格兰杰因果检验,只能对平稳的一阶差分数据进行因果检验。理论上,我们也可以对单个省份的人均真实财政支出与人均真实国内生产总值进行格兰杰因果检验,但结果显示大部分省份不能拒绝零假设,即不能拒绝两者间不存在因果关系。这一结果类似于对单个时间序列进行 KPSS 的单位根检验,是由于单个省份时间序列数据太少,导致检验的值太低而造成的。另外,瓦格纳定律揭示的是经济增长与政府规模扩大之间的关系,假设西部某个省份经济发展迟缓甚至停滞(事实上西部地区的经济增速确实一直落后于全国平均水平），而全国经济的增长可能惠泽该省，方式包括中央政府向该省的财政补助、国家西部大开发政策倾斜等，从而引起该省财政支出的扩大和政府规模的扩张。因此，执着于单个省份内人均真实财政支出与人均真实国内生产总值的格兰杰因果检验结果，并不是很科学的做法。下面我们应用面板数据格兰杰因果检验进一步分析各省市经济增长与政府规模扩张是否存在因果关系。

格兰杰利用VAR模型提出了一种检验两个时间序列变量之间因果关系的方法，他认为如果时间序列x是由时间序列y引起的，那么x的现在值将很大程度上由y的滞后值来解释；对x进行预测时，如果x的均方误差（MSE）由于y滞后值的加入而变小，则称y序列由Granger引起的x序列。

Huilin和Vevet（2001）提出的面板数据格兰杰检验是上述格兰杰因果检验的扩展。零假设为"x不是引起y的格兰杰因"。如果拒绝零假设，则x是y的格兰杰原因；反之，x不是y的格兰杰原因。本节采用人均真实财政支出与人均真实国内生产总值的一阶差分数据进行检验，分别选取滞后阶数p = 0，1，2，3，检验结果如表4—21所示。

表4—21　各省份人均真实财政支出与国内生产总值一阶差分的面板数据格兰杰因果检验

阶数	p = 0		p = 1		p = 2		p = 3	
—	F统计量	p值	F统计量	p值	F统计量	p值	F统计量	p值
dlpgdp-->dlre	31.2732	0.0000	40.9473	0.0000	31.2732	0.0000	27.8970	0.0000
dlre-->dlpgdp	11.4284	0.0000	0.0520	0.8196	11.4284	0.0000	11.6956	0.0000

在表4—21中，dlpgdp表示人均真实国内生产总值的一阶差分，dlre表示人均真实财政支出的一阶差分。dlpgdp-->dlre表示对人均真实国内生产总值是人均真实财政支出的格兰杰因的检验；dlre-->dlpgdp表示对人均真实财政支出是人均真实国内生产总值的格兰杰因的检验。p值为显著性水平，表示拒绝零假设的概率，数字越小，说明自变量预测因变量的能力越强。可以看到在检验结果中，除了1阶检验中的81.96%外，其余p值均显著地拒绝零假设，即两者显著地互为格兰杰因。

四、结论

本节运用时间序列单位根检验及面板数据单位根检验、协整分析、因果检验方法研究了中国 28 个省份 1980~2010 年的人均真实国内生产总值和人均真实财政支出数据。由于时间序列的特殊性、我国经济体制和财政制度的特殊性，以及我国处于快速发展的历史时期，短短 31 年的数据无论从内涵还是从数量上可能都无法准确反映政府规模与经济增长的长期准确关系；加之数据收集和检验过程中可能存在疏漏，这一切都可能造成检验结果的差异。本节在协整检验和格兰杰因果检验中得到的计量结果就带有瑕疵，但我们仍可以归纳出以下计量分析结果：第一，各省份的时间序列数据是非平稳的，其一阶差分具有平稳性；第二，两者之间存在协整关系，说明存在长期均衡过程；第三，除了极个别例外，两者间存在双向格兰杰因果关系。说明瓦格纳定律在中国也是成立的。

第五章 地方政府官员行为

第一节 中国省市级官员的特征

一、引言

对中国领导者的研究主要有四个传统：其一是传记派，传记派的一个方向是类似于中国史学研究中的纪传体传统，另一个方向是外国人对中国官员的研究，如斯诺对毛泽东的研究，还有邓小平、江泽民的个人传记，这种传记派不仅可以生动地刻画人物，而且可以为学术研究提供丰富的素材。其二是对中国官员的派系研究，如 Andrew Nathan（1973）提出了一个中国共产党政治的派系模型；Lee（1991）发现中国各级官员正从革命时期的干部向党内技术官僚转变；Bo（2004）、Li（2001，2005）对中国官员进行了研究，发现了学校网络和组织派系的重要性。其三是对中国官员升迁的研究，这方面的研究以 Bo（2004）的研究为典型，Bo 选取了 1949 年以来中国 2600 位省级官员的数据，利用 10 个变量如年龄、性别、党龄、籍贯、民族、原籍工作、与中央关系、省级的人口状况、经济发展等，研究中国省级官员的升迁。他发现，大学学历不是提升的条件，原籍与外来在升迁上没有本质区别，但原籍比外来更少被调动，政绩越好越可能留任，经济增长率与提升无关，但上缴税越多越能提升。其四是对中国官员特征的研究，如 Li（2003）就研究了中国省级官员的教育与职业背景。

由于种种原因，国内对中国各级官员的研究，尤其是对中国省市级官员的研究兴趣与日俱增。2006 年 12 月 19 日，零点研究咨询集团公布了全国首个针对六省市之省长、市长公众支持度的实验性调查结果。发现六个省长的平均"知名度"仅为30.9%，六个市长的平均"知名度"仅为44.3%。这就是说，近七成受访者无法正确说出省长姓名，五成多受访者无法正确说出市长姓名。很多学者对于官员升迁表现出了很大的兴趣，尤其是对经济特区深圳市领导的外调和苏州市领导的升迁的研究。另一个兴趣为对处于中国改革开放前沿的领导的关注。

本节的研究主要选择中国省级和地级以上市作为研究对象，之所以选择省级和市级（地级市以上）进行研究，是因为：第一，"省"在中国政治中的作用举足轻重，省级领导在中国政治中的作用也非常重要（Bo, 2004）；第二，地级市在省级政治中的作用亦十分重要，许多地级市的领导同时在省里兼任要职，而且对于一个快速城市化的国家而言，城市的重要性不言而喻；第三，对于中国省级官员和市级官员进行比较分析，不仅有利于全面理解中国地方官员，而且通过对比分析可以发现一些共性的东西。

二、数据收集与变量测量

本研究选取我国26个省、自治区、直辖市的169位省级领导和28个省、自治区、直辖市的102个城市的463位市级领导作为研究对象。26个省、自治区、直辖市中平均每个省份的样本数量为6.5人，最少的来自山东，只有2个样本，最多的为天津、贵州、黑龙江、内蒙古、江苏等省份，样本数量均为9个，每个省份的样本数量取决于数据收集的完整程度。由于官员选拔体制的不同，研究省份中不包括香港、澳门、台湾三个地区，西藏、新疆、安徽、海南等省份的资料非常残缺，因则从研究中去除，京津沪渝四大直辖市在我国省级经济与政治生活中处于重要的地位，我们的省级领导研究包括了这4个城市。在城市官员的研究中，28个省份中包括了省级官员研究中缺失的海南和安徽，同样不包括西藏、新疆、香港、澳门、台湾等省份和地区。28个省份中选取102个城市作为研究对象，平均每个省份为3.6个城市，扣除四大直辖市，平均每个省份为4个城市，城市的数量占我国城市总量的1/6左右，本研究的城市包括4个直辖市、15个副省级城市和各省区的省会首府以及各省区的地级市，不包括县级市。102个城市共选取463位官员，平均每个城市4.5人，扣除四大直辖市，平均每个城市4.4人。每个城市的样本数量同样取决于资料收集的完整程度（见表5-1）。

本研究涉及的官员只包括省委书记、省长、副省长、市委书记、市长、副市长等，不包括不在政府任职的省委副书记、市委副书记、党委常委，也不包括省市人大、政协、军区的领导，虽然他们也很重要，有的在省市政治决策中占有极

表 5-1 省市及其官员的样本选择

省、自治区、直辖市	省级官员数量	城市的数量	城市官员数量
北京	8	1	8
天津	9	1	9
上海	4	1	4
重庆	9	1	9
福建	8	4	12
甘肃	6	1	3
广西	5	4	20
贵州	9	3	15
河北	4	6	16
黑龙江	9	3	13
湖北	8	4	23
吉林	3	3	8
江西	6	5	19
辽宁	8	7	32
内蒙古	9	1	6
青海	3	1	5
山东	2	6	23
山西	9	4	17
陕西	4	4	16
云南	3	1	2
广东	8	8	44
湖南	5	5	14
江苏	9	8	34
四川	8	7	34
河南	8	4	19
浙江	3	5	15
海南	0	3	14
安徽	0	4	23
合计	169	102	463

其重要的地位，如省委副书记、市委副书记、党委、常委等。这种情况的原因在于：其一，我们的目的主要是研究政府的官员；其二，资料收集存在困难。

本研究的资料主要来自各省市的政府网站，这也得益于近年来我国政府上网和电子政务工程的发展，但是我们在资料收集的过程中，发现电子政府的发展不平衡，部分省市的领导材料不全面，有的只有工作分工而没有简历，有的缺少入党时间，有的缺少工作时间等，在这种情况下，我们以各省市人大报告中的官员资料为补充。数据的收集时间为2007年2月1~20日。

三、省长、市长的特征分析

下面我们分别从省市级官员的性别、年龄、党龄、教育程度、籍贯、一直在本省工作、共青团的工作经历等方面来阐述我国省级市级官员的特征。

（一）性别特征

新中国成立后，我党和政府在促进妇女从政方面做了大量的工作，女乡长、女县长、女市长、女省长、女性国家官员都曾经出现，但是不可否认，女性从政的比例相对于男性来说还是比较低的，省长如此，市长也如此。在调研的资料中（见表5-2），省级官员中男性比例占到93%，女性为7%；市级官员中女性比例略有增加，占到9.7%，男性则下降到90.3%。可见，女性领导的培养与选拔任重而道远。

表5-2　省市级官员的性别特征

单位：%

性别	省级	市级
男性	93	90.3
女性	7	9.7

（二）年龄特征

我国党和政府一直对领导干部的年龄结构非常关注，早在1992年发布的《中共中央组织部关于积极大胆地做好选拔年轻干部工作的通知》中即明确提出，在省区市党委领导班子中，50岁以下的干部一般要有3名，政府领导班子中，要有2名，其中，至少各有1名45岁左右的干部；在地市州党委、政府领导班子中要各有2~3名45岁以下的干部，其中至少各有1名40岁以下的干部。在地市级党政领导班子主要负责人中，要有一批45岁左右的年轻干部。2004年发布的《中共中央关于加强党的执政能力建设的决定》中，再次重申了干部队伍中形成合理的年龄梯次配备的重要性。在我们调查的 169 位省级领导中，最大的年龄为 60 岁，最小的为 36 岁，平均为 51 岁，正职平均年龄为 53 岁，副职平均年龄为 50 岁。相对于省长来说，市长的年龄比较年轻，最大的为 58 岁，最小的为 32 岁，平均年龄为 45.5 岁，其中地级市市长平均为 45 岁，副省级与省会城市市长平均为 45.5 岁，直辖市市长平均为 49.7 岁。为了更形象地展现省市级领导的年龄结构，我们将省市级领导的年龄绘成两幅图，从图中我们可以看出市长年龄出现两个峰值，均在 50 岁以下，一个在 44 岁左右，一个在 48 岁左右，而省长则只有一个峰值，出现在 51 岁左右（见图 5-1 和图 5-2）。

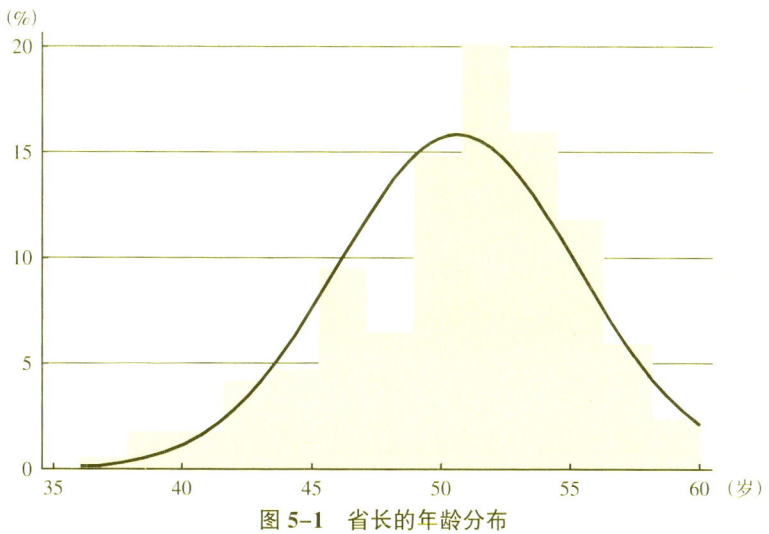

图 5-1　省长的年龄分布

（三）党龄特征

在我国，中国共产党是执政党，而民主党派是参政党，在这种体制下，中共党员在政府中的数量占据绝大多数，而民主党派和非党人士一般在一届政府中仅有一名，而且是副职。在研究党龄时，我们把民主党派和非党人士样本去掉。从表 5-3 中可以看出，省级领导党龄最大为 41 年，最小为 11 年，平均为 26 年，其中正职党龄平均为 26.5 年，副职党龄平均为 25.5 年，而市级领导的党龄最大为 35 年，最小为 6 年，平均为 21.8 年，其中正职党龄平均为 21 年，副职党龄平均为 22 年。由此可见，一个人从加入共产党到当上市级领导要 22 年左右，而当上省级领导平均为 26 年左右。

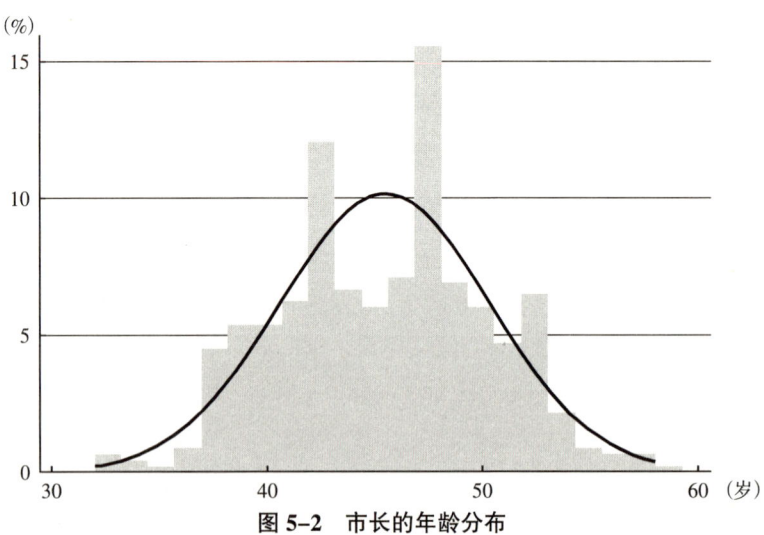

图 5-2 市长的年龄分布

表 5-3 省级市级官员的党龄特征

单位：年

	省级领导	市级领导
最大	41	35
最小	11	6
平均	26	21.8
正职	26.5	21
副职	25.5	22

（四）教育特征

教育水平是一个人素质的重要体现，对于领导干部也是如此。邓小平在1980年就发现中国各级领导干部的专业知识比较匮乏，亟须从各方面努力学习。他认为"无论在什么岗位上，都要有一定的专业知识和专业能力，没有的要学，有的要继续学，实在不能学、不愿学的要调整"，他进一步指出"问题是干部构成不合理，缺乏专业知识、专业能力的干部太多，具有专业知识、专业能力的干部太少。目前重要的问题并不是干部太多，而是不对路，懂得各行各业的专业的人太少。办法就是学：一个是办学校、办训练班进行教学；另一个是自学。在哪一行的，不管年龄多大，必须力求使自己学会本行。今后的干部选择，特别要重视专业知识。我们长期都没有重视，现在再不特别重视，就不可能进行现代化建设"。经过20多年的发展，我们发现这种情况得到了比较彻底的改观，单纯从学历上看，中国省市级领导的教育水平大幅度提升，不仅学士，而且硕士、博士在这一群体中都不再罕见。从总体上看，研究生学历占比为第一位，省级领导约占51%，市级领导约占43%；第二为大学学历，省级领导占31%，市级领导占32%；第三为党校研究生，省级领导占9%，市级领导占12%；第四为大专学历，省级领导占5%，市级领导占10%；第五为大专以下学历，省级领导仅占4%，市级领导仅占3%（见图5-3和图5-4）。为了更深刻地理解中国省市级领导的教育情况，我们将之分为东部和中西部两个地区进行考虑，发现结果与全国情况类似（见表5-4）。

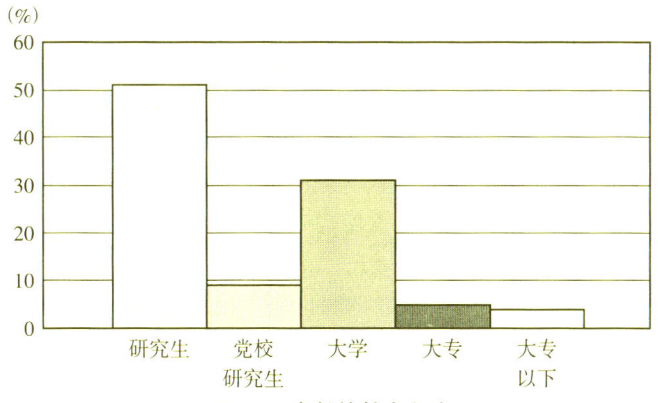

图5-3　省长的教育程度

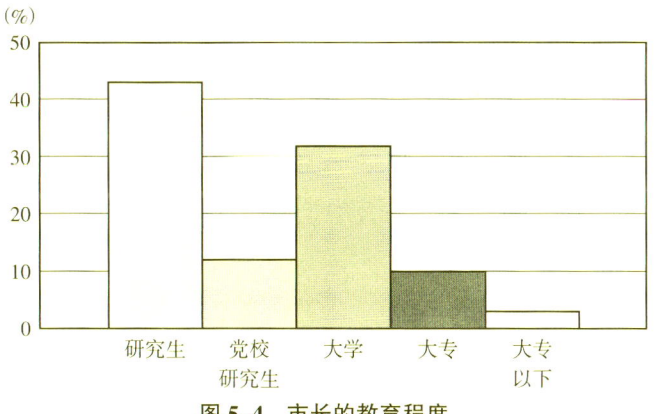

图5-4　市长的教育程度

表 5-4　教育程度的分区域考虑

单位：人

	学历	东部	中西部
省级领导	研究生	30	55
	党校研究生	4	12
	大学	27	25
	大专	3	6
	大专以下	3	4
	合计	67	102
市级领导	研究生	110	90
	党校研究生	27	27
	大学	63	85
	大专	25	22
	大专以下	8	6
	合计	233	230

（五）籍贯特征和工作地区特征

图 5-5 反映了省市级领导的籍贯特征，从中可以看出，省级官员中籍贯为本省籍的占 44%，而非本省籍的占 56%；市级领导的籍贯中本省籍的占到将近 70%，而非本省籍的约占 30%，我们在调研中发现存在着籍贯为非本省，而出生地为本省的状况，如果做些调整，则本省人士的比例会略微高些。图 5-6 是省市级领导的工作地区特征，对于省级领导而言，一直在本省工作的人员达到 60%，副职中这一比例更高，而非一直在本省工作的人员仅占 40%，这些人员中多数的

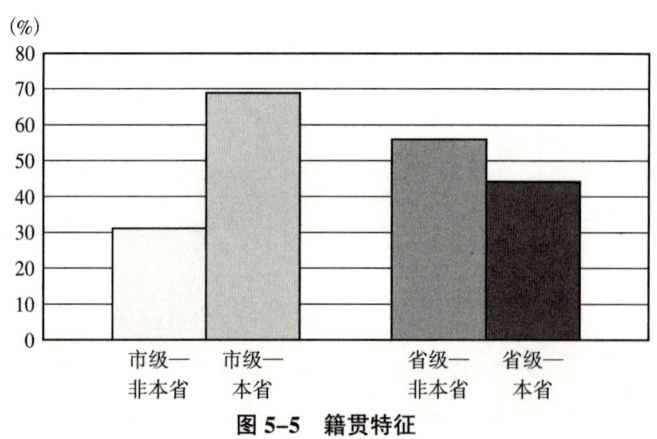

图 5-5　籍贯特征

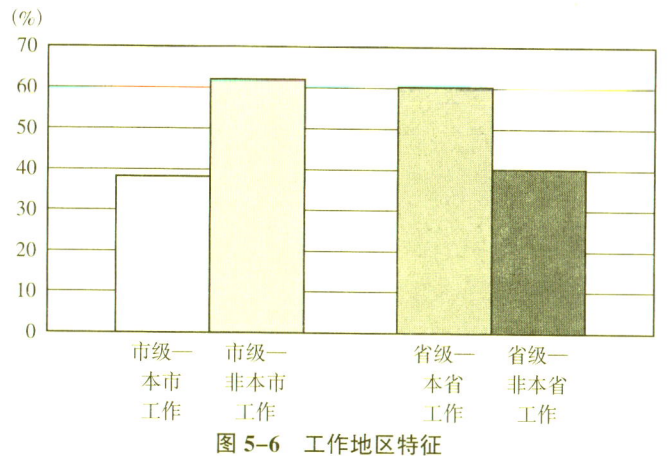

图 5-6 工作地区特征

流动方向是从东部发达地区如江苏、上海、浙江、广东流向西部不发达地区。对于市级领导而言,一直在本市工作的人员的比重为 38%,而有在其他地区工作经历的人员占到 68%,除了四大直辖市和部分副省级城市外,市级领导主要是省内迁移。

官员的籍贯特征和工作地区特征反映了官员的回避程度。官员回避制度自从东汉以来就作为官僚体制中的一项重要内容而延续,回避一般包括地区回避、职务回避、亲属回避、师生回避等。地区回避要求官员不能在本籍或亲籍做官,清朝实行比较严格的地区回避制度,基本上规定本省人士不得做本省的官,即使其他省离原籍 500 里之内的也必须回避。改革开放以来,特别是 21 世纪以来,官员回避制度建设得到加强,2006 年中共中央办公厅印发《党政领导干部职务任期暂行规定》(以下简称《任期规定》)、《党政领导干部交流工作规定》等法规文件,规定:县以上党政正职领导干部的每个任期为 5 年;在一个任期内因工作特殊需要调整职务,一般不得超过一次;在同一职位上连续任职达到两个任期 10 年的,不再推荐、提名或者任命担任同一职务;在同一层次领导职务累计最长任职时间为 15 年;在同一职位上任职满 10 年的,必须交流。我们看到,省级领导在全国范围内的流动比较多,而市级领导主要是在本省活动,严格的省籍回避并没有出现。

(六) 工作经历特征

我们这里主要选择两个指标来描述工作经历特征,对于市长而言,选择是否做过团干部这一指标,而对于省级官员而言,则选择是否做过市级领导(包括市委书记、副书记、市长、副市长,均为地级市以上)这一指标。中国共青团在中国政治中的特殊地位使得有共青工作经历的人士在各级党委政府中占有相当的比例,而市级领导本身是一项工作锻炼,通过这一指标来说明地级市的经历对于做省级官员的作用。从图5-7可知,在省级领导中,做过市级领导的人数略大于没有做过的,其比例分别为53%和47%,相差6个百分点,可见做过市级领导对于担当省级领导的重要作用。进一步分析,我们发现正职中做过市级领导的占所有正职人数的52%,而副职中做过市级领导的占所有副职人数的55%,相差3个百分点。在市级领导中,做过团干部的占28%,没有做过团干部的占72%。东部地区做过团干部的占27%,而中西部地区做过团干部的占28.6%。以城市的行政级别而论,地级市做过团干部的占27.9%,副省级及其省会城市做过团干部的占25%,而直辖市做过团干部的最多达到38.7%。

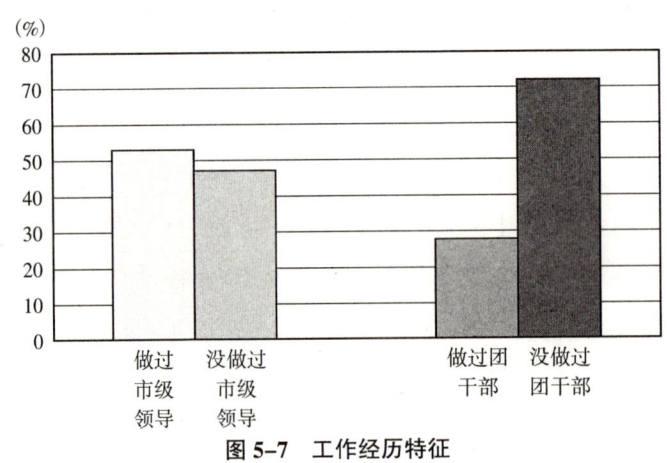

图5-7 工作经历特征

第二节 官员交流、任期与经济一体化

一、引言

Qian 和 Weingast(1997)、Qian 和 Roland(1998)提出了著名的"中国特色的联邦主义"理论,认为地方政府的强激励有两个根本原因:行政集权和财政分

第五章　地方政府官员行为

权。Li（1998）把官员治理的效率和质量视为影响经济发展的一个重要因素。自20世纪80年代，我国官员升迁标准由以政治表现为主转变为以经济绩效为主，在这种政绩激励下，地方官员之间围绕GDP增长而进行"晋升锦标赛"（周黎安，2007）。Huang（2002）发现，中央对地方官员的治理通常包含显性和隐性两个方面。显性治理通过可度量的经济发展指标体系（如GDP增长率、吸引落户的FDI等）来实现，隐性治理的手段包括兼任中央政治局委员、中央直接任命、任期控制以及异地任职等。显性治理是决定官员仕途的更重要条件。

在分权制度和官员治理制度的双重激励下，地方官员为增长而相互竞争（张军，2005）。然而为增长而竞争在带来地方经济增长的同时，也产生了一些负面作用，在这些负面作用中，区域的市场分割最近备受关注。从理论角度来看，普遍认为市场分割源于分税制改革后的地方分权，也就是说，中国式的"市场维持性财政联邦主义"（Jin等，2005）是形成"诸侯经济"的根本原因。

地方政府之所以采取分割政策，很大程度上是出于财政收入的考虑，限制本地资源流出和外地产品流入都是为了扶持本地经济，进而在当期或未来获得更多税收。部分落后地区甚至还可能因此而逆转比较优势，在未来获得更快的经济增长（Redding，1999；陆铭等，2004）。Young（1928）认为，市场分割导致重复建设和"诸侯经济"、市场范围缩小、分工相对滞后，使整体经济缺乏应有的效率。陆鸣等（2009）认为市场分割阻碍了要素和商品的自由流通，资源配置扭曲，牺牲了规模经济释放的经济增长潜力，地方政府的收益难以具有长期性。市场分割短期内可能促进地区经济增长，但长期却对地区发展造成巨大的负面影响。

对交流的官员来说，要获得晋升，他们不得不主要通过本地经济发展成就来向中央传递个人的能力信号，并且限于年龄等客观因素，他们为晋升而努力的心态会更加强烈。交流官员为晋升而进行的招商引资、发展对外贸易、基础设施建设等努力，客观上又加强了人力、物力和资金的跨部门、跨区域流动，促进了区域合作，进而加速国内市场整合。刘本义（1998）强调，官员交流能使地方官员更有动力加强跨地、跨部门合作。因此，在逻辑上，官员交流能够促进国内经济一体化。

我国历来重视干部交流，1990年7月，中央颁布《中共中央关于实行党和国家机关领导干部交流制度的决定》，官员交流作为官员治理的一项重要制度正式加以执行。国内市场分割在20世纪90年代中期之后开始趋于缓和，而正是在这一时期，官员交流制度正式执行。官员交流促进国内经济一体化能否得到实证支持？官员交流对一体化的促进作用有多大？平行交流与京官交流对一体化的贡献哪个更大？交流官员的任期与一体化的关系是怎样的？目前，国内这方面的研究尚不多见。

本节的贡献在于：首先，首次检验了官员交流是否带来了国内市场的整合；其次，本节是对已有理论文献的一个拓展，首次从实证角度验证了已有理论的正确性，并对我国官员治理制度的完善提供了一定的证据支持。

本节的安排如下：第二部分对区域分割和官员交流的有关文献做了一个简单的回顾；第三部分是数据来源、计量模型和变量解释；第四部分是实证分析；第五部分是结论。

二、文献回顾

最早对中国市场一体化进程进行研究的是 Kumar（1994），他发现相对于对外贸易的快速增加，中国的区际贸易量有所减少，得出中国区域间市场分割程度提高的结论。Young（2000）通过分析我国各地区产出结构的变化以及商品价格、农业劳动生产率的地区差异，发现各地的 GDP 结构和制造业产出结构逐渐趋同，但产品价格的区际差异波动较大，得出中国国内市场分割严重的结论。同时指出在财政分权的激励下，地方政府有积极性利用行政等手段促进地方保护主义的形成，避免当地经济租金被其他地区共享。Young（2000）的结论使国内外学者对中国市场一体化问题展开了激烈讨论。在这一框架下，地方实施市场分割主要出于如下考虑：维持较低的失业率和通过干预市场保证地方政府的财政收入（Poncet，2005）；增加地方政府的经济利益，政府更有积极性在边际劳动生产率较高的行业实施保护（平新乔，2004）；通过建立跨地区的贸易壁垒，对利税较高的行业采取地方保护（白重恩等，2004）；地方官员选择市场分割或者一体化是政治晋升最大化博弈的结果（Manski，2000；Blanchard 和 Shleifer，2000；周黎安等，2005；徐现祥等，2007）。

在 Kumar（1994）之后，国内外学者对市场分割的度量方法和国内市场的分割程度做了大量研究。度量方法主要有：贸易法（Naughton 和 Barry，1999）、经济周期法（Xu，2002；Xu 和 Voon，2003）、价格法（Parsley 和 Wei，1996；陈敏等，2007；刘小勇等，2008）、地区专业化程度法（白重恩等，2004）。研究结论大致可以分为两大类：第一类为"顺一体化"论，这种观点认为中国的市场一体化程度在不断提高，代表人物有 Naughton 和 Barry（1999）、白重恩等

(2004)、桂琦寒等（2006）、Fan 和 Wei（2006）、陆铭等（2006）、陈敏等（2007）和刘小勇等（2008）；第二类为"逆一体化"论，认为中国的市场一体化进程非但没有推进，反而在走向分割，代表人物有 Kumar（1994）、Young（2000）、Poncet 和 Sandra（2003a、2003b）等。

在市场分割与经济发展的关系方面，陆铭等（2006）发现经济开放与国内市场分割的关系呈现倒"U"形特征，在经济开放水平较低时，开放会加剧国内市场的分割，但进一步的经济开放能够促进国内市场一体化。他们还发现，市场分割与地方经济增长的关系也呈现倒"U"形特征。

在如何减少市场分割方面，陆铭等（2004，2007）、马拴友等（2003）、刘生龙等（2009）、范子英和张军（2009，2010）从转移支付角度研究了该问题，他们发现转移支付能切断市场分割和财政收入之间的联系，促进内陆地区的经济增长和区域经济收敛，从而减少地方政府之间的市场分割行为。

近年来，国内外学者对官员交流进行了一些研究，大多数研究对官员交流制度都给予了充分肯定。陈绪群等（1996）认为，官员交流制度能阻止宗派主义，也使地方官员能更好地执行中央的方针政策，在一定程度上防止了腐败；异地交流为官员提供了一个新环境，使其摆脱了因循守旧和人际关系的束缚，有利于领导干部工作思想和方法的不断更新，能改善官员的工作动力。刘本义（1998）强调，交流能使官员更有动力加强跨地、跨部门合作，东部地区的官员到西部任职能引入东部经济发展的经验。Huang（2002）还认为，交流的官员能向中央传递当地的全新信息，因为前任可能会向中央隐瞒当地的不利信息，而继任者可能会逐步了解实际情况，有利于中央解决信息不完全问题。当然，也有对官员交流持怀疑态度的观点。顾万勇（2006）认为，官员交流很可能造成官员行为短期化。例如，官员往往把交流到另一个地区任职看成是过渡性的；官员到任初期可能因为不熟悉当地环境而难以提高工作效率，这些都可能对当地的经济增长产生不利影响。

在实证研究方面，徐现祥等（2007）发现，官员交流能够使流入地的经济增长速度提高 1 个百分点左右，这种交流效应是通过在流入地采取大力发展二产、重视一产、忽视三产的产业发展取向实现的。张军等（2007）发现，官员交流对经济增长有积极影响，对东部的影响大于中西部。研究进一步发现，官员任期与经济增长的关系呈现倒"U"形特征。史卫等（2010）发现，官员交流对吸引 FDI 流入有显著影响，其影响因交流官员来源和流向的不同而异：平行交流及交流至发达地区的官员对当地 FDI 流入有正面效应,而中央下派及交流至不发达地区的官员对当地 FDI 流入则有负面效应。杨海生等(2010)发现,经济增长既受交流官员自身禀赋的影响,也受当地资源禀赋的显著约束。平行交流的官员有助于地方经济增长,而京官交流有碍于地方经济增长;更进一步地,交流到经济发达地区的官员对经济增长有积极影响,而交流到不发达地区的官员对经济增长则有负面效应。并且,相对于京官而言,平行交流官员对经济增长的正面作用更大。

从以上研究文献可以看出,官员交流大多被纳入经济增长的研究框架中,在官员交流的框架下分析市场分割的研究仍处于起步阶段。本节通过基于 1996~2008 年的省级面板数据构建实证模型来检验官员交流与任期和市场一体化之间的关系。

三、模型设定、变量说明、数据来源及描述

(一)模型设定

为检验官员交流、任期和市场分割的相互关系,我们使用与省(市)匹配的官员交流的面板数据和市场分割指数,选择面板模型进行估计。模型设定如下:

$$Segm_{it} = \alpha_0 + \alpha_i + \beta_1 Rotation_{it} + \beta_2 Tenure_{it} + \beta_3 Tenure_{it}^2 + \sum \beta^k X_{it} + \varepsilon_{it} \qquad (5-1)$$

其中,$Segm_{it}$ 为第 t 年 i 省(市)的市场分割指数;α_0 为常数项;α_i 为地区固定(或随机)效应;$Rotation_{it}$ 为第 t 年 i 省(市)的官员交流情况;$Tenure_{it}$ 为交流官员在 i 省(市)的在任年数;$Tenure_{it}^2$ 为交流官员在 i 省(市)的在任年数平方;X_{it} 为其他控制变量,包括转移支付水平、FDI、财政分权程度、技术差距、对外开放程度和基础设施;ε_{it} 为残差。

(二)变量说明

Segm:市场分割指数,是被解释变量,它反映国内市场的整合程度,该指数越大,表明国内市场的整合程度越低。因此,当解释变量系数为负时,表明该变量有利于国内市场整合;反之,则表明会阻碍国内市场整合。

Rotation:官员交流变量,包括书记交流和省(市)长交流两个变量。此变量为虚拟变量,有交流的设置为 1,没有交流的设置为 0。在逻辑上,官员交流对国内市场整合有促进作用,预计该指标对市场分割度的影响效应为负。

Tenure:在任年数,包括书记任期和省(市)长任期两个变量。它表示该官员从上任至观察值当年年底在同一省同一级职位上的工作年数,并随着在任时间

第五章 地方政府官员行为

的增加而上升。

Tenure^2：在任年数的平方，包括书记任期平方和省（市）长任期平方两个变量。增加在任年数与在任年数的平方两个变量的目的是验证交流官员的任期对市场整合是否存在非线性效应。

X 是一系列控制变量，主要包括：

Fd：财政分权度，利用地方政府预算内人均财政支出占全国预算内人均财政总支出的比重来表示。Li 等（2003）、陆铭等（2004）、刘小勇等（2008）、范子英等（2010）验证了财政分权对国内市场分割的正向影响。因此，我们预计该变量系数值为正。

Techgap：技术差距，采用各地区人均 GDP 与全国人均 GDP 的比值衡量，该指标反映地区经济发展差距和本地经济在全国的地位。从分工的角度看，由于落后地区只能分享分工收益中较少的部分，就有激励采取市场保护和地区分割的方法，以发展和保护一些战略性的产业，提高自己在未来分工收益分配中的谈判地位，从而实现对发达地区的赶超（陆铭等，2004，2007），预计该指标对市场分割度的影响效应为负。

Infra：基础设施水平，本节用公路密度来表示。便利的交通不仅可以减少运输成本，还可以促进区域之间的劳动力流动，有利于地区一体化，预计该变量系数为负。

FDI：外商投资比重，采用各省实际利用 FDI 额占 GDP 的比重来衡量，并用各年人民币兑美元中间价对美元价格进行换算。一方面，FDI 对中国经济的发展发挥了重要作用，为了吸引外资进入，各省纷纷推出各种显性和隐性的优惠政策，并采取措施防止人才和资源外流，从而对市场的一体化产生负面影响；另一方面，FDI 也会将地区产业纳入全球产业价值链中，使得不同地区的经济发展联系更为紧密，产生联动效应，从而对市场整合有正面影响。因此，该变量的符号取决于两种效应的相对力量。

Open：外贸依存度，采用各省进出口额占 GDP 的比重来衡量，采用各年人民币兑美元中间价进行换算。

Trans：转移支付水平，采用范子英和张军（2010）的建议，用各省获得的中央补助收入减去地方上解再除以地方财政支出来表示。转移支付能够切断市场分割和财政收入之间的联系，促进内陆地区的经济增长和区域经济的收敛，从而减少地方政府的割据行为（范子英等，2009）。预计该指标对市场分割度的影响效应为负。

(三) 数据描述

从理论角度来看,普遍认为市场分割源于分税制改革后的地方分权。我国从1994年开始了分税制改革,出于减少噪声、保证数据结构稳定性的考虑,本节跳过1994年这一特殊的时间节点,选取1996~2008年省级层面的数据分析地区市场分割。

所有官员交流的数据来自《中共第一届至第十五届中央委员》一书(沈学明和郑建英,2001)、人民网(www.people.com.cn,2011);各省市的财政支出、财政收入、各省获得的中央补助收入、地方上解财政支出等数据来自历年《中国财政统计年鉴》;其他所有数据均来自中经网。由于数据缺失,考察范围剔除西藏、海南两个地区。另外,由于重庆市在1997年开始从四川省中独立出来,因而其1996年的数据多有缺失,在进行分析时将重庆市和四川省合并考察。最后得到13年28个省市共364个观测面板数据。

1. 官员交流的数据描述

我们收集了1996~2008年在中国省级层面任职的书记和省(市)长的交流数据,参考张军(2007)的方法,面板数据的构建方法如下:

交流干部(Rotation)的定义:如果省(市)委书记、省(市)长属于中央或者外省调入的,则赋值为1;若从本省直接升任,则赋值为0。存在以下两种复杂的情况:第一,观察值中有些书记和省长是调入该省之后先任副省长或副书记,经过短为几个月、长为几年的过渡期之后才升任正职。我们处理时把过渡期在一届任期内(即五年以下)的界定为交流干部,赋值为1,否则赋值为0。第二,官员原来长期在该省(市)工作,后来到其他省(市)任职后又调回原省(市),则做如下设定:在外地交流五年以上而返回本省(市)的界定为交流干部,赋值为1,否则赋值为0。官员离开本省(市)时间较长的,获得了其他地方的工作经验,掌握了其他地方的一定资源(人脉或关系),有利于区域间的交流和协作。因此,他们调回本省(市)任职应该作为交流干部处理较为合理。

在任年数(Tenure)表示该官员从上任至观察值当年年底在同一省同一级职位上的工作年数,并随着在任时间的增加而上升。举例来说,假如一位官员1994年初开始任职,1999年底离职,那么在1994年底,他的在任年数为1年,我们的观察值从1996年开始,在1996年底其任职年数为3年,在1999年底离职时,在任年数就计算为5年。样本中有些官员是在年中就任的,如果是上半年就任，我们就从该年计算在任年数；如果是下半年就任，我们就从次年开始计算。同理，如果上半年离职，在任年数到上年期末终止；对于下半年离职的，在任年数到本年期末终止。

在中国，书记的政治权力通常比省（市）长大，对当地经济可能存在不同的影响，因此此处将官员交流按照书记和省（市）长的分类进行了区分。地区的划分参照了张军等（2007）的方法，把样本划分为东部、中部和西部。由于中西部地区内部差异较小并且合并后增加了观察值，我们在此仅考察和比较东部[①]与中西部[②]地区存在的差异，结果如表5-5所示。

表5-5 1996~2008年国内官员交流的情况

官员交流	东部（观察值：10）				中西部（观察值：18）			
	省（市）委书记	省（市）长	合计	平均	省（市）委书记	省（市）长	合计	平均
中央—东部	8	6	14	1.4	—	—	—	—
中西部—东部	11	3	14	1.4	—	—	—	—
东部内部	8	5	13	1.3	—	—	—	—
中央—中西部	—	—	—	—	18	13	31	1.72
东部—中西部	—	—	—	—	9	12	21	1.17
中西部内部	—	—	—	—	22	12	34	1.89
合计	27	14	41		49	37	86	
平均	2.7	1.4	4.1		2.72	2.05	4.77	

从表5-5的统计结果可以看出，在1996~2008年的13年间，交流到东部地区的省（市）委书记有27人，省（市）长有14人，合计有41人；交流到中西部地区的省（市）委书记有49人，省（市）长有37人，合计有86人；全国合计省（市）委书记交流76人，省（市）长交流51人，合计有127人；无论从总数还是从平均数来看，中西部地区都高于东部地区。

2. 市场分割指数

目前市场分割指数的测度方法主要有四种：生产法、贸易法、专业指数法和

---

① 东部地区含北京、天津、河北、辽宁、上海、江苏、浙江、福建、山东和广东共计10省市。
② 中西部地区含山西、河南、湖北、湖南、安徽、江西、吉林、黑龙江、内蒙古、广西、四川、云南、贵州、陕西、甘肃、青海、宁夏和新疆共计18省区。

价格法。四种方法各有利弊。生产法数据易得，方法简单，但在逻辑上不能完全表现所选指标和区域市场分割程度的相关关系。贸易法能直接反映区域间的贸易壁垒，但距离和规模经济等（因素）对所选取的贸易流指标影响重大，因此不能如实反映市场整合程度的变化。专业指数法一般研究中不常用。用价格法计算的指数是目前唯一可获得的面板数据，并且能同时反映商品市场和要素市场的整合程度，此外，该方法根据"冰山"成本理论计算出相对价格的波动，通过波动的变化来反映市场分割的变化，从而在一定程度上克服了其他几种方法的弱点，是一个更优的选择。

基于上述原因，本节使用 Paresley 和 Wei（2000，2001）、陆铭等（2006）、刘小勇等（2008）的价格法度量市场分割，其理论基础简述如下：

用价格法度量区域间市场整合程度的理论基础是 Samuelson（1954）的"冰川"（Iceberg）成本模型。Samuelson 在 1954 年提出的"冰山"成本模型的核心思想是货物跨地区流动存在耗损，因此同种货物在地区间的定价不可能完全相等，而是存在一个合理的区间波动范围。我们以 i、j 两地为例，假定某种商品的售价在 i 地为 p_i，在 j 地为 p_j。商品在两地间运输会损耗成本，即"融化"了的"冰川"成本。推而广之，"冰川"成本也可以泛指各种交易成本导致的商品损耗。令该损耗的大小为每单位价格的一个比例 $c(0<c<1)$。此时，只有当条件 $p_i(1-c)>p_j$，或者 $p_j(1-c)>p_i$ 满足时，套利行为才可行，两地才会进行此商品的贸易。当上述条件不成立时，商品的相对价格 p_i/p_j 将在无套利区间 $[1-c, 1/1-c]$ 内波动。Parsley 和 Wei（1996，2000，2001）将相对价格方差 $Var(p_i/p_j)$ 的变动作为市场一体化程度的动态指标。如果方差 $Var(p_i/p_j)$ 随时间变化而趋于收窄，则反映出相对价格波动的范围在缩小，"冰川"成本 c 降低，无套利区间 $[1-c, 1/1-c]$ 在缩窄，两地间的贸易壁垒有所削弱，阻碍市场整合的因素减少。

本节采用一阶差分形式表示相对价格，在 t 年，地区 i 和地区 j 之间第 k 类商品的相对价格波动为 $\Delta Q_{i,j,t}^k$。可以将市场分割的状态视作"冰川"成本 c 极大的特殊情况，此时相对价格 $Q_{i,j,t}^k$ 终会收敛，而 $\Delta Q_{i,j,t}^k$ 自然也收敛，所以 $Q_{i,j,t}^k$ 与 $\Delta Q_{i,j,t}^k$ 在数据特征上是等效的。我们的原始数据是商品零售价格的环比指数，差分形式使得我们能够利用环比价格指数来构造反映市场一体化进程的指标。由（5-2）式可知，通过直接转换，商品零售价格的环比指数可以直接表示出 $\Delta Q_{i,j,t}^k$：

$$\Delta Q_{i,j,t}^k = \ln(p_{i,t}^k/p_{j,t}^k) - \ln(p_{i,t-1}^k/p_{j,t-1}^k) = \ln(p_{i,t}^k/p_{i,t-1}^k) - \ln(p_{j,t}^k/p_{j,t-1}^k) \tag{5-2}$$

第五章 地方政府官员行为

取对数形式后，i 地与 j 地价格的分子分母位置调换将引起 $\Delta Q_{i,j,t}^k$ 的符号反向变化，亦即 $\Delta Q_{i,j,t}^k = -\Delta Q_{j,i,t}^k$。此时，置放顺序将影响到 $Var(\Delta Q_{i,j,t}^k)$ 的大小，而统一取绝对值能够避免这一问题。回顾"冰山"成本理论，无套利区间 $[1-c, 1/1-c]$ 的对数形式 $[\ln(1-c), -\ln(1-c)]$ 是对称的，这就意味着绝对值相等、方向相反的 $\Delta Q_{i,j,t}^k$ 揭示了同等价格波动幅度，只不过两者的套利方向相反。

为了更为准确地度量相对价格的方差，需要剔除 $|\Delta Q_{i,j,t}^k|$ 中由商品异质性导致的不可加效应。举例来说，某一时期 i、j 两地粮食市场发生的价格变动可以分解为两个部分：第一部分变动仅与粮食商品自身的某些特性有关，例如，粮食的供给比较容易受到自然条件的影响，因而波动较大；第二部分与商品无关，与 i、j 两地特殊的市场环境或者其他随机因素相关（例如，i 地受灾后粮价大幅上涨，或是贸易壁垒加强）。没有消去第一类因素对 $|\Delta Q_{i,j,t}^k|$ 的影响，即与其他商品的相对价格加总求方差，计算值可能会高估由贸易壁垒形成的实际方差值。我们采用去均值的方法来消除与这种特定商品种类相联系的固定效应 a^k（Parsley 和 Wei，2000，2001）带来的系统偏误。具体做法是：设 $|\Delta Q_{i,j,t}^k|$ 由 a^k 与 $\varepsilon_{i,j,t}^k$ 两两项组成，a^k 仅与商品种类 k 相关，$\varepsilon_{i,j,t}^k$ 与 i、j 两地特殊的市场环境相关。要消去 a^k 项，应对给定年份 t、给定商品种类 k 的 $|\Delta Q_{i,j,t}^k|$ 在所有省之间求平均值 $\overline{|\Delta Q_{i,j,t}^k|}$，再用各省当年的 $|\Delta Q_{i,j,t}^k|$ 减去 $\overline{|\Delta Q_{i,j,t}^k|}$，差值记为 $q_{i,j,t}^k$，$q_{i,j,t}^k$ 仅与地区间的市场分割因素和一些随机因素相关。

具体的构造步骤可简述为：

（1）求 t 年地区 i 和地区 j 之间第 k 类商品相对价格波动的绝对值 $|\Delta Q_{i,j,t}^k|$：

$$\Delta Q_{i,j,t}^k = \ln(p_{j,t}^k/p_{i,t-1}^k) - \ln(p_{j,t}^k/p_{j,t-1}^k)$$

（2）剔除相对价格波动中与商品种类相联系的固定效应带来的系统偏差。设 $|\Delta Q_{i,j,t}^k|$ 由 a^k 与 $\varepsilon_{i,j,t}^k$ 两项组成，a^k 仅与商品种类 k 相关，$\varepsilon_{i,j,t}^k$ 与 i、j 两地特殊的市场环境相关。对 t 年 k 类商品各省市的相对价格波动的绝对值 $|\Delta Q_{i,j,t}^k|$ 进行平均，得到其均值 $\overline{|\Delta Q_{i,j,t}^k|}$。再用各省当年的 $|\Delta Q_{i,j,t}^k|$ 减去 $\overline{|\Delta Q_{i,j,t}^k|}$，差值记为 $q_{i,j,t}^k$，$q_{i,j,t}^k$ 仅与地区间的市场分割因素和一些随机因素相关。

（3）求省级和全国的分割指数。求出各省 $q_{i,j,t}^k$ 的方差 $Var(q_{i,j,t}^k)$，按年进行加总并求平均值，得到各省所有商品分类指数相对波动的均值，即为省级分割指数。再将同省的分割数据在全国范围内进行加总并求平均值,即可得到全国范围的市场分割指数。

本节选取了各地区各年商品零售价格指数中的八类商品零售价格指数,具体为食品、饮料烟酒、服装鞋帽、中西药品、书报杂志、体育娱乐用品、燃料和日用品。通过计算得出1996~2008年全国市场分割指数演变趋势,如图5-8所示。

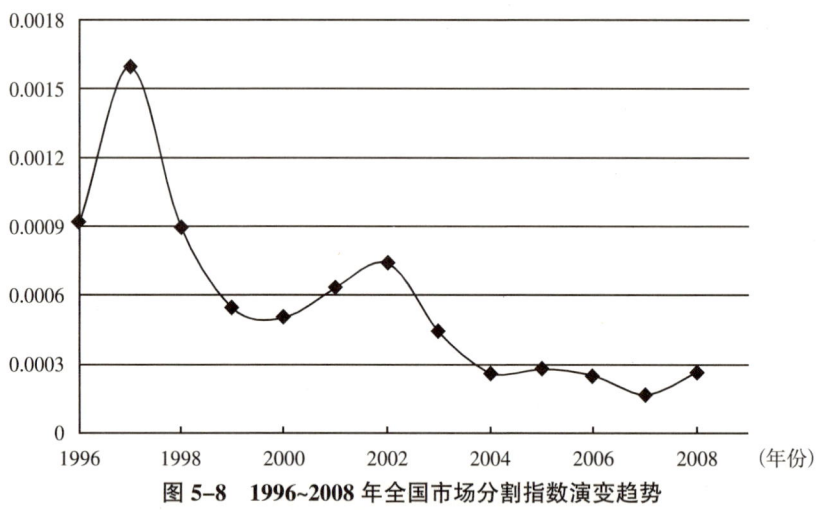

图5-8　1996~2008年全国市场分割指数演变趋势

从图5-8可以看出,1996~2008年国内市场呈现明显的整合趋势,1997年可能由于外部金融危机导致分割行为短暂加剧,2002年和2003年可能由于所得税分享改革使市场分割程度相对往年短暂上升[①](范子英和张军,2010),其他时间市场分割指数都保持了较为稳定的顺一体化趋势。这与桂琦寒等(2006)、刘小勇等(2008)、范子英和张军(2010)的计算结果基本一致。

3. 各变量的统计特征

为了更为直观地了解各变量的统计特征,本节划分为全国、东部地区和中西部地区,统计结果如表5-6所示。

从表5-6可以看出,中西部地区的市场分割略强于东部地区,这和中国沿海省份更早开放有关。环渤海、长三角、珠三角也已形成较为成熟的都市圈体系,各区域内协同和分工的程度更高。

---

① 外部环境的影响是全面的,对每个变量都有作用,本节主要研究的是官员交流对地区分割的影响,研究中没有对1997年、2002年和2003年分割程度加剧进行深入分析,但这不影响本节的结论。

表 5-6 主要变量的描述性统计特征

变量	全国		东部		中西部	
	均值	方差	均值	方差	均值	方差
市场分割[1]	0.0579	0.0399	0.0570	0.0385	0.0583	0.0407
财政分权度	1.2712	0.9017	1.8404	1.2599	0.9549	0.3267
外商投资比重	0.0298	0.0311	0.0606	0.0323	0.0127	0.0105
转移支付水平	0.4645	0.1824	0.2681	0.0921	0.5737	0.1169
技术差距	1.1506	0.7977	1.9335	0.8767	0.7156	0.1837
外贸依存度	0.3192	0.4172	0.7227	0.4808	0.0950	0.0435
基础设施（km/km²）	0.4448	0.3496	0.6805	0.3633	0.3138	0.2629
书记任期（年）	2.3159	2.4955	1.7538	2.0763	2.6282	2.6536
省长任期（年）	1.0549	1.623	0.9000	1.4830	1.1410	1.6936
观察值	364		130		234	

在财政分权度、外商投资比重、技术差距、外贸依存度和基础设施方面，东部地区都远远高于中西部地区。东部地区经济起飞早，初始条件优越，税收来源丰富，因此有能力提高财政支出，提供更多更好的公共产品。与中西部地区相比，东部地区沿海的先天地理优势和后天的公共产品投入在吸引 FDI 与发展对外贸易方面具有明显的优势，这样又促进经济更快地发展，形成了促进东部地区整合的良性循环。从转移支付来看，西部地区的转移支付力度是东部地区的 2 倍多，体现了中央政府为平衡区域差距而做出的努力。

四、实证研究

为了更清楚地说明官员交流与市场整合的关系，本节尝试从交流未滞后、交流滞后一期、任期影响、中央下派与平行交流比较以及地区差异五个方面进行论证。本节使用 Stata 11 进行 Fe 和 Re 估计，并做 Hausman 检验，估计结果如表 5-7 所示。在对全国范围内进行估计时，Hausman 检验的卡方值为负，因此选用 Re 进行估计。

（一）交流未滞后

从模型 1 的估计结果可以看出，书记交流的系数为负且在 5% 的水平上显著，表明书记交流对市场整合有显著的促进作用；省长交流、财政分权度和外商投资

---

① 为使拟合系数不至于太小，我们将所有的市场分割指数都乘以 100。

表 5-7 官员交流对一体化的影响

解释变量	模型 1		模型 2		模型 3		模型 4	
	Fe	Re	Fe	Re	Fe	Re	Fe	Re
书记交流	−0.0126** (0.0044)	−0.0102** (0.0037)						
省长交流	0.0054 (0.0041)	0.0019 (0.0033)						
书记交流滞后一期			−0.0106** (0.0043)	−0.0094*** (0.0036)	−0.0108** (0.0048)	−0.0107** (0.0046)		
省长交流滞后一期			−0.0005 (0.0040)	−0.0016 (0.0032)	−0.0026 (0.0046)	−0.0030 (0.0046)		
财政分权度	0.0027 (0.0124)	0.0442*** (0.0055)	0.0023 (0.0129)	0.0453*** (0.0055)	0.0035 (0.0127)	0.0453*** (0.0056)	0.0005 (0.0148)	0.0468*** (0.0055)
外商投资比重	0.2403** (0.1048)	0.1040 (0.0748)	0.2599** (0.1054)	0.1104 (0.0731)	0.2672** (0.1064)	0.1151 (0.0750)	0.2734*** (0.1059)	0.1014 (0.0729)
技术差距	−0.0702*** (0.0137)	−0.0589*** (0.0081)	−0.0689*** (0.0137)	−0.0603*** (0.0081)	−0.0706*** (0.0138)	−0.0602*** (0.0082)	−0.0682*** (0.0137)	−0.0618*** (0.0081)
外贸依存度	−0.0782*** (0.0153)	−0.0422*** (0.0078)	−0.0782*** (0.0154)	−0.0439*** (0.0078)	−0.0771*** (0.0155)	−0.0438*** (0.0078)	−0.0778*** (0.0154)	−0.0442*** (0.0077)
转移支付水平	−0.3040*** (0.0234)	−0.2351*** (0.0182)	−0.3038*** (0.0263)	−0.2382*** (0.0182)	−0.3054*** (0.0241)	−0.2379*** (0.0185)	−0.3009*** (0.0235)	−0.2409*** (0.0181)
基础设施	−0.0338*** (0.0086)	−0.0444*** (0.0064)	−0.0362*** (0.0087)	−0.0441*** (0.0064)	−0.0367*** (0.0087)	−0.0446*** (0.0065)	−0.0383*** (0.0085)	−0.0436*** (0.0065)
书记任期					0.0002 (0.0019)	0.0012 (0.0002)		
省长任期					0.0063* (0.0035)	0.0038* (0.0034)		
书记任期平方					1.2e−06 (0.0002)	−0.0001 (0.0002)		
省长任期平方					−0.0013 (0.0006)	−0.0009 (0.0006)		
中央下派滞后一期							−0.0074* (0.0044)	−0.0084** (0.0035)
平行交流滞后一期							−0.0095** (0.0040)	−0.0092*** (0.0035)
常数项	0.3160*** (0.0205)	0.2152*** (0.0123)	0.3161*** (0.0204)	0.2178*** (0.0123)	0.3157*** (0.0207)	0.2168*** (0.0126)	0.3177*** (0.0206)	0.2206*** (0.0122)
组内 R^2	0.5684	0.5315	0.5631	0.5286	0.5689	0.5327	0.5647	0.5297
组间 R^2	0.0104	0.0403	0.0110	0.0306	0.0099	0.0293	0.0140	0.0097
有效样本数	364		364		364		364	
Hausman	−44.27		−62.82		−74.49		−74.44	

注：括号中数据为标准误，*、** 和 *** 分别表示在 10%、5% 和 1% 水平上显著。

比重的系数为正，表明这些因素对市场整合有负面作用；技术差距、外贸依存度、转移支付和基础设施的系数为负且在1%的水平上显著，表明这些因素对市场整合有显著的促进作用。省（市）长交流确实对市场整合有负面作用吗？交流的官员对当地的环境是否有一个适应过程，也就是说，是否有一定的时滞效应？带着这个疑问，我们进行模型2的估计。

（二）交流滞后一期

在模型2中，我们将官员交流滞后一期，从估计结果可以看出，书记交流的系数为负且在1%的水平上显著；省（市）长交流的系数为负，但不显著；其余变量与模型1的结果一致。这表明官员交流对市场整合有促进作用，书记比省（市）长的促进作用更大。交流到异地的官员在短期内可能需要调整状态、了解当地的情况以及适应新的环境与人际关系，不会对市场整合产生立竿见影的效果，也就是说，有一定的时滞效应。在中国，省委书记是省的负责人，主要倾向于战略性指导和组织人事方面，省长是在省委的领导下开展工作，省委书记是决策者，省长是具体的执行者，书记的政治权力通常比省（市）长大，对当地经济的影响也更大。如果书记交流的水平提高1%，市场分割指数将降低0.16%。①

财政分权度的系数为正且在1%的水平上显著，这也验证了财政分权对市场整合有显著的负面作用，与已有的研究结果相一致。外商投资比重的系数为正但不显著，表明FDI对市场整合的负面影响大于正面影响，为了增加本省对外资的吸引力，地方政府保护人才和资源外流的动机可能加大，这与刘小勇等（2008）的研究结果一致。技术差距反映地区经济发展差距和本地经济在全国的地位。如果某地区的经济发展水平相对较低，出于赶超策略的考虑，当地政府将尽可能地限制本地资源流向外地，人为地设置贸易壁垒将经济租金留在本地区，努力发展和保护一些战略性的产业来提高自己在未来分工收益分配中的谈判地位，这与陆铭等（2004，2007）的研究结果一致。转移支付可以降低落后地区进行分割的激励，使得它们较快地融入整个分工体系，分享到经济发达地区的发展成果，放弃以邻为壑的"诸侯经济"策略。对外贸易水平的提高不仅能够促进零配件产品跨部门、跨区域的流通，还可以促进上下游产业的整合，对国内市场一体化有显著的推进作用。基础设施的改善可以减少运输成本，提高物流效率，促进区域之间人力和物力的流动，能够显著促进国内市场一体化。转移支付对市场整合的促进

---

① 书记交流的水平提高1%，则市场分割指数下降0.000094，占全国平均水平0.0579的0.16%。

作用最大，如果转移支付水平提高1%，那么该地区的市场分割指数将降低4.11%，①这与范子英和张军（2010）得出的结论一致。

（三）任期影响

官员交流可以促进市场整合，那么官员任期和市场整合是线性关系吗？官员任期的长短对当地的市场整合是否存在不同的影响？我们使用模型3来验证这个问题。模型3是在模型2的基础上加入官员任期及任期平方变量。

从回归结果可以看出，书记和省长任期的系数均为正，省长任期比书记任期的系数大，书记任期不显著，省长任期在10%的水平上显著，这进一步验证了书记比省长对市场整合的促进作用更强；书记和省长任期平方的系数均为负，这表明任期与市场分割是非线性关系，呈倒"U"形特征，也就是说，任期与经济一体化的关系呈正"U"形特征，随着任期的增加，一体化水平先降低后提高。在分权制度和官员治理制度的双重激励下，对交流的官员来说，要获得更进一步的晋升，他们不得不主要通过本地经济发展成就来向中央传递个人能力信号。在上任初期，为了发展经济，当地政府可能会人为地设置贸易壁垒将经济租金留在本地区，限制本地资源流向外地，这样会促进一定程度的市场分割。随着当地经济水平、对外开放程度和基础设施水平的提高（这三个因素对市场整合有显著的促进作用），客观上又促进了人力和物力的跨区域流动，加速了国内市场的整合。

（四）中央下派与平行交流比较

不同来源的地方官员的禀赋也是不一样的，这禀赋可以理解为背景、资历和关系。官员的来源不同，代表着官员个体在经历和经验上的差异，也可能包含了一种政治激励上的差异。地方平行交流（或晋升）官员与中央下派官员对一体化的贡献哪个更大？本节使用中央下派官员滞后一期和平行交流官员滞后一期两个虚拟变量进行解释。

模型4的估计结果显示，两者的系数均为负且均在1%的水平上显著，平行交流官员的系数更大，这表明两者均对市场整合有显著的促进作用，平行交流官员的促进作用更大，高出9.52%左右。②虽然京官和中央关系密切，熟悉中央的意图，可能为地方争取到更多的政策和资源，但平行交流的地方官员拥有更多在地

---

① 转移支付的水平提高1%，则市场分割指数下降0.002382，占全国平均水平0.0579的4.11%。
② 平行交流的水平提高1%，则市场分割指数下降0.000092，中央下派的水平提高1%，则市场分割指数下降0.000084，前者较后者高出9.52%左右。

方经济社会事务上的管理经历，继续担任地方首长具有经验上的优势。

（五）地区差异

官员交流和任期对于市场整合的效力是否存在地区差异？地区的划分参照了张军等（2007）的方法，估计结果如表 5-8 所示。在进行 Hausman 检验时发现，卡方值均为正且对应的 p 值都小于 10%，故选用 Fe 进行估计。

表 5-8　分地区估计

解释变量	模型 5			
	东部		中西部	
	Fe	Re	Fe	Re
书记交流滞后一期	−0.0136** (0.0071)	−0.0163** (0.0071)	−0.0052 (0.0068)	−0.0016 (0.0061)
省长交流滞后一期	−0.0111 (0.0077)	−0.0032 (0.0074)	0.0030 (0.0059)	−0.0029 (0.0057)
财政分权度	−0.0012 (0.0150)	0.0306*** (0.0076)	0.0282 (0.0234)	−0.0457*** (0.0106)
外商投资比重	0.3604*** (0.1236)	0.2034** (0.0982)	0.2004 (0.2669)	0.3482* (0.2024)
技术差距	−0.0420*** (0.0157)	−0.0383*** (0.0118)	−0.1324*** (0.0299)	−0.0718*** (0.0149)
外贸依存度	−0.0521*** (0.0183)	−0.0313*** (0.0095)	−0.0517 (0.0892)	−0.1226* (0.0669)
转移支付水平	−0.1867*** (0.0595)	−0.1932*** (0.0493)	−0.3547*** (0.0311)	−0.2488*** (0.0246)
基础设施	−0.0420*** (0.0135)	−0.0410*** (0.0106)	−0.0208* (0.0120)	−0.0511*** (0.0090)
书记任期	−0.0056 (0.0039)	−0.0042 (0.0037)	0.0004 (0.0025)	−0.0006 (0.0025)
省长任期	0.0009 (0.0068)	0.0008 (0.0067)	0.0076* (0.0042)	0.0073* (0.0042)
书记任期平方	0.0012** (0.0005)	0.0011** (0.0005)	−0.0001 (0.0003)	0.00003 (0.0003)
省长任期平方	−0.0005 (0.0014)	−0.0006 (0.0014)	−0.0015** (0.0007)	−0.0014 (0.0007)
常数项	0.2487*** (0.0414)	0.1765*** (0.0274)	0.3387*** (0.0255)	0.2329*** (0.0151)
组内 R^2	0.5885	0.5533	0.6140	0.5727
组间 R^2	0.0240	0.0079	0.0837	0.0044
有效样本数	130		234	
Hausman	32.50		20.77	

注：括号中数据为标准误，*、** 和 *** 分别表示在 10%、5% 和 1% 水平上显著。

从模型 5 的回归结果看，书记交流对东部和中西部地区的一体化都有促进作用，对东部地区的促进作用更强且在 5% 的水平上显著；省（市）长交流对东部有促进作用但不显著，对中西部地区的一体化有小幅的负面作用。也就是说，官员交流对东部地区的一体化有更强的促进作用。出现地区差异的主要原因有两个：一是东西部经济发展不平衡，中西部地区的经济发展水平相对较低；二是分权制度和官员考核制度。对交流到中西部地区的官员来说，由于当地经济相对落后，出于晋升目标的考虑，尽快提高经济增长率来向中央传递个人能力信号是当务之急。因此，当地政府将尽可能地限制本地资源流向外地，人为地设置贸易壁垒将经济租金留在本地区，发展和保护一些战略性的产业等。也就是说，他们具有比交流到东部地区的官员更强烈的提高地区分割的动机。

财政分权度在东部地区的系数为负且绝对值很小，对一体化有小幅的促进作用但不显著。这可能与东部的外向型经济有关，东部地区被纳入全球价值链，外贸经济基础好。经济发展通常也具有路径依赖效应，财政分权促使当地通过发展外贸来提高经济增长率，而路径依赖又具有自我强化作用，这样又会使得对外贸易进一步发展，而对外贸易水平的提高又会推进经济一体化的进程。

外商投资比重的系数均为正，说明 FDI 对地区一体化有负面作用，这与全国的回归结果一致，东部地区的绝对值更大且在 1% 的水平上显著，说明对一体化的负面作用更显著，原因是 FDI 在东部的投资比重是中西部的将近 5 倍。

技术差距的系数均为负且在 1% 的水平上显著，这与全国的回归结果一致，中西部地区的绝对值更大，是东部地区的 3.13 倍，对地区一体化的促进作用更强，出现这个结果的原因主要是：相对于中西部地区，东部地区的经济基础好，一体化水平高，但随着国家西部大开发战略及中部崛起战略的实施，中西部地区的经济增长率逐步接近并超过了东部地区，按照经济学中传统的边际效率递减假设，相同的经济增长率对中西部地区一体化的促进作用更强，效率更高。

外贸依存度的系数均为负，这与全国的回归结果一致，两地区的绝对值相当，但东部地区在 1% 的水平上显著，对一体化的促进作用更显著，原因是东部地区的开放水平更高，外贸依存度是中西部地区的 7.6 倍。

基础设施的系数均为负，这与全国的回归结果一致，东部地区的绝对值更大且在 1% 的水平上显著，对一体化的促进作用更显著，原因是东部地区比中西部地区基础设施的水平更高，公路密度是中西部地区的 2.17 倍。

在中西部地区，书记和省（市）长任期的系数均为正，任期平方的系数均为负，两者的任期与一体化的关系呈正"U"形特征。在东部地区，省（市）长任期的系数为正，任期平方的系数为负，任期与一体化的关系呈正"U"形特征。书记任期的系数为负，任期平方的系数为正，任期与一体化的关系呈倒"U"形特征，这与中西部地区和全国的回归结果正好相反。可能的原因是：1999年后，随着国家西部大开发战略及中部崛起战略的实施，中西部地区的经济增长率逐步接近并超过了东部地区，出于竞争的考虑，东部地区有可能会限制本地资源流向外地，从而扩大市场分割。

五、结论及有待研究的问题

本节利用1996~2008年各省（市）委书记和省（市）长交流的详细信息，系统地考察了省级官员跨省交流及任期对当地市场整合的影响。通过验证，得出以下结论：

第一，官员交流制度总体上对经济一体化有显著的推动作用。书记比省（市）长的促进作用更大，如果书记交流的水平提高1%，则市场整合水平将提高0.16%。

第二，官员交流促进经济一体化存在一定的时滞效应。任期与市场整合是非线性关系，呈正"U"形特征。随着任期的增加，当地一体化水平先减小后增大。

第三，中央下派和平行交流官员对市场整合都有显著的促进作用，平行交流官员的促进作用更大，高出9.52%左右。平行交流的地方官员拥有更多在地方经济社会事务上的管理经历，交流后继续担任地方首长具有经验上的优势。

第四，财政分权和FDI对市场整合都有负面作用。技术差距、转移支付、对外贸易水平和基础设施水平都能够显著促进国内市场一体化。转移支付对市场整合的促进作用最大。

第五，官员交流与市场整合的关系存在地区差异。官员交流对东部地区的一体化有更强的促进作用。省长交流对中西部地区的一体化还有小幅的负面作用。出现地区差异的主要原因有两个：一是东西部经济发展不平衡，中西部地区的经济发展水平相对较低；二是分权制度和官员晋升制度。

在地方经济发展中，官员扮演着重要的角色，官员的任期长短会显著影响其施政行为和策略。如果官员预期的任职时间仅是短暂的或者过渡性的，那么会改变其目标函数和决策方式，弱化激励水平，影响地区一体化进程。对中央来说，将地方高级官员的任职时间维持得更长一些可能是更好的策略。

国家可以通过提高官员交流和转移支付力度，大力发展对外贸易和基础设施，放松劳力、物力及资金的流动管制，使政策和措施适当向中西部地区倾斜，缩小中西部与东部的经济发展差距，从而更为有效地促进国内市场一体化进程。

影响经济一体化的因素很多，本节从官员交流的角度进行了分析。政策对经济发展具有惯性作用，前任官员在任时的发展战略会在多大程度上影响其卸任后的经济一体化进程？官员交流与经济自由相比，即行政干预和市场相比，哪个因素对地区一体化的促进作用更强？这些都是值得进一步深入研究和探讨的问题。

第三节 官员更替是否会影响企业的绩效

一、引言

改革开放 30 多年来，中国经济发展取得了举世瞩目的成就。在 30 多年的市场化进程中，政府主导一直是经济改革和发展的力量。在政治集权和财政分权的政府治理体系下，地方政府有强烈的动机助推改革、干预经济。企业行为深受政府治理的影响，中国的政府治理形成了政府主导的经济发展模式，而为获得以 GDP 增长为衡量标准的政治晋升，中国地方官员在当地经济发展中表现出极大的兴趣和热情（Jin 等，2005；周黎安，2004），政府主导模式在很大程度上表现为主要官员主导，影响着地方经济发展的格局和节奏（王贤彬等，2009），也影响着辖区企业的治理和绩效（陈晓等，2001；陈冬华，2003）。

具体来讲，地方官员维度影响辖区企业的因素主要可以归纳为地方官员的官员特质和施行政策。其中，地方官员的特质包括官员的任期、教育水平、企业高管是否具有政治背景等，如近几年国内外学者广泛关注的政企联系（Political Connection）对公司绩效和投资的影响（Stan Hok-Wui Wong，2010；Charles J.P. Chen 等，2011；余明桂等，2010）。在动态层面上，官员特质还包括官员更替。政府官员对于企业的干预行为并不是固定的，它会随着政府行为主导者的变化而发生改变。由于不同的地方官员具有异质性的政策偏好，因此上任后实施的政策也是不同的（Hibbs，1977），从而对公司治理产生不同的影响。

本节在公司治理和政府治理的双重理论框架下，从地方官员更替的动态视角探讨官员更替对上市公司投资行为和治理绩效的影响，并在企业投资行为分析中结合财政分权体制检验了这一效应是否因为财政支出政策而得以强化。本节研究发现，上一年地方官员发生更替，辖区上市公司投资支出显著增加，财政支出强化了这一作用；所有权性质为国有的上市公司，其影响效果更为显著；对投资支出水平中等、位于我国中西部地区的上市公司，官员更替的投资支出促进作用最明显；地方官员更替当年，辖区上市公司绩效降低，绩效水平较高、位于中西部地区的上市公司所受影响较大。本节可能的贡献主要有三点：一是对于公司绩效的研究，目前相关文献大多仅从公司治理的角度出发，而本节结合公司治理和政府治理的相关理论，在政企合谋的框架下，将官员更替作为公司绩效的影响因素，探索了政府行为对上市公司绩效的影响，为政企合谋理论提供了直接证据；二是本节在 Julio 和 Yook（2012）、陈艳艳和罗党论（2012）分析政府官员选举和更替对企业投资影响的基础上，选取上市公司为研究对象，考虑了地方财政分权体制的影响，加入了地区人均财政支出变量，尝试从地方官员实施的异质性财政政策角度进一步探讨官员更替对企业投资的作用路径，这对深化理解转型期间政府行为对公司治理的影响有重要意义；三是本节利用分位数回归对不同投资支出和企业绩效水平的上市公司进行了检验，探讨在公司不同的行为特质下，官员更替对企业投资行为和绩效的影响差异，为官员更替与企业投资行为和绩效的研究提供了进一步的证据，对深化认识政府与企业的关系具有借鉴价值。

二、文献回顾

对于公司行为和绩效的研究，公司治理往往是学者、企业和政府最为关注的问题。好的公司治理能够带来公司行为和绩效结果的最优化。产权、股权结构、机构投资者持股、企业高管、独立董事等是公司治理层面上研究企业行为和绩效的重要维度（杨典，2013）。近几年来，越来越多的学者开始关注企业外部环境对上市公司的影响。Shleifer（2002）的研究表明，企业所在地法律制度的差异是形成不同的公司治理模式，从而产生绩效差异的原因。Sultz 和 Williamson（2003）研究了文化和宗教可能对公司行为产生的影响。Dyck 和 Zingales（2004）考察了税收要求权、媒体等多个外部环境与公司收益的关系，认为国家是几乎所有公司"最大的小股东"（The Largest Minority Shareholder），公司治理深受政府行为的影响（郑志刚，2007）。在中国转型经济条件下，制度因素是认识企业行为的重要前提之一，政府环境作为外部的治理机制对公司治理具有重要影响（La

Porta 等，1997）。结合公司治理和政府治理两个维度研究问题，将是分析中国公司行为和绩效最优化问题更有价值的理论视角。

以研究政府行为的不同侧重点为划分依据，目前政府治理对企业行为和绩效影响的文献可以大致归为四类：政府的公共治理水平、公共治理目标、政府控制和政企联系。其中，政府的公共治理水平主要指地区产权保护水平（罗党论等，2009；陈德球等，2012）、政府干预程度（魏明海等，2007）、法治水平（Fan 等，2004；杨兴全等，2010）等。Asli Demirgüç-Kun 和 Vojislav Maksimovic（1998）的研究表明，在剔除企业内部治理因素之后，企业的融资债务行为与当地对投资者的法律保护密切相关，法律保护较好的国家，企业的长期债务比例较高。张洪辉（2010）研究发现，上市公司的过度投资行为是政府将税收、就业等公共治理目标内化到企业的结果，这类研究认为政府通过将公共治理目标转移到企业，从而影响企业行为和绩效。政府控制指企业的产权性质和实际控制人问题，Sappington 和 Stiglitz（1987）认为政府干预生产主要是考虑其所面临的交易成本，在公有制情况下干预成本更低。夏立军等（2005）研究发现，由于监管和法律约束难以限制政府将社会责任转嫁给其控制的上市公司，因此政府控制对上市公司的价值有负面影响。Boycko、Shleifer 和 Vishny（1996）研究表明，考虑干预成本，政府或者官员更倾向于干预国有企业以实现其目标。Megginson、Nash 和 Randenborgh（1994）研究发现，在国有股权转让后，企业在收入和效率方面得到了显著提高。政企联系是政府行为影响企业的重要媒介，关于企业建立政企联系是否提高了企业绩效，目前学者没有一致性的研究结论。Stan Hok-Wui Wong（2010）以股东是否在选举委员会中占有席位来衡量政企联系，通过对中国香港上市公司进行研究发现，政企联系提高了上市公司的绩效，而 Fan 等（2007）研究发现，在中国，CEO 的政企联系与 IPO 表现负相关。李维安等（2010）认为初期的政企联系会降低企业的效率，而长期的政企联系可以有效制衡政府干预。

官员更替是政府行为的重要视角，也是考察地方官员对辖区经济增长影响的一个新的维度（王贤彬等，2009）。由于官员的异质性，官员更替前后的经济发展模式存在差异，经济绩效有所不同。Jones 和 Olken（2005）采用 1945~2000 年全球 130 个经济体的数据检验了国家官员更替对经济的影响，他们发现，官员更替显著地影响了地区的政策选择和经济增长绩效。另外，官员更替也是政府干预经济发展和企业行为的内在动因，在中国这主要是由于"政治锦标赛"（周黎安，

2004)。Maskin 等（2000）、Li 和 Zhou（2005）、周黎安等（2004）和王贤彬等（2010）验证了中国政治激励的存在，发现地方官员会根据政治晋升激励采取异质性的经济发展策略。

在政治晋升机制的刺激下，官员更替是如何影响经济发展和企业行为的呢？宋凌云等（2012）尝试从地方官员引领产业结构变动的视角揭示官员更替影响经济行为的渠道，研究发现，省委书记和省长在上任初期能够引领辖区产业结构的变动，这种引领效应仅在官员更替的短时间区段内效果明显。国外学者在研究政策不确定性（Policy Uncertainty）对企业投资行为的影响时，引入官员更替度量政策环境的不确定性。Julio 等（2012）通过对 1998~2005 年 48 个国家的选举年数据进行分析发现，相对于非选举年份，在选举年份企业投资支出平均下降 4.8%。Frederico Belo 等（2013）研究表明，在美国，当民主党上台时，有较高政治接触的公司会获得更高的现金流和股票收益，而共和党则相反；利用这种执政党更替的政治周期的可预测性制定的投资策略可以获得最多 6.9% 的额外回报。在国内，陈艳艳和罗党论（2012）对官员更替与企业行为的关系进行了开拓性的研究，他们基于 1999~2009 年工业企业数据库考察了地方官员更替对企业投资行为的影响。他们研究发现，地方官员更替会导致辖区企业投资支出增加、投资效率下降，这种效应也会受企业产权性质和地方官员特质的影响。目前，尚未有文献直接研究官员更替对公司绩效的影响。

本节在 Julio 和 Yook（2012）、陈艳艳和罗党论（2012）的基础上利用新的数据和时间窗口，研究官员更替对上市公司投资行为和公司绩效的影响。本节与他们研究的差异之处在于，在研究官员更替对上市公司投资行为的作用时，我们引入地区人均财政支出变量，尝试从财政分权角度考察政府投资支出是否加强了官员更替对上市公司投资行为的影响。本节引入分位数回归，对不同投资水平的公司进行分位点稳健性检验，进一步回答了什么样的投资支出水平的企业更容易受到官员更替的影响，并分地区检验了这一影响的效果。最重要的是，本节尝试从企业绩效的新角度检验官员更替对上市公司的影响，并考虑市场化差异分地区进行了检验。本节发现，对于企业投资效率和市场绩效的提高，公司治理机制的优化和外部政府治理模式的改善都是至关重要的因素，在政府治理领域，减少政府干预和政企合谋、提高市场化程度是降低政府换届对上市公司影响的重要措施。

三、研究假说

在中国，地方官员由中央任命，其晋升与地方经济绩效直接挂钩（周黎安，2004）。官员上任初期，为超越前任和通过出色工作表现自身的能力，往往更有意愿推行新的经济政策，并干预企业行为。而且，为避免"前人栽树，后人乘凉"，新上任的官员会刻不容缓地推行新的经济政策，以期在任期内取得经济发展成果（陈艳艳等，2012）。这些动机造成了我们现实中所说的"新官上任三把火"和"翻烧饼"。官员更替初期，官员更有动力干预辖区企业的行为，扩大产值规模，从而在"政治锦标赛"中取得优势。

企业投资行为作为公司决策的重要内容，一直是理论界和实务界关注的重要问题（蔡卫星等，2011）。由于政府拥有相当一部分资源和宏观经济发展信息，政府可以利用资源控制权、信息优势和通过银行等金融机构的贷款行为影响企业投资（孙铮等，2005）。为实现地区GDP增长和其他公共治理目标，地方政府官员还可以直接干预国有企业的投资行为（张洪辉等，2010），使地方国有上市公司出现过度投资（程仲鸣等，2008；唐雪松等，2010）。另外，企业建立的政企联系也是地方官员干预企业投资的重要途径，具有政企联系的公司会承担更多的政府公共治理目标（Fan等，2007）。官员更替之初，在地方官员"新官上任三把火"的趋势带动下，企业投资支出增加。基于上述分析，我们提出下面的理论假设：

H1：上一年发生省长更替，辖区上市公司的投资支出增加。

上任之初，除了积极扩大私人企业投资外，地方官员扩大地区产值的热情也表现在公共财政支出的扩张上。受地方分权和"中国式的财政联邦制"激励机制（Qian和Roland，1998）的影响，公共财政投资由地方政府主导，必然受到地方官员上任初期短期内获得经济成果的动机的推动。虽然公共财政政策对于企业投资有明显的挤出效应，但随着地方财政支出的增加，公共财政政策拉动经济扩大产值的作用空间越发有限，仅依靠公共部门的财政投资是不可持续的。这时对地方官员而言，作为公共财政政策的替代选择，干预企业投资的动机也就越发强烈，企业投资支出增加。但伴随着政府公共财政支出的增加，总体而言，辖区内的基础设施和居民生活保障水平得到改善，企业因此用于职工福利等方面的购买固定资产等投资支出减少，投资效率相应得到提高。因此，本节提出以下理论假设：

H2：地区人均财政支出强化了上一年省长更替对当地上市公司投资支出的影响。

除了企业的投资行为，上市公司绩效也是公司治理研究的重要领域。在政治集权、财政分权的体制下，政企合谋是地方政府和企业的一个纳什均衡（聂辉华，2013）。中央政府作为委托人授权地方政府监督管理企业的经营活动，地方政府作为监督者，拥有比中央政府更充足的信息优势。在信息不对称的情况下，为了地方财政利益和晋升利益，地方政府与企业合谋，选择"坏的"生产经营方式，对中央政府甚至是合谋企业绩效产生不利影响。官员更替引起的企业行为变化，也可以归属于经济周期研究的范畴。当官员发生更替，随即是异于前任的产业发展政策和产业结构变动（宋凌云等，2013），普遍存在"翻烧饼"的现象，经济政策的连续性和稳定性发生波动。对于上市公司的股东、董事会和经理层来说，这意味着新的经济周期，需要制定新的公司发展战略和调整公司经营决策。在企业短暂的调整时期，上市公司的各利益相关者如经理层、供货商和顾客都需要进行适应，上市公司业绩出现下滑，绩效受到影响。不同于企业投资行为的滞后性，官员更替对于上市公司绩效的影响当年即可反映在财务报告之中。基于以上逻辑，我们提出以下假设：

H3：当年省长发生更替，辖区上市公司绩效可能降低。

根据上述分析，官员更替影响上市公司的投资行为和绩效，那么我们有必要进一步考虑什么样的公司投资行为和绩效更易受官员更替的影响。研究表明，企业的产权性质在一定程度上限制了企业的行为和绩效（方宇惟等，2014）。国有上市公司"天生"存在更强的政企联系，承担了更多的社会责任，政府干预成本也普遍较低。在政企合谋最明显的国有上市公司，公司的目标函数混合了上级主管部门的利益、规模扩张和国企经营者的"上升通道"。当发生官员更替时，国有上市公司更易于对官员的人事变动调整以及其导致的政策波动做出反应。基于上述分析，我们提出以下假设：

H4：国有上市公司的投资支出水平和绩效更易受省长更替的影响。

企业从组织生产到完成销售的所有经营活动都根植于企业所在的社区或者城市，企业被内嵌于其所在社区或者城市的制度安排之中（Newman，2000），彼此息息相关。当地政府掌握了土地等关键性生产要素的定价和分配权，权力行使的寻租行为会造成市场扭曲，对企业生产率具有抑制作用。地区产权保护越差，市场化水平越低，企业越有动机通过与政府建立关系，通过政企合谋来寻求市场机制不完善下的替代保护机制（罗党论等，2009），从而政府官员对于上市公司行为的影响也越大。在政府政策等外生给定、自上而下的规制型制度的影响之外，企业还需要服从由社区社会价值观和规范组成的规范型与认知型制度（Scott，2007）。新制度经济学认为，当不完善的规制型制度提高了企业交易成本和风险时，非正式制度变得尤为重要，而后者具有明显的区域异质性特征（Child 等，2003）。在考察官员更替引起的经济政策波动对企业行为的影响时，应充分考虑这种影响的区域性差异。当官员更替发生时，不同区域的企业从不同的非正式制度的认知层面感知这种变化，通过政企合谋渠道，进而做出差异化的反应。我国东中西部市场化水平和社会习俗等存在差距是不容忽视的事实，樊纲、王小鲁构建的市场化指数也表明地区间政府与市场的关系和制度环境差异明显，东部市场化程度显著高于中西部。市场化程度削弱了政府行为对企业的调节作用（林洪治，2013）。因此，我国中西部地区的上市公司相较于东部地区，其投资行为和公司绩效更易受官员更替的影响。基于以上分析，我们提出如下假设：

H5：相较于东部地区，中西部地区上市公司的投资支出和市场绩效更易受省长更替的影响。

四、研究设计

（一）样本选择与数据来源

本节采用1998~2011年沪深两市的A股上市公司作为研究样本，[①]上市公司财务数据来自国泰安（CSMAR）的股票市场研究数据库，并按照如下标准对原始数据进行了筛选：①剔除了ST类上市公司；②剔除了金融行业上市公司；③剔除了控制变量缺失的上市公司。最终构建了时间跨度为14年、2108家上市公司的非平衡面板数据，共计17406个观测值。另外，为了降低极端异常值的影响，我们对所有上市公司连续的财务数据在0~1%和99%~100%的取值进行了Winsorize缩尾处理。

所有省级官员变更的数据来源于人民网、新华网等网站公布的干部简历，各省市每年的财政支出、人口数据来源于《中国统计年鉴》（1999~2012年），人均

[①] 选择1998年以后的样本进行研究，主要基于两点考虑：一是1998年财政部颁布了《企业会计准则——现金流量表》及《企业会计准则——现金流量表》指南，要求企业开始编制现金流量表。为避免上市公司现金流量数据的缺失，未研究1998年以前的上市公司财务数据。二是重庆市1997年6月开始从四川省独立出来，因而1997年以前的宏观财政数据多有缺失。

财政支出由各省市的财政支出和人口数计算所得。

(二) 变量定义

本节采用购建、处置固定资产、无形资产和其他长期资产产生的现金净额、取得和处置子公司以及其他营业单位产生的现金净额和进行权益性、债券性投资支付的现金与总资产的比值来衡量上市公司的投资水平（魏明海和柳建华，2007；张洪辉和王宗军，2010；蔡卫星、赵峰和曾诚，2011）。在衡量投资效率时，本节借鉴绝大多数文献中普遍使用的 Richardson (2006) 模型，计算模型残差，若模型残差大于0，则企业存在过度投资，若模型残差小于0，则存在投资不足。上市公司市场绩效用 Tobin's Q 来衡量 (Servaes, 1991)。官员更替虚拟变量是本节主要考察的解释变量，上市公司所在地区当年省长或者市长发生更替，则 change 变量取1，否则取0。pcexp 变量是当年地区人均财政支出的对数值，刻画上市公司所在地区政府财政活动的程度。根据已有文献，本节还控制了上市公司的投资机会 (Tobin's Q)、公司规模 (size)、财务杠杆 (lev)、现金流量 (cashflow)、盈利能力 (ROA) 和成长能力 (grth)。相关变量的具体计算方法如表5-9所示。

表 5-9 变量定义

	变量名称	含义	度量
被解释变量	investment	投资支出	investment = (购建固定资产、无形资产和其他长期资产支付的现金 + 取得子公司及其他营业单位支付的现金净额 + 企业进行权益性、债券性投资支付的现金 − 处置固定资产、无形资产和其他长期资产收回的现金净额 − 处置子公司及其他营业单位收到的现金净额)/总资产
	Tobin's Q	市场绩效	Tobin's Q = (股权市值 + 净债务市值)/总资产 股权市值 = 每股价格 × 流通股份数 + 每股净资产 × 非流通股份数
	ROE	财务绩效	ROE = 净利润/股东权益余额
解释变量	change	省长/市长更替虚拟变量	当年发生省长/市长更替，则 change = 1；否则，change = 0
	pcexp	人均财政支出	pcexp = ln (当年地区财政支出/地区总人口)
控制变量	size	公司规模	size = ln (公司总资产)
	lev	财务杠杆	lev = 总负债/总资产
	cashflow	现金流量	cashflow = 现金及现金等价物净增加额/总资产
	grth	成长能力	grth = (本期营业收入 − 上期营业收入)/上期营业收入
	industrydummy	行业变量	行业分类采用证监会行业分类，剔除金融行业后共12个行业，设置11个行业虚拟变量
	yeardummy	年份变量	设置13个年份虚拟变量

(三) 计量模型

1. 投资支出模型

为检验本节提出的 H1 和 H2，以下分别构建三个实证模型，并引入行业和年度虚拟变量控制模型可能出现的内生性问题。模型（1）旨在验证官员更替对上市公司投资支出的影响，根据 H1，我们预测回归系数为正。在模型（2）中引入地区人均财政支出变量，为检验 H2，我们在此基础上引入官员更替与地区人均财政支出的交互项，若地区人均财政支出强化了官员更替对上市公司投资支出的影响，则模型（3）中交互项系数显著为正。

模型（1）：

$$investment_{i,j,t} = \beta_0 + \beta_1 change_{i,t-1} + \sum \gamma_i control_{i,t-1} + industrydummy_j + yeardummy_t + \varepsilon_{i,j,t}$$

模型（2）：

$$investment_{i,j,t} = \beta_0 + \beta_1 change_{i,t-1} + \beta_2 pcexp_{i,t} + \sum \gamma_i control_{i,t-1} + industrydummy_j + yeardummy_t + \varepsilon_{i,j,t}$$

模型（3）：

$$investment_{i,j,t} = \beta_0 + \beta_1 change_{i,t-1} + \beta_2 pcexp_{i,t} + \beta_3 pcexp_{i,t} \times change_{i,t-1} + \sum \gamma_i control_{i,t-1} + industrydummy_j + yeardummy_t + \varepsilon_{i,j,t}$$

其中，i 表示上市公司，j 表示上市公司所在行业，t 表示年份；$control_{i,t-1}$ 代表一组影响上市公司投资支出的控制变量，包括投资机会（Tobin's Q）、公司规模（size）、财务杠杆（lev）、现金流量（cashflow）、盈利能力（ROA）和成长能力（grth）；$industrydummy_j$ 是行业虚拟变量；$yeardumrny_t$ 是年份虚拟变量；$\varepsilon_{i,j,t}$ 是随机扰动项。除地区人均财政支出、行业虚拟变量和年份虚拟变量外，其他解释变量都做滞后一期处理。

2. 公司绩效回归模型

为验证 H3，我们构建了模型（4）和模型（5），其中 performance 变量代表公司绩效，若两个模型的系数 β_1 为负，则 H3 是正确的。

模型（4）：

$$performance_{i,j,t} = \beta_0 + \beta_1 change_{i,t} + \sum \gamma_i control_{i,t-1} + industrydummy_j + yeardummy_t + \varepsilon_{i,j,t}$$

模型（5）：

$$performance_{i,j,t} = \beta_0 + \beta_1 change_{i,t} + \beta_2 pcexp_{j,t} + \sum \gamma_i control_{i,t-1} + industrydummy_j + yeardummy_t + \varepsilon_{i,j,t}$$

五、实证分析结果

（一）描述性统计

表 5-10 是对回归模型中各主要变量的描述性统计结果。从表 5-10 可以看出，1998~2011 年我国上市公司平均每年新增投资占总资产的比重为 8.2%，新增投资的最大比重为 49%，缩减投资的最大比重为 5.4%，而且分布呈现右偏，有必要进行分位数回归检验。上市公司所在地区上一年发生省长（市长）更替的，占比为 23.8%。

表 5-10 主要变量的描述性统计

变量名称	均值	标准差	中位数	最小值	最大值	观测值
investment	0.0820	0.0880	0.0580	-0.0540	0.490	17604
Tobin's Q	1.684	1.056	1.302	-7.669	6.435	17604
ROE	0.0320	0.0680	0.0310	-0.248	0.234	17604
change	0.238	0.426	0	0	1	17604
pcexp	8.149	0.796	8.186	6.295	10.13	17604
size	21.60	1.190	21.51	18.90	24.95	17604
lev	0.522	0.214	0.523	0	1.230	17604
cashflow	0.0490	0.0820	0.0480	-0.205	0.273	17604
grth	0.232	0.623	0.137	-1.046	4.226	17604

我们根据上市公司所在地区上一年省长（市长）是否更换对本节数据进行分组，通过组间均值的 T 检验和中位数 Wilcoxon rank-sum 检验，考察官员更替与上市公司投资和绩效的关系。检验结果如表 5-11 所示，所在地区上一年官员发生更替的上市公司的投资支出明显高于所在地区无官员更替的企业，T 统计量为 -3.7012，具有统计上的显著性，这为本节的研究假设 H1 提供了初步的经验证据。为进一步验证假设 H2，我们根据地区人均财政支出的中位数，将样本分为高人均财政支出地区和低人均财政支出地区两个子样本，在此基础上分别检验上一年所在地区有官员更替和无官员更替对投资支出的影响。检验结果与全样本检

验结果相似,无论是在高人均财政支出地区还是低人均财政支出地区,有官员更替的公司投资支出都要显著高于无官员更替的公司;比较高低人均财政支出两组,低人均财政支出组的企业无论是否存在官员更替,其投资水平都高于高人均财政支出组,这说明人均财政支出越高,企业投资越少。另外,低人均财政支出地区组仅在5%的水平上显著,表明有官员更替和无官员更替时,企业在投资支出上存在显著差异,而高人均财政支出地区组在1%的水平上显著证明了差异的存在,说明官员更替在高人均财政支出地区对企业投资的影响更为显著。对于上市公司绩效,无论是Tobin's Q值还是财务绩效指标ROE,所在地区当年发生政府官员更替的上市公司绩效均值要显著低于所在地区无官员更替的公司,这与我们在H3中的预期相一致。

表 5–11　组间比较分析

Panel A 上市公司投资支出			
	组1:change = 1	组2:change = 0	T统计量（Z统计量）
全样本	0.0939205	0.0882198	−3.7012*** (−4.330***)
高人均财政支出地区	0.0912588	0.0845081	−3.1946*** (−4.109***)
低人均财政支出地区	0.0968526	0.0920258	−2.15** (−2.137**)
Panel B 上市公司绩效			
	组1:change = 1	组2:change = 0	T统计量（Z统计量）
Tobin's Q	1.581875	1.656504	4.7958*** (2.704***)
ROE	0.030345	0.038724	2.3481** (2.321**)

注:*、**、*** 分别表示在10%、5%、1%水平上显著。

（二）回归结果分析

1. 官员更替对上市公司投资行为的影响

表5–12给出了模型(1)~(3)的面板固定效应回归结果。从模型(1)的回归结果来看,省长更替变量的回归系数为0.005,在1%的水平上显著。这说明如果上一年发生省长更替,企业投资支出平均增加0.5%。上一年发生官员更替导致企业投资支出增加,验证了H1的假设,并与陈艳艳和罗党论(2012)的研究结

论一致。模型（2）在此基础上加入地区宏观经济变量人均财政支出（pcexp），省长更替变量在10%的水平上仍然显著，人均财政支出的回归系数为-0.005，在1%的水平上显著，说明地区人均财政支出对当地上市公司的投资支出有一定的挤出效应，地区人均财政支出每增长1%，上市公司投资支出减少0.5个百分点。模型（3）在模型（2）的基础上继续引入省长更替与地区人均财政支出的交互项（change×pcexp），交互项的回归系数大于零，并通过了显著性水平为1%的统计检验。这表明，地区人均财政支出强化了上一年省长更替对当地上市公司投资支出的影响，当年地区人均财政支出越多，上一年省长更替对当地上市公司投资支出的促进作用越强，回归结果验证了H2。实证研究表明，政府控制对上市公司行为和价值有显著影响（夏立军和方秩强，2005；程仲鸣、夏新平和余明桂，2008；陈艳艳和罗党论，2012），因此，本节根据国泰安上市公司数据库的上市公司实际控制人性质，控制上市公司所有权性质对结果的影响，筛选出1254家实际控制人为国有企业、国有机构和省级政府的上市公司，模型（4）是其回归结果，模型（5）表示的是其他非国有上市公司的回归结果。对比模型（4）和模型（5）的回归结果，模型（4）的省长更替变量的回归系数为0.003，大于非国有上市公司，说明官员更替对国有上市公司投资水平的影响更为明显，显著性也更强，回归结果验证了H4。

表5-12 官员更替、地区人均财政支出对上市公司投资支出的影响

	(1)	(2)	(3)	(4)	(5)
change	0.005*** (3.01)	0.002* (1.59)	0.003** (2.71)	0.003*** (5.72)	0.002* (1.61)
pcexp		-0.005*** (-5.29)	-0.004*** (-5.28)	-0.003** (-2.45)	-0.004 (-1.01)
change×pcexp			0.001*** (2.93)	0.001** (2.04)	0.001* (1.62)
size	0.006*** (10.74)	0.008*** (11.42)	0.008*** (11.41)	0.008*** (23.41)	0.002 (1.34)
lev	-0.116*** (-36.65)	-0.113*** (-33.48)	-0.113*** (-33.43)	-0.115*** (-34.24)	-0.130 (0.91)
cashflow	0.157*** (19.09)	0.155*** (17.76)	0.155*** (17.79)	0.161*** (22.12)	0.125* (1.78)
grth	0.005*** (4.19)	0.005*** (4.11)	0.005*** (3.99)	0.004** (2.23)	0.005* (1.69)

续表

	（1）	（2）	（3）	（4）	（5）
_cons	-0.007 (-0.53)	0.003 (0.20)	0.002 (0.11)	-0.013 (-0.22)	-0.003 (0.65)
行业	控制	控制	控制	控制	控制
年份	控制	控制	控制	控制	控制
N	17406	17406	17406	17406	17406
r^2_a	0.018	0.044	0.096	0.129	0.042
F	27.235	47.295	84.242	95.332	41.414

注：①括号内报告的是异方差稳健的回归系数的t值。②*、**、*** 分别表示在10%、5%、1%水平上显著。

投资支出（Investment）的分布呈现明显的右偏特征，上述回归结果对不同投资水平的上市公司是否稳健呢？为区分在条件分布的不同位置，官员更替对上市公司投资支出产生的影响，我们继续在模型（3）的基础上利用投资支出对省长更替变量进行分位数回归。分位数回归方法最早是由 Koenker 和 Bassett（1978）提出的，被视为一种定位模型（Location Model）（Moshe Buchinsky, 1998）。传统的最小二乘估计方法为得到最小方差的无偏估计量，要求随机扰动项服从正态分布，并且考察的是解释变量 x 对于被解释变量 y 的条件期望 E(y|x) 的影响，实际上是均值回归。但由于现实情况下，数据常常出现尖峰或者厚尾等非对称分布情况，则条件期望很难反映整个条件分布的全貌。分位数回归利用解释变量的多个分位数来得到被解释变量的条件分布的相应分位数方程。与传统的 OLS 只得到均值方程相比，它可以更详细地描述变量的统计分布。

首先，利用F检验判断在各分位点处官员更替的回归系数是否相等。我们令检验的原假设为"省长更替变量 change 在 0.1、0.25、0.5、0.75、0.9 五个分位点处的回归系数相等"。通过计算，F 统计量的值为 2.69，p 值为 0.0677，可以认为在 10% 的显著性水平上，各分位数的回归系数不完全相等。表 5-13 报告了各分位点处的回归结果。省长更替变量的回归系数随分位数的增加呈现先增后减的趋势。在 0.1 分位点处，省长更替变量的回归系数为 0.002，通过了显著性水平为 5% 的检验，表明当上一年省长发生更替，该地区投资支出最少的 10% 的上市公司中投资支出最多的上市公司投资支出增加 0.2%。在 0.9 分位点处，省长更替变量的回归系数下降为 0.001，在 10% 的显著性水平上通过了检验，说明当上一年省长发生更替，该地区投资支出最多的 10% 的上市公司中投资支出最少的上市公司投资支出增加 0.1%。在 0.5 分位点处回归系数最大，且通过了显著性水平为 1% 的检验。这说明官员更替对投资支出水平中等的上市公司的投资支出产生显著性的影响，而投资支出偏离正常值的上市公司对于省长更替的敏感性较小。造成这一现象的可能原因在于公司投资行为的异质性方面，对于投资支出相对较多的上市公司而言，增加单位投资的边际效用下降，备选投资项目减少，投资风险增加。在新上任官员的投资带动政策下，继续扩大投资的可能性不大。而投资支出原本较少的上市公司，大部分应该归属于风险规避型和保守型投资人，官员更替带来的扩大投资的热情不高，投资扩大的效果也不明显。

表 5-13　不同的投资支出水平下官员更替对上市公司投资支出的影响

	（1）	（2）	（3）	（4）	（5）
	0.1	0.25	0.5	0.75	0.9
change	0.002** (2.24)	0.003** (2.21)	0.005*** (2.68)	0.004* (1.97)	0.001* (1.34)
pcexp	−0.005*** (−12.40)	−0.005*** (−8.17)	−0.006*** (−7.97)	−0.008*** (−6.83)	−0.007*** (−3.41)
change × pcexp	0.000*** (3.34)	0.000** (2.19)	0.000*** (2.29)	0.001*** (2.77)	0.001** (2.49)
size	0.008*** (25.67)	0.008*** (19.27)	0.009*** (13.49)	0.006*** (6.31)	0.002 (1.01)
lev	−0.039*** (−23.76)	−0.060*** (−28.59)	−0.095*** (−30.31)	−0.136*** (−27.62)	−0.204*** (−22.21)
cash	0.056*** (12.84)	0.086*** (14.85)	0.138*** (16.84)	0.213*** (17.61)	0.238*** (11.12)
grth	0.004*** (18.31)	0.005*** (19.94)	0.005*** (24.25)	0.005*** (25.42)	0.004*** (22.11)
_cons	−0.104*** (−16.57)	−0.087*** (−9.81)	−0.027** (−2.08)	0.110*** (5.50)	0.296*** (8.15)

注：①括号内报告的是回归系数的 t 值。②*、**、*** 分别表示在 10%、5%、1% 水平上显著。

我们根据上市公司所在的省份，将样本数据分为东部和中西部，分别用上市公司投资支出对官员更替进行回归。对比东部和中西部的回归结果（见表 5-14），我们可以发现在东部和中西部地区，官员更替对于上市公司的投资支出具有促进作用，地区人均财政支出强化了这一效应。在中西部地区，当上一年官员发生更替，辖区上市公司的投资支出增加 0.8%，高于东部地区官员更替对上市公司投资支出的影响。这可能是由于中西部地区的市场化进程和经济发展水平相对落后于东部地区，地方官员对于上市公司的干预和影响更为显著，也更有意向通过刺激企业增加投资支出而带动辖区经济发展，从而验证了假设 H5。

表5-14 不同区域官员更替对上市公司投资支出的影响

	（1）东部	（2）中西部	（3）全国
change	0.003** (2.33)	0.008** (2.18)	0.003** (2.71)
pcexp	−0.004*** (−3.12)	−0.010*** (−4.26)	−0.004*** (−5.28)
change × pcexp	0.001*** (3.09)	0.001*** (2.58)	0.001*** (2.93)
size	0.007*** (8.34)	0.010*** (6.65)	0.008*** (11.41)
lev	−0.123*** (−28.48)	−0.102*** (−12.76)	−0.113*** (−33.43)
cash	0.146*** (13.18)	0.177*** (8.70)	0.155*** (17.79)
grth	0.004*** (2.97)	0.006** (2.20)	0.005*** (3.99)
_cons	0.012 (0.66)	−0.031 (−0.93)	0.002 (0.11)
行业	控制	控制	控制
年份	控制	控制	控制
N	8985	8421	17406
r^2_a	0.121	0.118	0.096
F	177.026	52.143	84.242

注：①括号内报告的是异方差稳健的回归系数的 t 值。②*、**、*** 分别表示在 10%、5%、1%水平上显著。

2. 官员更替对上市公司绩效的影响

表 5-15 的第 1 列和第 2 列给出了用 Tobin's Q 值对官员更替变量进行回归的结果，回归结果验证了本节的理论假设 H3。第 1 列显示的回归结果中，change 的系数为−0.065，说明当年地区省长发生更替，辖区上市公司的市场绩效下降 6.5%。当年地区官员发生更替，上市公司绩效下降，验证了假设 H3。第 2 列在回归模型中引入地区人均财政支出变量，回归系数显著为正，说明地区人均

财政支出变量强化了官员更替对上市公司绩效的影响。第3列和第4列分别报告了国有上市公司和非国有上市公司的回归结果。各变量系数的正负效应与全样本一致。对比省长更替变量的回归结果，当省长发生更替，当年辖区国有上市公司绩效下降10.7%，下降程度高于非国有上市公司5.7个百分点，说明官员更替对于国有上市公司市场绩效的负面影响更大。其他控制变量与投资支出模型相似，不再赘述。

表 5-15 官员更替对上市公司绩效的影响

	(1)	(2)	(3)	(4)	东部	中西部
change	-0.065*** (-4.27)	-0.056*** (-3.54)	-0.107*** (-10.62)	-0.050* (-1.72)	-0.130*** (-6.41)	-0.188*** (-5.81)
pcexp		0.301*** (38.50)	0.292* (1.65)	0.284*** (3.22)	0.284*** (27.04)	0.493*** (24.69)
size	-0.274*** (-47.14)	-0.339*** (-53.81)	-0.348*** (-57.82)	-0.307*** (-44.33)	-0.335*** (-42.99)	-0.359*** (-24.72)
lev	-0.163*** (-5.22)	-0.218*** (-6.83)	-0.223*** (-6.79)	-0.204*** (-6.34)	-0.247*** (-6.20)	-0.400*** (-5.46)
cashflow	1.131*** (13.71)	1.311*** (15.75)	1.425*** (16.21)	1.038*** (14.88)	1.079*** (10.46)	1.939*** (10.24)
grth	0.038*** (3.52)	0.027** (2.48)	0.034* (1.66)	0.042* (1.74)	0.039*** (2.86)	0.016 (0.61)
_cons	7.541*** (61.82)	6.553*** (50.96)	9.881*** (79.53)	6.833*** (67.87)	6.582*** (40.24)	5.724*** (19.35)
行业	控制	控制	控制	控制	控制	控制
年份	控制	控制	控制	控制	控制	控制
N	17406	17406	17406	17406	8985	8421
r^2_a	0.123	0.189	0.204	0.177	0.191	0.257
F	519.438	641.827	674.324	550.445	407.593	175.247

注：①括号内报告的是异方差稳健的回归系数的t值。②*、**、***分别表示在10%、5%、1%水平上显著。

表5-15的第5列、第6列是根据上市公司所在地区不同进行分区域回归的结果。在Tobin's Q模型中，change变量在东部和中西部地区的回归中系数都为负，即官员更替使辖区上市公司绩效降低，与全样本的回归结果一致。东部的change变量系数为-0.130，绝对值小于中西部change变量的回归系数-0.188，表明相比于东部地区，我国中西部地区政府官员更替对上市公司绩效的影响更大，

回归结果验证了理论假设 H5。

为检验官员更替对不同绩效水平的上市公司的绩效的影响,进一步进行分位数回归。首先,利用 F 检验判断在各分位点处官员更替的回归系数是否相等。我们令检验的原假设为"省长更替变量 change 在 0.1、0.25、0.5、0.75、0.9 五个分位点处的回归系数相等"。通过计算,F 统计量的值为 61.49,p 值为 0.0000,可以认为在 1% 的显著性水平上,各分位数的回归系数不完全相等,即官员更替对不同绩效水平的上市公司的影响存在差异。表 5-16 的回归结果显示,在 0.25 分位点处,change 变量的回归系数值最小,为 0.020,随着上市公司绩效的提高,官员更替对上市公司绩效的影响增强,在 0.9 分位点处回归系数值最大,为 0.191。在公司绩效方面,绩效较好的公司生产规模和产值往往都比较大,运作机制稳定。当发生官员更替时,地区经济政策的连贯性发生波动,绩效越好的公司调整原有运作模式、适应新的经济周期的成本越高。

表 5-16 不同的绩效水平下官员更替对上市公司市场绩效的影响

	0.1	0.25	0.5	0.75	0.9
change	−0.045*** (−8.85)	−0.020*** (−3.61)	−0.031*** (−3.35)	−0.082*** (−4.03)	−0.191*** (−5.62)
pcexp	0.031*** (14.26)	0.062*** (23.96)	0.152*** (32.91)	0.327*** (30.30)	0.580*** (29.83)
size	−0.069*** (−41.06)	−0.101*** (−50.72)	−0.196*** (−52.44)	−0.340*** (−35.06)	−0.506*** (−25.98)
lev	−0.139*** (−14.36)	−0.156*** (−14.39)	−0.226*** (−11.98)	−0.336*** (−7.58)	−0.354*** (−4.29)
cashflow	0.176*** (6.66)	0.284*** (9.82)	0.558*** (11.32)	1.124*** (9.77)	1.938*** (8.94)
grth	0.016*** (3.82)	0.018*** (4.37)	0.019*** (2.96)	0.032** (2.26)	0.057** (2.33)
_cons	2.276*** (67.71)	2.860*** (70.83)	4.461*** (58.61)	6.656*** (35.15)	8.891*** (24.74)

注:①括号内报告的是回归系数的 t 值。②*、**、*** 分别表示在 10%、5%、1% 水平上显著。

六、稳健性检验

本节在分析官员更替对上市公司投资行为和市场绩效的作用效果时,分别对上市公司进行了分位点回归检验,考察官员更替对不同投资水平和市场绩效的上市公司的影响是否显著。这种从不同特征的上市公司维度进行的考察，实际上已考虑了官员更替影响机制的稳健性。此外，划分东部和中西部地区进行回归，也检验了官员更替对上市公司投资行为和绩效的影响作用在不同市场化程度的地区是否稳健。

省级官员更替造成辖区各项经济政策变动，这种"翻烧饼"效应伴随着向根植于市县级的微观经济体的传导而逐渐减弱。为降低官员更替影响上市公司绩效的时滞性、保证实证结论的稳健，本节收集了1998~2011年34个大中城市的官员更替数据，并从Wind数据库中整理了与之相匹配的1893家上市公司数据，进一步从市一级层面上检验市长更替对辖区上市公司市场绩效的影响，并区分所有权性质进行了检验。表5-17报告了回归结果。第1列和第2列回归结果中，change变量的系数在1%的显著性水平上为负，说明当年城市市长发生更替，辖区上市公司绩效下降6.8%，这与假设H3的预期一致。对比省长更替的回归系数，市长更替对上市公司绩效的负面影响高0.3个百分点，这主要是由于地方官员受晋升激励的影响更为明显，对于辖区经济的干预程度也更大（王贤彬等，2009）。第2列引入了市级人均财政支出变量，回归系数并不显著。第3列、第4列报告了国有上市公司和非国有上市公司的回归结果，国有上市公司更易于受到市长更替对绩效的负面影响，与采用省级官员更替数据分析的结论一致。

表5-17　34个大中城市市长更替对上市公司市场绩效的影响

	(1)	(2)	(3)	(4)
change	−0.068*** (−5.56)	−0.066*** (−8.73)	−0.074*** (−11.49)	−0.066*** (−7.25)
pcexp		0.215 (0.66)	0.124 (0.08)	−0.006 (−0.27)
size	−0.342*** (−69.01)	−0.491*** (−83.39)	−0.484*** (−94.32)	−0.392*** (−82.73)
lev	−0.154*** (−14.52)	−0.183*** (−16.44)	−0.147*** (−18.46)	−0.176*** (−19.17)
cashflow	1.564*** (33.27)	1.761*** (21.65)	1.775*** (28.18)	1.630 (24.13)
grth	0.004*** (5.73)	0.011** (6.29)	0.013** (6.58)	0.108*** (9.23)
_cons	12.569*** (45.62)	16.238*** (49.55)	14.019*** (46.83)	13.236*** (45.24)

续表

	（1）	（2）	（3）	（4）
行业	控制	控制	控制	控制
年份	控制	控制	控制	控制
N	15682	15682	15682	15682
r^2_a	0.009	0.013	0.022	0.012
F	98.346	99.548	39.301	34.712

注：①括号内报告的是异方差稳健的回归系数的 t 值。②*、**、*** 分别表示在 10%、5%、1% 水平上显著。

为进一步检验官员更替对上市公司绩效影响的稳健性，我们引入公司会计指标 ROE（净资产收益率）来代替 Tobin's Q 值衡量上市公司绩效。以财务绩效指标 ROE 作为被解释变量（Stan Hok-Wui Wong，2010），代入前期公司绩效模型中，并进行分地区检验，表 5-18 是回归结果。第 1 列和第 2 列均显示 change 变量的系数显著为负，与市场绩效 Tobin's Q 指标的回归结果一致。对比官员更替对市场绩效的回归结果，在 ROE 模型中引入地区人均财政支出变量后，pcexp 变量的系数正负相反，而且在 ROE 模型中并不显著，这说明对上市公司绩效的影响作用中，地区人均财政支出发挥的作用并不像其对上市公司投资行为那样显著，并因衡量公司绩效的变量而异，因此在绩效分析模型中作为衡量地区经济发展水平的控制变量更为妥当。表 5-18 中，第 3 列、第 4 列报告了分地区的回归结果，与 Tobin's Q 模型结果基本一致。东部和中西部地区 change 变量在 10% 的水平下显著为负，东部地区回归系数小于中西部地区，表明当年发生官员更替，上市公司财务绩效降低，并且这种效果伴随市场化水平的增加而减弱。因此，稳健性检验结果表明，使用财务绩效指标衡量上市公司绩效，回归结果无实质性差异。

表 5-18　省长更替对上市公司财务绩效的影响

	（1）	（2）	东部	中西部
change	−0.013** (−2.74)	−0.013** (−2.70)	−0.014* (−2.57)	−0.019* (−2.41)
pcexp		−0.003 (−0.30)	0.001 (0.08)	−0.015 (−0.48)
size	0.081*** (12.04)	0.085*** (10.54)	0.083*** (8.12)	0.129*** (5.69)

续表

	（1）	（2）	东部	中西部
lev	−0.684*** (−17.55)	−0.748*** (−16.81)	−0.714*** (−12.64)	−1.217*** (−9.71)
cashflow	0.166* (1.79)	0.109 (1.05)	0.139 (1.06)	−0.377 (−1.32)
grth	0.120*** (9.72)	0.125*** (9.00)	0.134*** (7.58)	0.108*** (2.85)
_cons	−1.415*** (−10.08)	−1.426*** (−8.68)	−1.440*** (−6.69)	−2.036*** (−4.41)
行业	控制	控制	控制	控制
年份	控制	控制	控制	控制
N	17406	17406	8985	8421
r^2_a	0.027	0.027	0.026	0.037
F	93.781	69.798	42.058	18.438

注：①括号内报告的是异方差稳健的回归系数的 t 值。②*、**、*** 分别表示在 10%、5%、1% 水平上显著。

七、结论

改革开放 30 多年来，中国的经济增长事实上是一种"陀螺式增长"（聂辉华，2013），中国经济在一定程度上需要依靠外部的刺激和鞭策来保持高速增长与平衡。政治集权和财政分权体制为中国经济的高速发展提供了强大的动力，而这一体制成功的关键之处在于地方官员在"政治锦标赛"中获胜的政治激励和发展辖区经济的政策选择空间的有机结合。但在获得经济高速增长的同时，"陀螺式增长"不可避免地存在弊端，为经济发展带来负面影响。官员更替在中国是一种常态，在宏观层面上对辖区经济增长具有短期的负面影响（王贤彬等，2009），在中观层面上导致产业结构发生变动（宋凌云，2012），在微观层面上影响辖区企业的行为（陈艳艳等，2012；贾倩等，2013）。

本节基于 1998~2011 年沪深两市 A 股上市公司的数据，考察了省级地方官员更替对于上市公司投资行为和绩效的影响。实证结果显示，上一年发生省长更替，辖区上市公司的投资支出增加，当年辖区上市公司的绩效降低，这主要是由于"新官上任三把火"的政治热情使官员上任初期对辖区经济的干预程度增加，辖区企业被带动扩大自身投资支出，投资行为受到影响，而且由于官员的异质性，官员更替初期往往产生"翻烧饼"现象，经济发展政策的连续性和稳定性发生波动，辖区企业的绩效也因此受到影响。官员更替对所有上市公司都产生影响，但国有上市公司的投资行为和市场绩效在更替发生时波动性更强。在政治集权产生官员更替效应的基础上，进一步考虑财政分权下辖区人均财政支出的影响，研究发现，地区人均财政支出强化了上一年省长更替对当地上市公司投资支出的影响，可能的原因是私人投资成为公共投资的替代选择，当公共投资支出增加空间有限时，企业投资支出成为官员拉动投资的主要渠道。

  本节的结论是相当稳健的。针对不同投资和绩效水平的上市公司进行分位数回归检验，研究发现，不论上市公司投资支出水平如何，省长更替对上市公司投资支出都有正向的扩张作用，但对于投资支出水平中等的公司影响更大。在不同的绩效水平下，省长更替对上市公司绩效的负向影响方向不变，对绩效高的公司影响更大。另外，根据地区市场化程度的差异，对上市公司分东部和中西部进行检验，发现省长更替对上市公司影响的作用方向不变，但随着市场化程度的增加，省长更替对上市公司行为和绩效的影响作用减弱。在市级层面上，官员更替对上市公司绩效的影响效应更强。使用上市公司财务绩效代替市场绩效，研究结论不变。

  公司治理和政府治理是现代经济管理理论体系中最为重要的两个方面，经济社会中企业行为和绩效等生产效率的提高需要公司治理机制的优化，但在很大程度上取决于政府治理模式的完善。政治晋升体制下，在官员更替初期，短期的投资热情和地区经济发展政策连贯性的波动导致辖区企业的投资行为和企业绩效受到负面影响。国有上市公司凭借其强大的资金资源优势，一般拥有较好的经济效益，但当公司所处的政治环境发生变动、出现政府干预时，国有上市公司投资和绩效的波动比其他非国有上市公司更为明显。要避免这种负面影响，首先，应改进政治晋升体制，从制度上斩断政府干预的作用机制。如果继续以地方政府的短期政绩作为激励手段，就必然发生政府干预企业生产经营活动的现象，使外部官员更替拉低企业效率和绩效。在对地方官员的考核内容上，不应以 GDP 数量论英雄，而应更加重视经济增长的质量和辖区企业的生存状况，增加更多反映增长质量的指标。其次，政企合谋导致无谓损失，降低企业生产率，引起企业内部的资源误置。继续推进市场化进程，完善产权保护机制和提高法制水平，规范政府与市场的关系，大幅度减少政府对各类资源的直接配置，是从根本上约束政府行为、减少政企合谋和政府干预的有效途径。最后，官员上任初期应避免"翻烧饼"现象,保持地区经济发展政策的连续性和稳定性,减少地区经济环境波动对辖区企业的负面影响。

第四节 城市官员是否推高了房价?

一、引言

2003~2012年是中国城市房价剧烈上升的10年,在34个大中城市中,上海最高上涨4.76倍,银川最低上涨2.14倍。这10年也是国家密集调控房价上涨的10年,由最初的限时开发、土地回收到增加商品房供给,再到被称为"史上最严调控政策"的三套房停贷、看房不看贷,但调控阻挡不了房价上升的步伐。那么,中国城市房价持续上升的原因是什么?

影响房价的因素众多,城市人口、居民收入水平、城市规模、利率、对房地产市场的预期等都是重要的因素(Jud、Donald和Winkler,2002;Gyourko、Mayer和Sinai,2009;Girouard、Kennedy和Noord,2006;梁云芳和高铁梅,2007),这些因素涉及住房的供给与需求(Nieuwerburgh和Weill,2010),是影响房价的市场因素。近年来,从地方政府行为的角度研究房地产市场,为解释中国住房价格的上升提供了一个崭新的思路,聂辉华和李翘楚(2013)以31个省级面板数据实证分析指出,地方政府与当地房企合谋显著提高了住宅商品房价格,Deng、Gyourko和Wu(2012)指出2009~2010年中国34个大中城市房价飞涨与当地官员特征相关,如党委书记的任期。从这些研究中可以看出,地方政府对高房价有重大责任,但很少有研究分析地方政府推动房价上涨背后的内在机制。在房地产市场中,地方政府不仅是土地一级市场上的垄断供给者,决定土地供给总量和结构,同时又是落实中央政府政策的执行者,在房价调控中起着关键作用。地方政府的双重身份和行为直接影响了房价。

本节基于官员晋升的角度,利用2003~2012年34个大中城市的面板数据和城市书记、市长的个人特征变量研究城市官员对房价的影响,试图发现中国城市书记、市长对房价的影响及其原因。本节的初步结论是:为晋升而推高房价,为土地财政而推高房价,因政企合谋而推高房价。另外,本节还发现即使地方官员拥有较强的晋升关系网络，也未能降低其对房价的推动力度。

本节安排如下：第二部分是城市官员对房价产生影响的文献综述，并在综述和中国事实的基础上提出理论假设；第三部分建立官员与房价的实证模型，并对数据进行初步分析；第四部分是利用 SYS-GMM 进行实证分析；最后是总结性评论。

二、文献综述及假设的提出

国内外学者对房价影响因素的分析主要分为两个方面：一是市场经济因素，主要有人口、城市规模、收入、利率、建筑成本等。Jud、Donald 和 Winkler（2002）认为人口、人均收入、建筑成本和利率是影响房价的主要因素。Gyourko、Mayer 和 Sinai（2009）认为房价上升主要由城市收入增长而来，而对城市收入增长的解释来自城市宜居性、城市产能、城市集聚经济和富裕家庭增多这四个方面。Girouard、Kennedy 和 Noord（2006）通过 18 个 OECD 国家发现房价随着经济形势、利率和家庭财富的上升而上涨。Jarociński 和 Smets（2008）对包含住房部门的美国经济进行了贝叶斯向量自回归估计，说明了住房部门的发展可以被解释为是以实际和名义 GDP 与利率为基础的。Fingleton（2009）利用英国社区的数据来验证激励性工资、收入和房价的关系。Lacoviello（2005）建立了一个包含名义借贷和抵押品受限于房屋价值的货币经济周期模型，通过实证说明了住房需求冲击和名义价格正相关，名义借贷降低需求冲击，抵押品加速需求对房价冲击的反应而名义借贷加速供给对通货膨胀的反应。这些都可以说是基于市场供给与需求的角度来分析的，正如 Nieuwerburgh 和 Weill（2010）建立了城市空间动态均衡房价模型，强调要实现这一均衡，必须满足异质性能力者能对本地工资冲击而自由进出城市和住房供给由于调控限制而不能迅速调整两个要求。这意味着市民工资、供给、房价三者之间在市场化条件下达到均衡。此外，Anselin 和 Lozano-Gracia（2008）考虑环境因素影响供给进而提高房价，他们通过适宜房价模型，采用 100000 个个体住房销售者为样本，运用空间计量的方法得出了改进的空气环境质量能够让房价升高，明显增强消费者支付意愿。二是政治因素，包括宏观政策和地方官员。在宏观政策方面，Kahn（2007）构建了一个两部门房价增长模型，利用微观数据实证说明政治制度影响制造业生产部门，从而改变住房和其他消费品的替代弹性，并最终影响住房的长期价格。Negro 和 Otrok（2007）利用美国 1986~2005 年的房价数据，通过贝叶斯方法发现扩张的货币政策导致全国范围内的房价上涨现象。在地方官员方面,聂辉华和李翘楚(2013)以 31 个省级的面板数据实证分析指出,政企合谋显著提高了住宅商品房价格。张莉、高元骅和徐现祥(2013)认为本地晋升官员具有更大的合谋可能性,而这种合谋促成了土地的更多出让。Deng、Gyourko 和 Wu(2012)指出在 2009~2010 年中国 34 个大中城市房价飞涨的同时,土地拍卖成交量是 2008 年的两倍,而这种土地供应量与当地官员特征相关,如党委书记的任期。为了彰显政绩,地方政府有强烈的动机利用手中的土地权积累"第二财政",进而导致房地产价格与土地财政形成正相关关系(李郇、洪国志和黄亮雄,2013)。中国地方政府实行"首长负责制",① 各级首长具有整个政府系统中的核心决策权力和资源调配权力,党委系统实行"党委制",书记负总责。换言之,中国是政府主导,如果将城市看作一个市场化的集团,那么作为地方官员的书记和市长就是这个城市的董事长和 CEO,城市的发展往往留下他们的烙印,"翻烧饼"现象普遍存在。基于此,我们提出本节的第一个理论假设。

H1:影响房价的因素很多,城市官员可能是影响房价的一个重要因素。

中国政府治理体制是财政分权与政治集权,在这种体制下,为增长而竞争,为晋升而增长成为官员的行为主导,官员晋升来自政绩与网络关系。薄智跃(Bo,1996,2002)最早利用 1949~1994 年中国省级官员的政治流动数据进行计量分析,发现好的经济绩效,特别是本省上缴给中央的税收贡献,有助于提高省级领导的升迁概率。Li 和 zhou(2005)认为在"分权"体制下,为了激励地方发展经济,中国用 GDP 增长和招商引资来考核地方官员,一个地方如果经济增长更快的话,这个地方的官员就更可能晋升。周黎安(2007)更是将这一机制概括为"晋升锦标赛"模式。Chen(2005)、徐现祥(2007)、王贤彬(2011)等都在研究中发现地方 GDP 直接影响了官员晋升。

地方政府倾向于通过高地价获得高额土地出让金,减轻分税制对地方财政的压力,因此,出让土地及高房价无疑成为地方官员发展辖区经济、参与"晋升锦标赛"的主要手段之一。为晋升而努力提高本地 GDP,为提高本地 GDP 而推高房价,由此造成了官员 GDP 锦标赛下助推高房价这样一个现实。基于此,本节

---

① 我国政府的"首长负责制"正式确立于 1982 年五届人大五次会议通过现行宪法的时候。党委系统中并不实行"首长负责制",而是实行集体领导的"党委制",决策的主体是集体,但书记"负总责",由书记主持党委的工作,并对党委的日常工作做出处理。

提出第二个理论假设。

H2：官员晋升是城市官员影响房价的主要激励机制，官员为晋升而推高房价。

既然地方官员影响房价的动力源于官员晋升激励，那么地方官员影响房价的实现手段又是什么？地方官员为晋升，其在土地一级市场上的垄断供给者身份恰好为其快速积累GDP提供了便利。在土地财政的实现过程中，不能单单由政府官员说了算，更多地需要依赖于房地产领域的精英，于是对一个市级主要领导来说，要想实现高的土地财政和本区域的经济发展，需要依托于区域内势力集团的强强联合或协作。精英集团在区域经济发展中有很大的话语权，政府往往倾向于满足其意愿，实现互惠共赢。国外多用精英捕获（Elite Capture）来表示精英集团对政府的影响，这也叫作合谋。张莉和徐现祥等（2011，2013）利用省级层面的土地违法样本发现，地方政府官员与本地精英集团合谋来参与土地违法，且地方政府官员参与的土地违法案件更隐蔽、更难查处，影响更大。追求地方财政收入最大化的中国地方政府，因其行为的"公司化"倾向而导致其公共政策受到特殊利益集团"捐税"行为的左右（杨帆和卢周来，2010）。在既有中央和地方关系的背景下，房地产商作为区域内的精英集团，利用增加地方政府财政收入这样的"捐税"行为，成功俘获了地方政府，致使中央旨在抑制房地产的宏观调控政策失控，而呈现出高房价难以抑制的现象。基于此，本节提出第三个理论假设。

H3：地方官员影响房价的途径之一是政企合谋，官商共同推高房价。

对于H3，我们需要补充合谋的度量问题。怎么度量政府参与合谋是实证的重点，我们参照Persson和Zhuravskaya（2012）、张莉等（2011，2013）的做法，将地方官员是否为本地晋升来源作为合谋的代理变量。官员晋升来源分为两类：本地晋升和空降。对于空降来源的官员，一般有两种情况：一是中央为提拔干部，一般安排在此地历练半年至两年不等，这段经历成为下一步晋升的跳板；二是上级中央部门人员流派至下级省市任职。所以，空降来源的官员缺乏本地关系，不易参与本地精英集团的合谋。相反，本地晋升来源的官员一般从下级职位晋升为地方政府领导，必然得到地方精英的支持而取得不错的政绩，按照Shleifer和Summers（1988）的说法，本地晋升官员必须要回报地方精英集团，从而进入新一轮更大的合谋中。聂辉华和蒋敏杰（2011）将是否为本地人作为合谋的代理变量，但我们认为本地人是籍贯的象征，本地人对于地方经济发展更存在一种天然朴素的感情，更侧重一种可持续的地方经济发展模式，而非这种为晋升而政企合谋的非可持续经济发展模式。对于这一点，Persson和Zhuravskaya

第五章 地方政府官员行为

(2012) 同样有所论述。因此，在本节实证部分，我们将本地籍贯纳入官员个人特征变量进行考察，并将本地籍贯与本地晋升对房价的影响形成比对。

三、模型设定与数据描述

（一）模型设定及变量说明

根据上述文献综述及假设，为验证书记、市长晋升的政绩和网络关系与房价的相互关系，我们使用 34 个大中城市官员的面板数据，选择面板模型进行估计。模型设定如下：

$$hprice_{it} = \alpha_{it} + \beta_1 local_{it} + \beta_2 central_{it} + \beta_3 prov_{it} + \sum \beta_k economic_{it} + \sum \beta_m political_{it} + \delta_i + \mu_t + \varepsilon_{it}$$

hprice：房价，是模型的被解释变量，这里采用城市的商品房价格来表示，并以对数形式表示。

local：官员的来源变量，包括市委书记晋升来源和市长晋升来源。此变量为虚拟变量，晋升来源为本地则设置为 1，空降则设置为 0。

central：官员的中央关系网络变量，包括市委书记中央关系网络和市长中央关系网络。我们利用市委书记和市长是否在中央部门任职来表示中央关系网络，此变量为虚拟变量，有中央部门任职经历则设置为 1，无中央部门任职经历则设置为 0。

prov：官员的省级关系网络变量。包括市委书记省级关系网络和市长省级关系网络。我们利用市委书记和市长是否担任省委常委来表示省级关系网络，此变量为虚拟变量，若市委书记和市长担任省委常委则置为 1，若非省委常委则置为 0。

political：是一组官员其他特征的控制变量，主要包括：

native：籍贯。表示市委书记和市长的籍贯是否为本市，此变量为虚拟变量，若市委书记和市长的籍贯为本市则设置为 1，若非本市则设置为 0。

age：年龄。按任职年份的实际年龄计算（上半年出生则当年设置为 1，下半年出生则当年设置为 0）。此变量为虚拟变量，实际年龄大于 55 岁则设置为 1，小于等于 55 岁则设置为 0。此变量反映了官员面临的退休压力。

edu：教育经历。以在任之前已取得的学历为准，若学历为大专以下则设置为 0，若学历为大专则设置为 1，若学历为本科则设置为 2，若学历为硕士则设置为3，若学历为博士则设置为4。

tenure：在任年数。表示该官员从上任至观察年当年年底在同一市同一级职位上的工作年数，并随着在任时间的增加而上升。

tenuresq：在任年数的平方。增加在任年数的平方是为了验证官员任期对房价的非线性效应。

economic：是一组影响房价的控制变量，主要包括：

pop：人口，利用城市的常住人口来表示。一般而言，城市人口越多，人口密度越大，对住房的需求越大，房价因此也越高。

pergdp：人均国内生产总值。购房支出占城市居民消费和投资支出的很大一部分，而人均国内生产总值直接影响了个人的消费和投资水平，因此人均国内生产总值的高低影响了房价。

netfis：财政缺口。这里利用财政支出与财政收入之差来表示。当财政缺口大于零时，表示财政赤字；当财政缺口小于零时，表示财政盈余。财政赤字或者盈余将影响土地财政，因此，财政缺口的正负将影响房价的高低。

sd：城市空气环境。用城市工业二氧化硫排放量来表示。二氧化硫作为空气污染指标的重点监测对象，在很大程度上表征了城市空气环境。城市空气环境的好坏影响一个城市房价的高低。

δ_i：表示城市固定效应。

μ_t：表示时间固定效应。

ε_{it}：是随机误差项。

（二）数据描述

本节采用2003~2012年中国34个大中城市①的面板数据集，共计350个观测值，在变量依时间平稳变化假设的基础上，样本期间个别缺失值做移动平均处理。本节商品房价格、城市常住人口、人均国内生产总值、财政收入、财政支出、工业二氧化硫排放量等数据来自2004~2013年《中国城市统计年鉴》、《中国城市年鉴》和CEIC中国经济数据库。本节用到的市委书记、市长资料来源于人民网、新华网以及相关政府网站。

---

① 34个大中城市依次为：北京、天津、石家庄、呼和浩特、太原、沈阳、大连、长春、哈尔滨、济南、青岛、武汉、郑州、长沙、上海、南京、杭州、宁波、南昌、合肥、福州、厦门、广州、深圳、海口、南宁、重庆、成都、贵阳、昆明、西安、西宁、银川、乌鲁木齐。

官员变量的面板数据构建方法如下：

官员本地来源（local）的定义：如果市委书记和市长是属于本市下级部门调入的，则赋值为 1；如果市委书记和市长属于中央、外省市或者本省省委调入的，则赋值为 0。本节以本市作为本地来源，而非本省。举例来说，假如某一官员为某省省委常委，调任为本省某市市委书记，那么这种情况的市委书记来源就记为空降，赋值为 0。

官员的中央关系网络（central）：表示该官员是否有中央关系网络，如果市委书记和市长在任职前曾经有过在中央部委工作的经历，则被认为有中央关系，赋值为 1；如果没有在中央部委工作的经历，则赋值为 0。

官员的省级关系网络（prov）：表示该官员是否有省级关系网络，如果市委书记和市长在任职期间担任省级常务委员，则被认为有省级关系网络，赋值为 1；如果没有担任省级常务委员，则赋值为 0。

在任年数（tenure）：表示该官员从上任至观察年当年年底在同一市同一级职位上的工作年数，并随着在任时间的增加而上升。举例来说，假如某一官员 2000 年初开始任职，2006 年底离职，那么在 2000 年底，他的在任年数为 1 年，我们的观察值从 2002 年开始，在 2002 年底其在任年数为 3 年，在 2006 年底其在任年数就计算为 7 年。样本中有些官员是年中就任的，如果是上半年就任，我们就从该年计算在任年数；如果是下半年就任，我们从次年开始计算。同理，如果上半年离职，在任年数到上年期末终止；对于下半年离职的，在任年数到本年期末终止。文中涉及空降官员随着任期演化为"准本地官员"时，分别以 3 年和 5 年为界。

官员的籍贯（native）：表示该官员祖居或出生地，本节以市为单位。

由于地方政府实行"首长负责制"和党委系统实行"党委制"，因此市委书记和市长往往职责各有偏向，对当地经济可能存在不同的影响，对房价的作用亦有不同，因此本节将官员对房价的影响按照市委书记和市长的分类进行了区分。

（三）各变量的统计特征

从表 5-19 可以看出，10 年间各市房价悬殊，房价最大值为 21350.13，而最小值为 1547.45。从官员的特征变量来看，在年龄上，市委书记和市长的平均年龄为 54 岁和 53 岁，都呈现较为年轻的状态，距离退休还有 5~10 年时间，也就是还有机会就任 1~2 届。在教育上，市委书记和市长都表现为具有较高的教育水平，平均为 2.87 和 2.92，几乎都达到硕士学历。在籍贯上，市委书记和市长都较少为本市户籍，但市长为本市的比例远远高于市委书记（0.12∶0.04）。在是否为本地来源上，市长比市委书记有更多的本地来源（0.43∶0.33），数据从侧面推演出市委书记有更多空降的可能，而市长更多为本地来源，这也符合书记更多为空降的现实。从关系网络来看，在省级关系上，市委书记大多是省级常务委员，均值为0.81，而市长均值为0.18，就意味着市委书记依赖省级关系的可能性更大，市长则相对弱很多；在中央关系上，市委书记和市长表现出较少的中央任职经历，分别是0.29和0.13。在任期上，市委书记和市长的在任年数均值分别为3.36年和3.11年。

表5-19 主要变量的描述性特征

变量	均值	方差	最小值	最大值	观察值
房价	5160.51	3318.54	1547.45	21350.13	350
人口	7572.49	5509.39	1330.10	29450.00	350
人均国内生产总值	41701.59	22858.85	7110.00	123247.00	350
财政缺口	8452.29	11058.13	−7371.00	108191.00	350
二氧化硫	110.95	110.55	0.09	710.80	350
市委书记					
年龄	54.15	5.72	44	70	350
教育	2.87	0.82	1	4	350
籍贯	0.04	0.19	0	1	350
省级关系	0.81	0.40	0	1	350
中央关系	0.29	0.46	0	1	350
本地来源	0.33	0.47	0	1	350
在任年数	3.36	2.22	1	12	350
在任年数的平方	16.20	22.16	1	144	350
市长					
年龄	53.30	4.92	33	67	350
教育	2.92	0.78	1	4	350
籍贯	0.12	0.32	0	1	350
省级关系	0.18	0.38	0	1	350
中央关系	0.13	0.34	0	1	350
本地来源	0.43	0.50	0	1	350
在任年数	3.11	1.93	1	10	350
在任年数的平方	13.35	16.60	1	100	350

四、实证研究

在动态面板数据模型中,异方差、自相关、个体效应普遍存在,由 Arellano-Bond (1991) 和 Arellona-Bove (1998) 提出的 GMM 估计方法有效解决了解释变量内生性、不满足球形扰动项假定的问题,同时控制了截面的个体效应影响。但由于差分 GMM 可能存在"弱工具变量"问题以及差分自身带来的内生性问题,导致参数估计出现偏差,因此本节拟采用系统 GMM (SYS-GMM) 两步估计方法进行估计,并给出 Sargan 工具变量有效性检验及 AR(1) 和 AR(2) 序列相关性检验。[①]

在估计中,本节将房价、人口、人均 GDP、二氧化硫、财政缺口取对数进行回归,将被解释变量的一阶滞后及二阶滞后作为工具变量,结果如表 5-20 和表 5-21 所示。从回归结果可见,GMM 估计一致性所需要的两个特定检验 Sargan 和 AR(2) 均在 10% 的显著性水平上通过,说明扰动项不存在二阶序列相关,工具变量的选择有效,模型设定合理。

表 5-20 市委书记对房价的影响

	GDP 激励				关系网络			
	模型 1	模型 2	模型 3	模型 4	模型 5	模型 6	模型 7	模型 8
L1.Ln (hprice)[②]	0.8543*** (46.87)	0.5447*** (16.66)	0.8896*** (46.08)	0.5806*** (9.93)	0.8253*** (69.10)	0.5292*** (12.90)	0.8610*** (34.90)	0.5839*** (12.69)
L2.Ln (hprice)	0.1144*** (6.31)	0.0177*** (0.69)	0.0627*** (3.26)	−0.0317 (−0.57)	0.1421*** (11.46)	0.0185 (0.74)	0.0965*** (3.80)	−0.0256 (−0.71)
Local	0.0356*** (4.79)	0.0289* (1.47)	0.0021* (0.13)	0.0304* (1.37)				
Prov					−0.0031 (−0.26)	−0.0086 (−0.36)	−0.0227 (−1.11)	−0.0171 (−0.53)
Central					0.0995*** (9.67)	0.0628*** (3.60)	0.1096*** (5.33)	0.0804*** (3.59)
Native			0.0141 (1.02)	0.0019 (0.09)			0.0095 (0.48)	0.0002 (0.01)

---

① 一般而言,p 通过 0.1 的显著性水平,则接受原假设。AR(2) 大于 0.1,说明模型的扰动项不存在序列相关;Sargan 值大于 0.1,说明工具变量有效,不存在弱工具变量问题。
② Ln 表示我们在回归方程中将房价、人口、人均 GDP、二氧化硫、财政缺口分别取对数进行运算。

续表

	GDP激励				关系网络			
	模型1	模型2	模型3	模型4	模型5	模型6	模型7	模型8
Age			0.0098*** (10.61)	0.0069*** (5.91)			0.0101*** (11.59)	0.0078*** (5.39)
Edu			−0.0016 (−0.24)	−0.0239** (−2.09)			−0.0106 (−1.57)	−0.0282** (−2.28)
Tenure			−0.0189*** (−3.11)	−0.0163 (−1.54)			−0.0160*** (−2.67)	−0.0229** (−1.93)
Tenuresq			0.0005 (0.81)	0.0014 (1.12)			0.0004 (0.59)	0.0022 (1.43)
Ln（pop）		0.1152*** (4.95)		0.1456** (1.92)		0.1004*** (3.17)		0.0605 (0.70)
Ln（pergdp）		0.3833*** (8.85)		0.4214*** (5.46)		0.4189*** (7.76)		0.4346*** (6.80)
Ln（netfis）		0.0027 (0.21)		−0.0235* (−1.65)		−0.0098 (−0.62)		−0.0159 (−1.10)
Ln（sd）		−0.0086 (−0.46)		−0.0069 (−0.29)		−0.0274** (−2.49)		−0.0126 (−0.51)
常数项	0.3846*** (13.38)	−1.2762*** (−7.79)	0.0545 (0.93)	−1.8972*** (−3.31)	0.3773*** (8.96)	−1.2175*** (−3.83)	0.0037 (0.05)	−1.4394** (−2.13)
AR(1) P-value	0.0010	0.0032	0.0015	0.0014	0.0011	0.0027	0.0008	0.0012
AR(2) P-value	0.8123	0.8885	0.4616	0.5498	0.8457	0.6894	0.5514	0.4961
Sargan test p-value	0.9608	0.9939	0.9952	0.9956	0.9803	0.9796	0.9936	0.9924
有效样本数	350	350	350	350	350	350	350	350

注：括号中为t值，*、** 和 *** 分别表示在10%、5%和1%水平上显著。下表同。

表5–21 市长对房价的影响

	GDP激励				关系网络			
	模型1	模型2	模型3	模型4	模型5	模型6	模型7	模型8
L1.Ln（hprice）	0.8450*** (61.85)	0.5649*** (16.14)	0.8340*** (42.57)	0.5704*** (14.41)	0.8455*** (51.45)	0.5581*** (17.35)	0.8420*** (37.69)	0.5519*** (10.19)
L2.Ln（hprice）	0.1225*** (9.19)	0.0217 (0.97)	0.1066*** (5.87)	−0.0354 (−1.04)	0.1239*** (7.34)	−0.0063 (−0.26)	0.1033*** (4.41)	−0.0775* (−1.80)
Local	0.0050** (0.26)	0.0231 (1.24)	0.0421* (1.84)	0.0364 (1.27)				
Prov					0.0120 (0.76)	0.0480*** (2.80)	0.0614*** (3.11)	0.0508** (2.42)

续表

	GDP 激励				关系网络			
	模型 1	模型 2	模型 3	模型 4	模型 5	模型 6	模型 7	模型 8
Central					0.0272 (1.57)	0.0344** (1.91)	0.0452*** (2.60)	0.0626 (3.54)
Native			−0.0031 (−0.12)	−0.0400 (−1.45)			−0.0226 (−0.73)	−0.0758*** (−2.93)
Age			0.0025** (1.79)	0.0015 (0.70)			0.0029** (1.94)	0.0016 (0.74)
Edu			0.0279*** (2.91)	0.0169** (2.02)			0.0393*** (6.61)	0.0217*** (3.15)
Tenure			0.0049 (0.84)	0.0000 (0.00)			0.0059 (0.92)	−0.0004 (−0.05)
Tenuresq			0.0003 (0.32)	0.0020 (1.66)			0.0001 (0.08)	0.0019 (1.62)
Ln (pop)		0.0986*** (4.72)		0.1154** (2.20)		0.1024*** (6.14)		0.0849 (1.27)
Ln (pergdp)		0.3866*** (10.38)		0.3751*** (7.53)		0.4054*** (11.43)		0.4279*** (6.59)
Ln (netfis)		−0.0093 (−1.03)		0.0027 (0.24)		−0.0026 (−0.20)		0.0104 (0.74)
Ln (sd)		−0.0075 (−0.36)		0.0073 (0.32)		−0.0140 (−0.91)		−0.0014 (−0.07)
常数项	0.4052*** (10.47)	−1.2737*** (−6.83)	0.4089*** (4.22)	−1.179*** (−2.96)	0.3865*** (13.78)	−1.251*** (−5.66)	0.2875*** (3.17)	−1.0419** (−2.22)
AR(1) P-value	0.0016	0.0034	0.0018	0.0069	0.0018	0.0030	0.0025	0.0055
AR(2) P-value	0.9005	0.9368	0.8640	0.5994	0.9169	0.9434	0.8734	0.5406
Sargan test p-value	0.9650	0.9853	0.9822	0.9935	0.9831	0.9900	0.9824	0.9920
有效样本数	350	350	350	350	350	350	350	350

（一）官员影响房价的三个假设检验

表 5-20 和表 5-21 的模型 1~4 分别显示了市委书记和市长为晋升在 GDP 激励下对房价影响的估计值。首先从模型 1 来看，不包含任何经济因素控制变量和个人其他特征控制变量时，市委书记为追求高 GDP 进行合谋进而影响房价的估计值为 0.0356，市长为晋升进行合谋进而影响房价的估计值为 0.0050，两个估计值分别通过 1% 和 5% 的显著性水平。在模型 2 中，我们加入人口、人均 GDP、

财政缺口和空气环境质量变量作为经济因素组变量，从结果中可以看出，市委书记"本地来源"影响房价的估计值为0.0289，而市长"本地来源"影响房价的估计值为0.0231，两个估计值都通过10%的显著性水平。在模型3中，我们加入市委书记和市长的个人其他特征控制变量——年龄、学历、本地籍贯和任期，回归结果显示市委书记和市长影响房价的估计值为0.0021和0.0421，且也在10%的显著性水平下通过。在模型4中，我们将经济因素变量组和个人其他特征变量控制组一起回归，结果显示市委书记影响房价的估计值为0.0304，市长影响房价的估计值为0.0364。模型1~4分别采用无经济因素和个人其他特征控制变量、有经济因素控制变量、有个人其他特征控制变量、有经济因素控制变量和个人其他特征控制变量四种回归方式得到了市委书记和市长"本地来源"影响房价的估计值都为正且通过5%~10%显著性水平的结果，数据表明以"本地来源"来表征地方官员合谋时，合谋促进了房价的提高。也就是说，地方官员影响了房价，在GDP锦标赛的晋升激励下，地方官员为了获得区域内的高GDP而参与合谋，这种合谋又进一步促成了高房价。这一结果与我们的假设相符合。

表5-20和表5-21的模型5~8分别显示了市委书记和市长来自省级和中央的关系网络对房价的影响。同样，在回归中，采用模型1~4中的无控制变量、有经济因素控制变量、有个人其他特征控制变量、有经济因素和个人其他特征控制变量四种情形。从省级关系来看，市委书记对房价的影响均为负向，在四种回归中分别为-0.0031、-0.0086、-0.0227和-0.0171，但都未能通过10%的显著性水平，也就是说，对于市委书记而言，省级关系网络降低了经济增长压力，相对地降低了对房价的推高力度，但这种作用不显著。市长对房价的影响显示都是正值，在四种回归中分别为0.0120、0.0480、0.0614和0.0508，且都通过1%或5%的显著性水平，也就是说，即使拥有省级关系，市长也不会降低其对房价的推高力度。这里，我们用是否担任省委常务委员来表征省级关系，从特征变量的描述性统计中可知，市委书记担任省级常务委员的比例为0.81，如此之高的省级关系网络才适当降低了其对房价的推高力度，但结果也不显著，也就是说，省级关系对于市委书记降低对房价的推高力度不显著，对于市长而言，则显著性地没有降低作用。从中央关系来看，市委书记和市长即使在拥有中央关系的前提下对房价的影响也都显著为正。在四种回归中，市委书记拥有中央关系对房价影响的估计值分别为0.0995、0.0628、0.1096和0.0804，且一致通过1%的显著性水平。市长拥有中央关系对房价影响的估计值分别为0.0272、0.0344、0.0452和0.0626，分别

通过 1%~5%的显著性水平。这意味着中央关系丝毫不能降低地方官员对高 GDP 的追求。实证结果表明，关系网络这一晋升途径未能缓和地方官员为晋升而对 GDP 政绩的追求，进而也未能降低对高房价的推动作用。

经济因素控制变量主要包括人口、人均 GDP、二氧化硫、财政缺口。表 5-20 和表 5-21 的模型 2、模型 4、模型 6 和模型 8 显示了这些经济因素变量对房价的影响。人口对房价具有正向的促进作用，当房价上升 1%，人口影响的估计值为 0.1%。这可以理解为城市的人口越多，住房的需求越大，在土地有限、住房规模短期内不能扩大的前提下必然导致房价升高。人均 GDP 同样对房价具有推高作用，人均 GDP 衡量的是一个城市的经济发展状况和人们的消费水平，如果人均 GDP 高，则城市经济发展水平较好，城市居民的消费水平提高，对住房的购买力也相应提高，因此房价随着人均 GDP 的提高而呈现上升趋势，当房价上升 1%时，人均 GDP 影响的估计值为 0.4%。二氧化硫与房价具有负向关系。二氧化硫表征着城市的空气环境质量，二氧化硫排放量越高，城市的空气质量越差，相应的城市宜居性降低，因此城市房价下降。

聂辉华和蒋敏华 (2011) 采用本地人作为官员合谋的代理变量，我们将检验官员户籍这个特征变量是否与官员本地晋升一样对房价有促进作用。表 5-20 和表 5-21 中的模型 3、模型 4、模型 7 和模型 8 分别报告了市委书记和市长的本地籍贯对房价影响的估计值。对于市委书记来说，影响估计值为 0.0141、0.0019、0.0095 和 0.0002，而市长的影响估计值为-0.0031、-0.0400、-0.0226 和-0.0758。此处，因统计数据显示市委书记本地籍贯的百分比为 0.04，市委书记本地籍贯比例极低，可以不予考虑。本地籍贯的市长对房价的影响因素为负，与本地来源的官员参与合谋对房价的正向影响作用相反。这是由于天然的感情联系会有一种不求回报的偏向 (Persson 和 Zhuravskaya，2012)，而非参与合谋下的推高房价。基于以往文献中有关官员任期对其执政行为影响的研究 (Besley 和 Case，1995；Johnson 和 Crain，2004；张军和高远，2007)，这里我们还考察了地方官员的任期对房价的影响。表 5-20 和表 5-21 中的模型 3、模型 4、模型 7 和模型 8 显示了市委书记和市长任期对房价影响的估计值。首先，市委书记的"在任年数"系数都为正，市长的"在任年数"系数都为负，但两者"在任年数的平方"都为正。也就是说，市委书记和市长的任期与房价呈正"U"形关系，这也就意味着市委书记和市长随着任期的加长对房价的推动力度会越来越强。从上述实证结果可以看出，官员年龄对于房价的影响关系为显著正向，且市委书记的影响估计值大概为 0.01，而市长的影响估计值为 0.002，且结果通过 1%~5% 的显著性水平。市委书记的影响力度大概是市长的五倍。从统计数据来看，市委书记和市长的均值年龄分别为 54 岁和 53 岁，距离退休年龄至少还有 1~2 届，晋升希望还比较大，因而都会对房价有正向的促进作用，且市委书记的退休年龄一般比市长要大，故而加强对房价的推高力度在所难免。

（二）稳健性检验

我们采用三种方式进行稳健性检验，分别如下：

第一种：我们在模型 1 和模型 5 的基础上加入官员的其他特征变量——教育、年龄、籍贯和任期成为模型 3 和模型 7，模型 3 和模型 7 的回归结果显示，加入特征变量后，官员的本地来源、关系网络对房价影响的估计值的正负向和显著性与模型 1 和模型 5 的结果相同。也就是说，官员的其他个人特征变量没有影响为晋升而合谋与关系网络对房价的正负向和显著性。因此，我们认为回归结果是稳健的。

第二种：市委书记和市长是地方官员的不同代表，一般认为市长是地方首长，更多负责地方经济，而市委书记则负责党政，两者各司其职。我们分别用市委书记和市长来代表地方官员的不同利益集团，表 5-20 报告了市委书记的影响，表 5-21 报告了市长的影响，从模型 1~8 来看，不论是以市委书记还是以市长作为地方官员的代表，都得出了相同的结论，即地方官员为晋升而合谋，进而推高房价，因此认为结果是稳健的。

第三种：对本地来源的官员合谋促进房价上升进行了进一步的稳健性检验。合谋是地方官员渐渐积累了地方关系后产生的，可以想象当空降官员任期超过三年后，原来的空降官员慢慢也转化成了准本地官员。因此，参考张军和高远（2007）的做法，我们对空降官员以任期进行分类，当空降官员任期超过三年后（Tenure>3），将认定为"准本地来源"，将 Local 设置为 1。同时，由于任期一届为五年，我们另取任期超过五年（Tenure>5）为对照组，分别进行实证分析。实证结果如表 5-22 所示。

表 5-22 显示了空降官员按照任期划分为"本地来源"后，其为晋升而合谋对房价的影响。根据实证数据，当把空降官员任期大于三年归为本地来源后，市委书记本地来源对房价影响的估计值为 0.0433，而市长本地来源对房价影响的估计值为 0.0257，这与前面的回归结果相同。同时，我们观察到经济因素和官员其他个人特征变量对房价影响的估计值的大小及正负号都是一致的，这证实了官员

表 5-22 空降官员随任期转化为本地官员的回归结果

	市委书记		市长	
	Tenure>3	对照组	Tenure>3	对照组
L1.Ln（hprice）	0.5814*** (14.59)	0.5890*** (11.46)	0.5656*** (11.13)	0.5774*** (13.43)
L2.Ln（hprice）	−0.0679** (−2.15)	−0.0346 (−0.88)	−0.0441 (−1.21)	−0.0563 (−1.53)
Local	0.0433*** (3.11)	0.0013 (0.09)	0.0257 (1.42)	0.0272 (0.96)
Ln（pop）	0.1875*** (2.51)	0.1103* (1.70)	0.1231** (2.01)	0.1039** (1.85)
Ln（pergdp）	0.4344*** (11.39)	0.4020*** (6.27)	0.3929*** (7.11)	0.3865*** (7.89)
Ln（sd）	−0.0161 (−0.76)	0.0065 (0.24)	−0.0102 (−0.45)	0.0032 (0.17)
Ln（netfis）	−0.0157 (−1.16)	−0.0118 (−0.97)	0.0012 (0.11)	0.0071 (0.58)
Age	0.0063*** (11.98)	0.0078*** (8.05)	0.0014 (0.67)	0.0013 (0.58)
Edu	−0.0340*** (−2.75)	−0.0183 (−1.09)	0.0168** (2.31)	0.0151** (1.84)
Native	0.0011 (0.06)	0.0072 (0.36)	−0.0424 (−1.45)	−0.0419 (−1.52)
Tenure	−0.0298*** (−2.68)	−0.0192 (−1.54)	0.0085 (1.01)	−0.0009 (−0.12)
Tenuresq	0.0023** (1.88)	0.0015 (1.00)	0.0012 (1.08)	0.0022* (1.84)
常数项	−2.0624*** (−3.32)	−1.6387*** (−2.98)	−1.242*** (−2.82)	−1.0949*** (−2.37)
AR(1) P-value	0.0043	0.0013	0.0041	0.0044
AR(2) P-value	0.4719	0.4685	0.7152	0.5415
Sargantestp-value	0.9958	0.9971	0.9862	0.9928
有效样本数	350	350	350	350

为晋升而参与合谋，进而对房价产生正向推动作用的稳健性。从对照组观察来看，即使我们以一个任期五年来划分，依然得到相同的结果，说明我们以任期三年以上划分具有真实可靠性。

五、结论

本节利用 2003~2012 年 34 个大中城市的面板数据和城市书记、市长的个人特征变量研究城市官员对房价的影响。通过经验分析,我们得出以下结论:其一,在既定经济因素下,地方官员对房价有影响,地方官员影响房价的动机是基于官员晋升中的政绩追求;其二,我们以地方官员个人特征的本地来源来表征合谋,证实地方官员实现高 GDP 是通过参与合谋而推高房价来实现的,地方官员"本地来源"对房价影响的估计值为 3%~4%;其三,虽然关系网络是晋升的另一个途径,但对于 34 个大中城市的地方官员来说,并未降低其对政绩追求的努力度,也即未降低其对房价的推动力度;其四,在经济因素中,人口、人均 GDP 对房价有显著的正向推动作用,环境空气质量与房价有显著的负向关系。当然,我们还得出地方官员的个人其他特征变量如籍贯对房价具有负向作用,地方官员随任期的延长对房价的推动力度加剧等。

房价是城市发展的关键变量,对城市发展的影响是全方位的(Glaeser, 2011),房价的扭曲必然造成城市发展的扭曲。虽然影响房价的因素是复杂的,但一个由市场机制发挥关键作用的住房市场对城市的持续繁荣是至关重要的。政府官员是中国城市住房价格的重要影响因素,调控房价的关键是改革治理机制和官员晋升机制,解决土地财政问题,从长期来看,调控不应该是主题,发挥市场机制才是根本解决之道。

第五节 政治联系与企业发展

一、引言与文献综述

近年来,关于政治联系与企业绩效的研究成为一个新的焦点。政治联系在世界各国的企业界普遍存在,无论是发达国家还是发展中国家都具有这一现象。国内外许多研究发现,公司高管的政府背景作为公司的一个特征性质,与公司的股权结构、多元化经营一样,可能会对公司价值、企业绩效产生影响。但是大量研究成果表明,政治联系对企业绩效的影响不尽相同,学术界尚未达成共识。一些

第五章 地方政府官员行为

研究发现政治联系对公司绩效有正的影响，政治联系可以作为体现企业质量的信号，甚至可以作为法律保护的替代机制来保护企业产权免受政府损害。企业与地方政府的政治关系是企业外部环境的重要部分，建立政治联系可以给企业带来巨大的利益，让企业更容易获得债务融资、享受更低的税率、得到政府财政支持与更多的政府救援、获得更大的市场份额等。另一些学者发现政治联系对公司绩效有负的影响，政府对企业有一只"掠夺之手"，政治家有很强的动机向企业家寻租（Shleifer 和 Vishny，1998）。有政治联系的 CEO 并没有提高公司的效率，而更多的是为实现政治目标服务，而不是代表中小股东的利益（Fan，2004）。政治关联强的公司要追求更多的政治目标，如提供过量的就业机会，使得政治关联公司上市后股票的业绩、投资效率与政治关联显著负相关（Hung 等，2008）。

  关于政治联系最早的研究是 Krueger（1974）发表的《寻租社会的政治经济学》，他认为由于政府管制的存在，寻租是企业家获取收益的一种方式，企业家花费时间和金钱与政府官员建立关系，可以给企业家带来巨大的利益，从而开创了研究政治联系的先河。Roberts（1990）以美国参议员 Henry Jackson 突然死亡前后关联公司股价变动来研究政治关联对企业市场价值的影响，他发现与参议员 Henry Jackson 有关联的公司股价下跌了，而与其继任者有关联的公司股价上升了，从而发现了政治联系与企业市场价值正相关的证据。Fisman（2001）以印度尼西亚金融市场经常被其政治家苏哈托的健康状况的谣言所影响为研究事件，分析了政治联系与企业收益之间的关系，结果表明，在传出其健康状况恶化的消息时，与苏哈托政治集团相关联的企业市场价值下降了，价值下降程度与关联程度正相关，政治联系最紧密的企业的股票收益率比政治联系最弱的企业要低 23%。Francis、Hasan 和 Sun（2009）研究了政治联系影响 IPO 的过程，他们以 1994~1999 年在中国 A 股市场 IPO 的 423 家公司为样本，研究政治联系对公司 IPO 的影响，结果显示具有政治关联的企业在 IPO 过程中得到了优惠待遇。具体来说，政治关联企业的 IPO 报价更高，抑价较低，固定成本也较低。由于没有政治资源的企业在国内融资会受到诸多资本约束，所以没有政治关联的企业相比有政治关联的企业更加倾向于寻求海外融资。Correia（2009）采用 Tobit 回归，研究企业或者其董事通过政治献金或者游说建立政治联系是否能够降低美国证券交易委员会（SEC）的执行成本，他发现，会计质量较低的企业，其政治联系更普遍，当企业出现错误的会计报告时，他们会增加建立政治联系的投入。这表明企业可能使用政治献金，降低执行成本。为了测试这些献金的作用，通过检验三个不同阶段的执法过程后发现,有政治关联的企业不太可能收到来自美国证券交易委员会的重述意见函,也不太可能被美国证券交易委员会采取执法行动;即使有,它们面临的罚金也会低于平均水平。

Shleifer 和 Vishny(1998)研究发现,政府对企业有一只"掠夺之手"。他们通过建立一个理论模型,当私人所有权比国家所有权高,对资源配置更有效率时,政治家往往偏好私人持有更高的所有权。因为,政治家可以通过受贿以及要求私人雇用更多的职员来达到自己的政治目的。政府部门会从政治关联产生的利益中攫取一部分,以此来实现政治目标。Dewenter 和 Malatesta(2001)以 1975 年、1985 年和 1995 年世界五百强 1300 多家非金融类企业为样本,研究了国有企业和私有企业在盈利能力、财务杠杆与员工密度之间的差异。研究发现,采用 ROA 和 ROE 来度量盈利能力,国有企业都比私营企业要差。国有企业比私营企业雇用更多的职员,国有企业是被动赋予政治联系的,它身上担负着政治目标,这个结论恰好可以解释国有企业盈利能力差的问题。Fan(2004)等分析了 1993~2000 年在中国 A 股市场发行股票的 790 家公司的数据,研究了 CEO 有政治关联的公司在 IPO 后的表现。研究发现,CEO 有政治关联的公司在 IPO 后三年的股票收益率和销售增长额比 CEO 没有政治关联的公司低了 18%。CEO 有政治关联的公司第一天上市收益率也比其他公司低。这是因为 CEO 具有政治联系的公司,其管理层和董事会中往往聘任了较多的政府官员,其中具有专业知识或者从商经历的董事比例较低,这些 CEO 并没有提高公司的效率,更多的是为实现政治目标服务,而不是代表中小股东的利益。这种现象在那些失业率较高和财政赤字较大的地区更为严重。Bertrand 等(2006)以 1989~2003 年的法国企业为例,研究了企业家是否会改变企业决策来帮助重新选举的政治家。研究发现,公开交易企业的 CEO 与政治家的教育和专业背景之间有联系,法国股市上超过一半的资产交易是由在政府任职的 CEO 做出的。CEO 有政治关联的企业的资产净利率要比没有关联的企业低,这是由于 CEO 有政治关联的企业通过扩大工厂规模、招募更多的员工来为现任官员的连任提供选票。特别是在选举年度,具有政治联系的企业会在具有政治争议的地区创造更多的就业。左翼 CEO 会满足更多左翼政治家的要求,而政治家也会对 CEO 们投桃报李,如优先获得项目补贴等。

本节主要解决两个问题:第一,政治联系是否提升了企业绩效?第二,发达地区与欠发达地区的企业哪一个更偏好政治联系?本节的结构为:第一部分是引言与文献综述;第二部分为数据与模型;第三部分为回归结果分析;第四部分为结论。

二、数据与模型

本节的样本包括 2003~2008 年所有在沪深交易所上市且发行了 A 股的民营上市公司,企业特征数据来源于 Wind 数据库,剔除了数据缺失、数据极值等样本。有关政治联系的信息来自 Wind 数据库,这个数据库详细地披露了企业自上市以来历任董事长、高级管理层和董事会成员的个人简历及其他有关信息,经过手工收集而成,方法是首先在公司的年报中寻找该年度的董事长和总经理(总裁),然后在 Wind 数据库中查找他们在当年或以前年度是否担任过政府官员、人大代表或政协委员。各省财政支出和各省人口数量的数据来自中经网数据库。

本节的实证模型为:

模型(1):

$$ROE_{it} = \beta_0 + \beta_1 Political_{it} + \beta_2 X_{it} + \varepsilon_{it}$$

模型(2):

$$Political_{it} = \beta_0 + \beta_1 X1_{it} + \beta_2 X2_{it} + \varepsilon_{it}$$

模型(1)主要是研究政治联系对企业绩效的影响,被解释变量是企业绩效 ROE,解释变量为政治联系 Political,还有一组控制变量 X;模型(2)主要是研究经济发展水平对政治联系选择的影响,用以探究是发达地区还是欠发达地区的企业更偏好政治联系,主要解释变量为反映经济发展水平的变量 X1 和一组控制变量 X2。变量的解释如表 5-23 所示,变量的描述性统计如表 5-24 所示。

表 5-23 变量的解释说明

变量	解释说明
企业规模(Size)	企业总资产的自然对数
股权结构(TOP1)	第一大股东持有公司股份占公司总股份的比例,每会计期末统计结果
财务杠杆(Leverage)	总负债与总资产的比值
成长机会(Growth)	过去三年的年平均销售收入增长率,如果公司上市不足三年,则按照实际上市年数计算

续表

变量	解释说明
行业属性 (Industry)	垄断性行业、国家重点支持行业和高度管制行业（包括金融业、房地产业、石油业、开采业、农业、建筑业），经营利润率更高，定义为1，否则为0
盈利能力 (ROE)	企业净利润与净资产的比值
盈利能力 (ROA)	企业净利润与总资产的比值
财政支出 (Fiscal)	各省人均财政支出的对数
政治联系 (Political)	以上市公司董事长或者总经理是否在政府部门、人大、政协任职为依据，如果任职则为1，否则为0
人均国民生产总值 (GDP)	各省人均国民生产总值的对数

表5-24 变量的描述性统计

变量名	样本数	均值	标准差	最小值	最大值
净资产盈利 (ROE)	1620	0.057572	0.1987859	-1.8386	1.6296
总资产盈利 (ROA)	1620	0.034218	0.177643	-1.23549	6.47456
政治联系 (Political)	1620	0.464815	0.4989145	0	1
财政支出 (Fiscal)	1620	7.882595	0.6242875	6.6084	9.528
企业规模 (Size)	1620	16.46004	1.010963	7.70908	23.07878
财务杠杆 (Leverage)	1620	0.512218	0.3436031	0.008143	9.195767
企业成长 (Growth)	1620	1.912877	14.63674	-137.075	313.5774
大股东份额 (Top1)	1620	0.331213	0.1414092	0.0449	0.768
所属行业 (Industry)	1620	0.277778	0.4480415	0	1
人均国民生产总值 (GDP)	1620	9.911581	0.6109112	8.189522	11.19991

三、回归结果分析

模型（1）研究企业绩效的影响因素，我们通过固定效应模型和动态面板模型取得了显著的回归结果。第一个固定效应模型包括了政治联系（Political）、财政支出（Fiscal）以及各个控制变量；第二个固定效应模型则分析公司控制变量（X）之外，净资产收益率与政治联系、财政支出二者之间的关系；第三个固定效应模型和动态面板模型则只分析政治联系和控制变量对企业绩效的影响，回归结果均显著，并相互支持。模型（2）分析政治联系的影响因素，采用 Logistic 模型进行回归。在模型分析的同时，我们还分别采用 ROA、ROE、人均 GDP 和财政支出进行分析，回归结果均显著。表 5-25 列出了回归结果。

表 5-25 回归结果

方法	FE	FE	FE	GMM	Logistic	Logistic	Logistic
被解释变量	ROE				POL		
滞后一阶				0.2252833 (0.000)***			
Political	-0.0412959 (0.056)*	-0.0420953 (0.058)*	-0.0470576 (0.029)**	-0.2126772 (0.056)*			
Fiscal Expend	0.0420507 (0.009)***	0.0597815 (0.000)***			-0.2207871 (0.008)***	-0.2270859 (0.007)***	
GDP							-0.2225745 (0.010)***
ROE					-0.029369 (0.918)		-0.006335 (0.982)
ROA						0.7360859 (0.163)	
Leverage	-0.0364988 (0.077)**		-0.0209379 (0.291)	-0.0593666 (0.046)**	-0.6903839 (0.031)**	-0.7097439 (0.013)**	-0.703497 (0.027)**
Growth	0.0029729 (0.000)***		0.0030298 (0.000)***	0.0033184 (0.000)***	0.0015208 (0.671)	0.0010112 (0.774)	0.0014835 (0.679)
Size	0.0044107 (0.758)		0.0235911 (0.057)*	-0.0265027 (0.234)	0.3400605 (0.000)***	0.3370199 (0.000)***	0.3518618 (0.000)***
Top1	0.0020753 (0.03)**				0.0261908 (0.942)	0.0080693 (0.982)	0.0497455 (0.891)
Industry	omitted	omitted	Omitted		0.7452772 (0.000)***	0.7534312 (0.000)***	0.7470228 (0.000)***

续表

方法	FE	FE	FE	GMM	Logistic	Logistic	Logistic
被解释变量	ROE				POL		
Constant	−0.3156894 (0.140)	−0.394095 (0.000)***	−0.3039359 (0.146)	−0.0219721 (0.756)	−3.871896 (0.000)***	−3.78271 (0.000)***	−3.602766 (0.002)***
Sample size	1620	1620	1062	1080	1620	1620	1620
R-square	0.0416	0.0114	0.0702				
Sargan				42.43			
Pseudo R-square					0.0346	0.0352	0.0344

注：括号内为P值。*、**、***分别表示回归结果在10%、5%、1%的水平下显著。

模型（1）的计量结果表明，从沪深两市的总体情况来看，政治联系与企业绩效之间呈负相关关系，表明具有政治联系的民营上市企业绩效会比没有政治联系的企业差，政治联系对民营企业的负面影响大于正面影响，政府对于民营上市企业具有"掠夺之手"。民营企业绩效与高管政治联系负相关，表明民营企业建立政治联系实际上是得不偿失的，政治联系并没有带来企业效益的提高，这也说明政治联系实际上是缺乏"效率"的。这一结论与其他研究通过OLS方法得出的结论相反（罗党论，2008；余明桂，2010），OLS方法将不同年份的相同企业视为不同的个体进行回归，可能忽略了同一企业的变化过程。本节用面板数据进行回归，考察了同一企业的变化过程，即2003~2008年ROE的变化情况，这种回归方法更能够说明问题。

地方政府财政支出与企业绩效之间显著正相关。财政支出水平越高，企业绩效越好，这与我们初期的假设相符合。一方面，在支出结构相同的情况下，财政支出水平高的地区，在地区竞争中处于优势地位，拥有更好的基础设施等公共物品，同时该地的医疗卫生、教育等投入更高，并有更大的财政给予企业一定的税收减免，这些都给企业创造了良好的外部环境。另一方面，财政支出水平高的地区，经济发展程度可能更高，市场化经济发展良好，如企业融资、资源市场化配置都可能带来企业绩效的提高。

GMM模型显示，本期ROE与前一期ROE显著正相关。前一期ROE回归系数显著为正，说明企业绩效还受到前一期ROE水平的影响。若前一年企业盈利水平较高，那么当年企业仍将保持较高盈利的可能性较大；若前一年企业亏损，那么当年企业仍将保持亏损的可能性较大。

固定效应模型的计量结果显示,企业杠杆系数越大,企业绩效反而越低,过高的杠杆增加了企业的融资成本,扩大了企业经营风险,不利于企业盈利。对于民营企业而言,财务杠杆过高也表明企业风险加大。企业成长空间与企业绩效呈正相关关系,在企业快速发展时期,企业销售增长,企业绩效自然提升;当企业发展速度减缓,则企业绩效下降,这与我们的预测一致。企业规模与企业绩效的相关关系并不确定,规模大的企业的盈利能力不一定高于规模小的企业,这也与我们的预测一致。同时,最大股东持股比例与企业绩效之间的相关关系不确定,企业绩效并不随股东增持或者减持股份而变化。

模型(2)表明,政治联系与财政支出负相关,财政支出水平较低地区的民营企业更容易形成政治联系,随着财政支出的提高,民营企业高管的政治联系更少,这符合我们的预期。可能的原因是财政支出水平低的地区,政府控制的资源较多,市场化较为落后,因而,民营企业家需要建立政治联系来拓宽企业发展空间。当民营企业通过政治联系来实现企业盈利增加时,非市场化的手段反过来又限制了该地区经济的发展,从而形成一种"落后的循环",即财政支出水平低导致企业建立政治联系来获得资源,这又导致没有政治联系的企业不能发展,该地的经济发展速度减慢,财政支出进一步减少。在财政支出高的地区,地区竞争程度提高,市场化程度高,民营企业家则更少选择建立政治联系,这就进一步促进了市场化经营方式的发展。此外,通过反映地区发展程度的人均GDP也得到了相同的结论。

控制变量的回归结果表明,净资产收益率越高的企业,其建立的政治联系越少,二者为负相关关系,这进一步支持了模型(1)的回归结果。总资产收益率与政治联系为正相关关系。财务杠杆越小、企业规模越大和垄断性行业的企业更容易建立政治联系。财务杠杆小的企业,负债水平较低,融资能力低,建立政治联系有利于企业获取外部资金。企业规模越大,表明企业在地方经济中的重要性越大,企业家就更容易建立政治联系。对于金融业、房地产业、石油业、开采业、农业、建筑业等垄断性和国家重点支持行业的企业而言,在转型经济体中,要获得垄断性和国家重点支持行业的资源本身就需要政府部门的同意,这样的企业建立政治联系是进入垄断行业的前提。

四、结论

本节以2003~2008年在沪深两地上市的270家民营企业为样本,实证研究了民营企业高管的政府背景和地区竞争对于企业绩效的影响。研究结果显示，从整体上看，民营企业的政治联系会降低企业绩效，这显示政府对于企业具有"掠夺之手"。虽然政治联系可能会以增加民营企业财政补贴和获取融资便利等形式促进民营企业发展，但是政治联系会让企业的盈利能力下降。本节的实证结果更加支持 Shleifer 和 Vishny（1998）、Fan（2004）、Faccio（2010）等的结论，认为建立政治联系会降低中国民营企业的 ROE。其中一种合理的解释是，具有政治联系的企业在管理决策层中聘任更多的政府官员，这些官员的从商经历和专业技能偏低，他们不仅没有提高企业效率，反而更多地服务于政治目标，这就直接降低了企业绩效。此外，政治联系虽然可以体现企业"背景强"，有利于企业融资，但是建立政治联系的企业更容易服从政府部门或者政府官员的意愿，从而产生寻租行为。本节的结论支持政治联系的寻租性，而不支持政治联系的效率性。

参考文献

[1] 陈共. 财政学 [M]. 北京：中国人民大学出版社，2015.

[2] 陈抗，Arye L. Hillman，顾清扬. 财政集权与地方政府行为变化——从援助之手到攫取之手 [J]. 经济学季刊，2002（4）.

[3] 陈映芳. 城市中国的逻辑 [M]. 北京：三联书店，2012.

[4] 邓小平. 邓小平文选（全三卷）[M]. 北京：人民出版社，1995.

[5] 邓子基. 财政学 [M]. 北京：中国人民大学出版社，2014.

[6] 冯兴元. 大国之道 [M]. 福州：福建教育出版社，2013.

[7] 冯兴元. 规则与繁荣 [M]. 北京：中信出版社，2013.

[8] 高凌云，毛日昇. 贸易开放、引致性就业调整与我国地方政府实际支出规模变动 [J]. 经济研究，2011（1）.

[9] 葛剑雄. 统一与分裂：中国历史的启示 [M]. 北京：商务印书馆，2013.

[10] 郭庆旺. 中国分税制：问题与改革 [M]. 北京：中国人民大学出版社，2014.

[11] 哈维·S.罗森，特德·盖亚. 财政学 [M]. 北京：中国人民大学出版社，2015.

[12] 哈耶克. 通往奴役之路 [M]. 北京：中国社会科学出版社，2013.

[13] 韩朝华，戴慕珍. 中国民营化的财政动因 [J]. 经济研究，2008（2）.

[14] 胡培兆. 经济学本质论 [M]. 北京：经济科学出版社，2006.

[15] 胡培兆. 有效供给论 [M]. 北京：经济科学出版社，2004.

[16] 梁漱溟. 中国文化要义 [M]. 上海：上海人民出版社，2011.

[17] 林毅夫，蔡昉，李周. 中国的奇迹：发展战略与经济改革 [M]. 上海：格致出版社，2014.

[18] 陆铭，陈钊. 分割市场的经济增长——为什么经济开放可能加剧地方保护？[J]. 经济研究，2009（3）.

[19] 陆铭, 陈钊. 中国区域经济发展中的市场整合与工业集聚 [M]. 上海: 上海三联书店, 上海人民出版社, 2006.

[20] 陆铭, 高虹, 佐藤宏. 城市规模与包容性就业 [J]. 中国社会科学, 2012（10）.

[21] 马克思, 恩格斯. 共产党宣言 [M]. 北京: 人民出版社, 2015.

[22] 毛泽东. 毛泽东选集 [M]. 北京: 人民出版社, 1991.

[23] 潘丽群, 李静, 踪家峰. 教育同质性婚配与家庭收入不平等 [J]. 中国工业经济, 2015（8）.

[24] 王小鲁. 中国城市化路径与城市规模的经济学分析 [J]. 经济研究, 2010（10）.

[25] 王亚楠. 中国官僚政治研究 [M]. 北京: 商务印书馆, 2015.

[26] 文贯中. 吾民无地: 城市化、土地制度与户籍制度的内在逻辑 [M]. 北京: 东方出版社, 2014.

[27] 徐宝华等. 拉美一体化进程——拉美国家进行一体化的理论和实践 [M]. 北京: 社会科学文献出版社, 1996.

[28] 徐现祥, 李郇, 王美今. 区域一体化、经济增长与政治晋升 [J]. 经济学（季刊）, 2007, 6（4）.

[29] 许召元, 李善同. 区域间劳动力迁移对地区差距的影响 [J]. 经济学季刊, 2008, 8（1）.

[30] 严冀, 陆铭. 分权与区域经济发展: 面向一个最优分权程度的理论 [J]. 世界经济文汇, 2003（3）.

[31] 阎步克. 古代官阶制度引论 [M]. 北京: 北京大学出版社, 2010.

[32] 杨海生, 罗党论, 陈少凌. 资源禀赋、官员交流与经济增长 [J]. 管理世界, 2010（5）.

[33] 银温泉, 才婉茹. 我国地方市场分割的成因和治理 [J]. 经济研究, 2001（6）.

[34] 曾军平. 政府间转移支付制度的财政平衡效应研究 [J]. 经济研究, 2000（6）.

[35] 张光南, 洪国志, 陈广汉. 基础设施、空间溢出与制造业成本效应 [J]. 经济学（季刊）, 2014（1）.

[36] 张建红, J. Paul Elhorst, Arjen van Witteloostuijn. 中国地区工资水平差

异的影响因素分析[J]. 经济研究, 2006 (10).

[37] 张军, 范子英. 中国如何在平衡中牺牲了效率: 转移支付的视角[J]. 复旦大学中国社会主义市场经济研究中心工作论文, 2010 (11).

[38] 张军, 高远. 官员任期、异地交流与经济增长: 来自省级经验的证据[J]. 经济研究, 2007 (11).

[39] 张军. 为增长而竞争[M]. 上海: 上海人民出版社, 2008.

[40] 张军. 政府转型、政治治理与经济增长: 中国的经验[J]. 云南大学学报(社会科学版), 2006 (4).

[41] 张军. 中国经济发展: 为增长而竞争[J]. 世界经济文汇, 2005 (4).

[42] 张维迎, 栗树和. 地区间竞争与中国国有企业的民营化[J]. 经济研究, 1998 (12).

[43] 张晏, 龚六堂. 分税制改革、财政分权与中国经济增长[J]. 经济学(季刊), 2005 (10).

[44] 赵永亮, 徐勇. 国内贸易与区际边界效应: 保护与偏好[J]. 管理世界, 2007 (9).

[45] 郑思齐. 居民对城市生活质量的偏好: 从住房成本变动和收敛角度的研究[J]. 世界经济文汇, 2011 (2).

[46] 郑毓盛, 李崇高. 中国地方分割的效率损失[J]. 中国社会科学, 2003 (1).

[47] 周飞舟. 三年自然灾害时期我国省级政府对饥荒的反应和救助研究[J]. 社会学研究, 2003 (2).

[48] 周黎安, 李宏彬, 陈烨. 相对绩效考核: 中国地方官员晋升机制的一项经验研究[J]. 经济学报, 2005, 1 (1).

[49] 周黎安. 中国地方官员的晋升锦标赛模式研究[J]. 经济研究, 2007 (7).

[50] 周黎安. 晋升博弈中政府官员的激励与合作——兼论我国地方保护主义和重复建设问题长期存在的原因[J]. 经济研究, 2004 (6).

[51] 周雪光. 国家治理逻辑与中国官僚体制: 一个韦伯理论视角[J]. 开放时代, 2013 (3).

[52] 周毓萍, 桑杰尔·拉尔. 中国吸引外资的浪潮对东南亚国家和地区的影响[J]. 世界经济研究, 2005 (7).

[53] 周振鹤. 中国历史政治地理十六讲[M]. 北京: 中华书局, 2013.

[54] 朱恒鹏. 地区间竞争、财政自给率和公有制企业民营化 [J]. 经济研究, 2004 (10).

[55] 祝总斌. 中国古代政治制度研究 [M]. 西安: 三秦出版社, 2006.

[56] 踪家峰, 胡艳, 周亮. 转移支付能提升产业集聚水平吗? [J]. 数量经济技术经济研究, 2012 (7).

[57] 踪家峰, 李宁. 为什么奔向北上广? [J]. 吉林大学学报 (社会科学版), 2015 (5).

[58] 踪家峰, 潘芬超. 集聚是否影响了中国城市发展的效率 [J]. 区域经济评论, 2016 (3).

[59] 踪家峰, 杨琦. 分权体制、地方征税努力与环境污染 [J]. 经济科学, 2015 (2).

[60] 踪家峰, 杨琦. 中国城市扩张的财政激励 [J]. 城市发展研究, 2012 (8).

[61] 踪家峰, 岳耀民. 官员交流、任期与经济一体化 [J]. 公共管理学报, 2013 (4).

[62] 踪家峰, 岳耀民. 官员交流改变了什么: 经济增长、地区差距还是基础设施水平 [J]. 北京师范大学学报 (社会科学版), 2013 (6).

[63] 踪家峰, 周亮. 大城市支付了更高的工资吗? [J]. 经济学季刊, 2015 (4).

[64] 踪家峰, 周亮. 市场分割、要素扭曲与产业升级 [J]. 经济管理, 2013 (1).

[65] 踪家峰. 城市与区域经济学 [M]. 北京: 北京大学出版社, 2016.

[66] 踪家峰. 城市与区域治理 [M]. 北京: 经济科学出版社, 2008.

[67] 邹薇, 周浩. 中国省际增长差异的源泉的测算与分析 (1978~2002) ——基于"反事实"收入法的经验研究 [J]. 管理世界, 2007 (7).

[68] Abadie Alberto & Guido W. Imbens. Large Sample Properties of Matching Estimators for Average Treatment Effects [J]. Econometrica, 2006, 74 (1).

[69] Acemoglu Daron, Simon Johnson & James Robinson. The Colonial Origins of Comparative Development: An Empirical Investigation [J]. American Economic Review, 2001 (5).

[70] Albouy D. Evaluating the Efficiency and Equity of Federal Fiscal Equalization [J]. Journal of Public Economics, 2012 (96).

参考文献

[71] Albouy David. Are Big Cities Bad Places to Live: Estimating Quality of Life across Metropolitan Areas [R]. National Bureau of Economic Research Working Paper No. 14472, Cambridge, MA, 2008.

[72] Alesina Alberto & Ekaterina Zhuravskaya. Segregation and the Quality of Government in a Cross Section of Countries [J]. American Economic Review, 2011 (5).

[73] Andersson F. & Forslid R. Tax Competition and Economic Geography [J]. Journal of Public Economic Theory, 2003 (5).

[74] Anderton Douglas L., Andy B. Anderson, John Michael Oakes & Michel R. Fraser. Environmental Equity: The Demographics of Dumping [J]. Demography, 1994, 31 (2).

[75] Andreoni. Impure Altruism and Donations to Public Goods: A Theory of Warm Glow Giving [J]. Economic Journal, 1990 (100).

[76] Atkinson Anthony & Joseph E. Stiglitz. Lectures on Public Economics [M]. Princeton University Press, 2015.

[77] Auerbach A. & M. Feldstein (Eds.). Handbook of Public Economics [M]. Vol.1-4. New York: North-Holland, 1985-2002.

[78] Auerbach A. Taxation, Corporate Financial Policy, and the Cost of Capital [J]. Journal of Economic Literature, 1983 (21).

[79] Autor David H., David Dorn & Gordon H. Hanson. The China Syndrome: Local Labor Market Effects of Import Competition in the United States [J]. American Economic Review, 2013 (6).

[80] Bahl R.W. & Wallich C. Intergovernmental Fiscal Relations in China [R]. Working Papers, Policy Research Department, World Bank, Washington D.C., 1992.

[81] Baldwin R., Forslid R., Martin P., Ottaviano G. & Robert-Nicoud F. Economic Geography and Public Policy [M]. Princeton University Press, New Jersey, 2003.

[82] Baldwin R.E. & Krugman P. Agglomeration, Integration and Tax Harmonisation [J]. European Economic Review, 2004 (48).

[83] Bayer Patrick & Christopher Timmins. Estimating Equilibrium Models of Sorting Across Locations [J]. Economic Journal, 2007, 117 (518).

[84] Besley T. & S. Coate. Centralized Versus Decentralized Provision of Local

Public Goods: A Political Economy Approach [J]. Journal of Public Economics, 2003, 87 (12).

[85] Besley T. & S. Coate. Political Competition, Policy and Growth: Theory and Evidence form the United States [J]. Review of Economic Studies, 2010 (77).

[86] Besley Timothy. Principled Agents? The Political Economy of Good Government [M]. Oxford University Press, 2007.

[87] Bewley Truman F. A Critique of Tiebout's Theory of Local Public Expenditures [J]. Econometrica, 1981, 49 (3).

[88] Black Sandra E. Do Better Schools Matter? Parental Valuation of Elementary Education [J]. Quarterly Journal of Economics, 1999 (114).

[89] Boadway R. & J.-F. Tremblay. Reassessment of the Tiebout Model [J]. Journal of Public Economics, 2012 (11–12).

[90] Borck R., H. J. Koh & M. Pflüger. Inefficient Lock-in and Subsidy Competition [R]. BGPE Discussion Paper, No. 70, 2009.

[91] Boubakri M., J.C. Cosset & W. Saffar. Political Connections of Newly Privatized Firms [J]. Journal of Corporate Finance, 2008, 14 (5).

[92] Brueckner Jan K. A Test for Allocative Efficiency in the Local Public Sector [J]. Journal of Public Economics, 1982, 19 (3).

[93] Buchanan James M. Public Finance and Public Choice [J]. National Tax Journal, 1975 (12).

[94] Buchanan James M. The Constitution of Economic Policy: Nobel Prize Lecture [J]. American Economic Review, 1987, 77 (3).

[95] Calabrese S. M., D. N. Epple and R. E. Romano. Inefficiencies from Metropolitan Political and Fiscal Decentralization: Failures of Tiebout Competition [J]. Review of Economic Studies, 2012, 79 (3).

[96] Cameron Trudy Ann & Ian T. McConnaha. Evidence of Environmental Migration [J]. Land Economics, 2006, 82 (2).

[97] Chang E. C. & S.M.L.Wong. Political Control and Performance in China's Listed Firms [J]. Journal of Comparative Economics, 2004, 32 (4).

[98] Coase Ronald H. The Lighthouse in Economics [J]. Journal of Law and Economics, 1974 (10).

[99] Coase Ronald H. The Problem of Social Cost [J]. Journal of Law and Economics, 1960 (10).

[100] Dembour C. & X. Wauthy. Investment in Public Infrastructure with Spillovers and Tax Competition between Contiguous Regions [J]. Regional Science and Urban Economics, 2009, 39 (6).

[101] Epple D. & G. Platt. Equilibrium and Local Redistribution in an Urban Economy When Households Differ in Both Preferences and Incomes [J]. Journal of Urban Economics, 1998, 43 (1).

[102] Epple D. & Nechyba T. Fiscal Decentralization [J]. in Henderson V. & Thisse J. (Eds), Handbook of Regional Science and Urban Economics, 2004 (4).

[103] Epple D. & T. Romer. Mobility and Redistribution [J]. Journal of Political Economy, 1991, 99 (4).

[104] Epple Dennis & Holger Sieg. Estimating Equilibrium Models of Local Jurisdictions [J]. Journal of Political Economy, 1999, 107 (4).

[105] Epple Dennis, Radu Filimon & Thomas Romer. Equilibrium Among Local Jurisdictions: Toward an Integrated Treatment of Voting and Residential Choice [J]. Journal of Public Economics, 1984, 24 (3).

[106] Epple F., R. Filimon & T. Romer. Existence of Voting and Housing Equilibrium in a System of Communities with Property Taxes [J]. Regional Science and Urban Economics, 1993, 23 (5).

[107] Ferreyra Maria Marta. Estimating the Effects of Private School Vouchers in Multidistrict Economies [J]. American Economic Review, 2007, 97 (3).

[108] Flatters F., V. Henderson & P. Mieszkowski. Public Goods, Efficiency, and Regional Fiscal Equalisation [J]. Journal of Public Economics, 1974 (83).

[109] Franklin Allen, Jun Qian & Meijun Qian. Law, Finance, and Economic Growth in China [J]. Journal of Financial Economics Volume, 2005 (1).

[110] Glaeser Edward L. & Joshua Gottlieb. The Wealth of Cities: Agglomeration Economies and Spatial Equilibrium [R]. National Bureau of Economic Research Working Paper 14806, 2009.

[111] Graves Philip E. & Donald M. Waldman. Multimarket Amenity Compensation and the Behavior of the Elderly [J]. American Economic Review, 1991, 81 (5).

［112］ Greenstone Michael & Justin Gallagher. Does Hazardous Waste Matter? Evidence from the Housing Market and the Superfund Program ［R］. MIT Department of Economics Working Paper 05-27, 2006.

［113］ Gyourko Joseph & Joseph Tracy. The Importance of Local Fiscal Conditions in Analyzing Local Labor Markets ［J］. Journal of Political Economy, 1989 (97).

［114］ Gyourko Joseph & Joseph Tracy. The Structure of Local Public Finance and the Quality of Life ［J］. Journal of Political Economy, 1991 (99).

［115］ Gyourko Joseph, Christopher Mayer & Todd Sinai. Superstar Cities ［J］. American Economic Journal: Economic Policy, 2013, 5 (4).

［116］ Gyourko Joseph, Matthew Kahn & Joseph Tracy. Quality of Life and Environmental Comparisons ［J］. in E. Mills and P. Cheshire, eds. Handbook of Regional and Urban Economics, Vol. 3. Amsterdam: North Holland, 1999.

［117］ Hansen Nico A. & Kessler Anke S. The Political Geography of Tax Havens and Tax Hells ［J］. American Economic Review, 2001 (91).

［118］ Hung M.Y., T. J. Wong & T.Y. Zhang. Political Relations and Overseas Stock Exchange Listing: Evidence from Chinese State Owned Enterprises ［D］. University of Southern California, 2008.

［119］ Keen M. J. & C. Kotsogiannis. Does Federalism Lead to Excessively High Taxes? ［J］. American Economic Review, 2002 (92).

［120］ Keen Michael & Marchand, Maurice. Fiscal Competition and the Pattern of Public Spending ［J］. Journal of Public Economics, Elsevier, 1997, 66 (1).

［121］ Krugman P. & Venables A. Globalization and the Inequality of Nations ［J］. Quarterly Journal of Economics, 1995 (60).

［122］ Krugman P. Increasing Returns and Economic Geography ［J］. Journal of Political Economy, 1991 (99).

［123］ Krugman P. R. & A. J.Venables. Globalization and the Inequality of Nations ［J］. Quarterly Journal of Economics, 1995 (60).

［124］ Marius Brülhart, Mario Jametti & Kurt Schmidheiny. Do Agglomeration Economies Reduce the Sensitivity of Firm Location to Tax Differentials? ［J］. Economic Journal, 2012 (122).

［125］ Marius Brülhart, Sam Bucovetsky & Kurt Schmidheiny. Taxes in Cities

[J]. In: G. Duranton, J. V. Henderson & W. Strange (eds), Handbook of Regional and Urban Economics, 2014 (5).

[126] Martinez-Vazquez J. & McNab R. M. Fiscal Decentralization and Economic Growth [J]. World Development, 2002 (31).

[127] Mills Edwin S. An Aggregative Model of Resource Allocation in a Metropolitan Area [J]. American Economic Review Proceedings, 1967 (57).

[128] Moretti E. The New Geography of Jobs [M]. Houghton Mifflin Harcourt, Boston, 2012.

[129] Moretti E. Workers' Education, Spillovers and Productivity: Evidence from Plant-level Production Functions [J]. American Economic Review, 2004 (94).

[130] Musgrave Richard A. The Theory of Public Finance [M]. New York: McGraw-Hill, 1959.

[131] Muth Richard F. Cities and Housing: The Spatial Pattern of Urban Land Use [M]. Chicago: Univ of Chicago Press, 1969.

[132] Neumark D. & Kolko J. Do Enterprise Zones Create Jobs? Evidence from California's Enterprise Zone Program [J]. Journal of Urban Economics, 2010 (68).

[133] Oates W. E. An Essay on Fiscal Federalism [J]. Journal of Economic Literature, 1999 (37).

[134] Oates W. E. On the Evolution of Fiscal Federalism: Theory and Institutions [J]. National Tax Journal, 2008, 61 (2).

[135] Oates W. E. Searching for Leviathan: An Empirical Study [J]. American Economic Review, 1985 (75).

[136] Oates W. E. Fiscal Federalism [M]. New York: Harcourt Brace Jovanovich, 1974.

[137] Oates W.E. Toward a Second-generation Theory of Fiscal Federalism [J]. International. Tax Public Finance, 2005 (12).

[138] Oates Wallace E. The Effects of Property Taxes and Local Public Spending on Property Values: An Empirical Study of Tax Capitalization and the Tiebout Hypothesis [J]. Journal of Political Economy, 1969 (77).

[139] Ogawa H. & Wildasin D. E. Think Locally, Act Locally: Spillovers, Spillbacks, and Efficient Decentralized Policymaking [J]. American Economic Review,

2009, 99 (4).

[140] Paul A. Samuelson. The Pure Theory of Public Expenditure [J]. The Review of Economics and Statistics, 1955, 37 (4).

[141] Qian Yingyi & Weingast Barry R. Federalism as a Commitment to Preserving Market Incentives [J]. Journal of Economic Perspectives, 1997 (1).

[142] Richard W. Tresch. Public Finance: A Normative Theory, 3rd edition [M]. Amsterdam: Elsevier, 2015.

[143] Roback Jennifer. The Value of Local Urban Amenities: Theory and Measurement [D]. Ph. D. dissertation, University of Rochester, 1980.

[144] Roback Jennifer. Wages, Rents, and Amenities: Differences among Workers and Regions [J]. Economic Inquiry, 1988 (26).

[145] Roback Jennifer. Wages, Rents, and the Quality of Life [J]. Journal of Political Economy, 1982.

[146] Rosen Sherwin. Wages-based Indexes of Urban Quality of Life [M]. in P. Mieszkowski & M. Straszheim, eds. Current Issues in Urban Economics, Baltimore: John Hopkins University Press, 1979.

[147] Rosenthal S. & Strange W. Evidence on the Nature and Sources of Agglomeration Economies [J]. In: Henderson J.V. & Thisse J-F. (Eds.), Handbook of Regional and Urban Economics, Elsevier, Amsterdam, 2004 (4).

[148] Rosenthal S. & Strange W. Geography, Industrial Organization, and Agglomeration [J]. Review of Economics and Statistics, 2003 (85).

[149] Rosenthal Stuart & Amanda Ross. Violent Crime, Entrepreneurship, and Cities [J]. Journal of Urban Economics, 2010 (67).

[150] Ross S. & J. Yinger. Sorting and Voting: A Review of the Literature on Urban Public Finance, Handbook of Regional and Urban Economics, 1999 (3).

[151] Saez E. Direct or Indirect Tax Instruments for Redistribution: Short-run versus Long-run [J]. Journal of Public Economics, 2004, 88 (3/4).

[152] Samuelson P. A. Diagrammatic Exposition of a Theory of Public Expenditure [J]. Review of Economics and Statistics, 1955, 37 (4).

[153] Samuelson Paul A. A Diagrammatic Exposition of a Theory of Expenditure [J]. Review of Economics and Statistics, 1995 (37).

[154] Samuelson Paul A. The Pure Theory of Public Expenditures [J]. Review of Economics and Statistics, 1954 (36).

[155] Schmidheiny K. Income Segregation from Local Income Taxation When Households Differ in Both Preferences and Incomes [J]. Regional Science and Urban Economics, 2006, 36 (2).

[156] Shah A., ed. Local Governance in Developing Countries [M]. Washington, D. C.: World Bank, 2006.

[157] Shleifer Andrei & R.W. Vishny. Politicians and Firms [J]. The Quarterly Journal of Economics, 1994, 109 (4).

[158] Stiglitz J. E. Economics of the Public Sector, 3rd edition [M]. New York: W. W. Norton, 2000.

[159] Tiebout Charles M. A Pure Theory of Local Expenditures [J]. Journal of Political Economy, 1956 (64).

[160] Urquiola M. Does School Choice Lead to Sorting? Evidence from Tiebout Variation [J]. American Economic Review, 2005, 95 (4).

[161] Weingast B. R. Second Generation Fiscal Federalism: The Implications of Fiscal Incentives [J]. Journal of Urban Economics, 2009 (65).

[162] Wildasin D. Nash Equilibria in Models of Fiscal Competition [J]. Journal of Public Economics, 1988 (35).

[163] Wildasin D. Some Rudimentary Duopoly Theory [J]. Regional Science and Urban Economics, 1991 (21).

[164] Wilson J. A Theory of Interregional tax Competition [J]. Journal of Urban Economics, 1986 (19).

[165] Wilson J. D. & D. E. Wildasin. Capital Tax Competition: Bane or Boon [J]. Journal of Public Economics, 2004, 88 (6).

[166] Wilson J. D. Theories of Tax Competition [J]. National Tax Journal, 1999 (52).

[167] Wilson J. Tax Competition with Interregional Differences in Factor Endowments [J]. Regional Science and Urban Economics, 1991 (21).

[168] Wilson J. Trade, Capital Mobility, and Tax Competition [J]. Journal of Political Economy, 1987 (95).

[169] World Bank. World Development Report 1997: The State in a Changing World [M]. Washington, D. C.: World Bank, 1997.

[170] Zodrow G. & Mieszkowski P. Pigou, Tiebout, Property Taxation and the Underprovision of Local Public Goods [J]. Journal of Urban Economics, 1986 (19).